◆ 国家社科基金项目成果

THE INCENTIVE MECHANISM OF PLANT VARIETY
PROTECTION SYSTEM ON
THE INNOVATION BEHAVIOR OF SEED ENTERPRISES

植物新品种保护制度对种业企业
创新行为的作用机理研究

张彩霞◎著

经济管理出版社
ECONOMY & MANAGEMENT PUBLISHING HOUSE

图书在版编目（CIP）数据

植物新品种保护制度对种业企业创新行为的作用机理研究/张彩霞著 . —北京：经济管理出版社，2022.6（2023.8 重印）

ISBN 978-7-5096-8545-7

Ⅰ.①植…　Ⅱ.①张…　Ⅲ.①作物—品种—知识产权保护—作用—种子—农业企业—企业创新—研究—中国　Ⅳ.①F324.6 ②D923.404

中国版本图书馆 CIP 数据核字（2022）第 110795 号

责任编辑：张莉琼
责任印制：张馨予
责任校对：王淑卿

出版发行：经济管理出版社
　　　　　（北京市海淀区北蜂窝 8 号中雅大厦 A 座 11 层　100038）
网　　址：www.E-mp.com.cn
电　　话：（010）51915602
印　　刷：唐山玺诚印务有限公司
经　　销：新华书店
开　　本：720mm×1000mm/16
印　　张：17
字　　数：324 千字
版　　次：2023 年 2 月第 1 版　　2023 年 8 月第 2 次印刷
书　　号：ISBN 978-7-5096-8545-7
定　　价：88.00 元

前　言

种业是国家战略性、基础性核心产业，是农业现代化的芯片，是促进农业长期稳定发展、保障国家粮食安全的根本。党中央、国务院历来高度重视种子工作和种业发展，将其作为"三农"工作的一项重点来抓，多次进行部署安排，如何激励种业创新发展是农业科技创新与政策管理领域的重要问题。本书将种子产业链，种业创新价值链，以及植物新品种权创造、运用、维持和保护链动态耦合，揭示国际、国内植物新品种保护新形势下，植物新品种保护制度对中国种业企业植物新品种权创造行为、运用行为、维持行为和保护行为的作用机理，对当前中国种业企业的创新能力、创新发展现状及其存在的问题做出了较为全面、深刻的分析与评估，并提出了切实而富有建设性的对策建议。

本书主要研究内容和结论如下：

（1）植物新品种保护制度作用于种业技术创新和扩散活动。新品种商业化需要大量的知识积累、资本投入和较高的风险承受能力，与技术创新相适应的植物新品种保护制度帮助创新者以更低成本把握新的盈利机会，在一定时期内独占创新利润，使创新资源向有创新能力和创新意愿的主体集中，提高整个社会生产要素的配置效率。实证分析表明，种子企业植物新品种权申请对粮食产量产生负向影响，植物新品种权授权量对粮食产量增长具有显著正向影响，植物新品种保护对种业经济发展起到强有力的支撑作用。

（2）种子企业植物新品种权创造行为活跃，占比大幅度提高，商业育种创新能力不断增强，逐步成为植物新品种权创造主体。与农业科学院所等部门相比，种子企业植物新品种权申请起步晚，授权率低，但增速快，对植物新品种保护持有积极态度，与其他育种者合作申请提高了种子企业植物新品种授权的数量和比例。植物新品种保护制度不但影响种子企业育种创新的速度，对育种方向也具有重要的调节作用。种子企业发挥自身技术比较优势，将研发资源投向更能获得创新收益的植物种类，主要包括玉米、水稻、辣椒、黄瓜、蝴蝶兰、菊属植物等。以植物新品种权衡量的育种创新地区集中度、品种集中度有所提高，但仍较为分散。

（3）种子企业植物新品种权运用助推新品种技术扩散。种子企业的植物新品种权运用行为包括合作研发、植物新品种权转让与许可、植物新品种权联盟等形式。种子企业与其他机构联合申请植物新品种权，通过共同声誉机制实现种子产业链上下游整合。种子企业对玉米、水稻、普通小麦、棉属植物倾向转让申请权，对谷子、高粱等品种倾向转让品种权；蔬菜品种申请权的转让活动比较频繁，但很少进行花卉品种申请权的转让，更愿意转让已经获得授权的花卉品种。实施植物新品种权许可策略可以消除新品种技术质量的信息不对称问题。当种子企业既是品种权人，同时也是种子生产者时，其最优许可策略是以差别提成率将植物新品种权同时许可给两家企业，形成许可联盟，许可收益效应能够抵消竞争产生的租金耗散效应，保持在位厂商的竞争优势地位。

（4）种子企业植物新品种权维持时间显示新品种的质量。植物新品种权维持制度理论模型分析表明，植物新品种保护收费制度形成过滤、终结机制。植物新品种权权利人的维持决策决定了植物新品种权的有效保护期限，可以筛选高质量植物新品种权，显示授权品种的价值信息，引导创新主体提高资源配置效率，平衡私人利益和公共利益。植物新品种权维持时间受品种权人类型、审查周期、共同品种权人、培育人数量等因素影响，总体平均维持时间仅为 3.72 年，植物新品种权价值呈偏态分布，价值高的植物新品种权数量非常少。中国是第一个，也是唯一一个停止征收植物新品种权费用的国家。在目前情况下，停征植物新品种权申请费、审查费和维持年费可以降低育种者保护成本，但也会使植物新品种权法定保护期限的作用减弱，毫无价值的植物新品种权无法退出创新市场，弱化了植物新品种保护制度的激励作用。审批机构应调节植物新品种保护高度、宽度组合，收紧过量植物新品种的特异性授权要求，抑制模仿育种，扩大植物新品种权保护的权利范围，增设植物新品种权质量管理部门，以提高植物新品种权质量为创新政策导向，发挥植物新品种保护制度高效配置育种创新资源的激励作用。

（5）原始品种保护不力是植物新品种权诉讼纠纷的根本原因。植物育种具有序贯性、累积性特点。实质性派生品种制度加强了对原始品种育种者权利的保护，直接增加种子企业植物新品种权许可费支出，间接改变商业化育种路线，提高突破性品种的研发概率。派生品种制度提高了原始品种权人的谈判能力，产生双重边际效应，使得侵权诉讼风险加剧，品种权实施成本增加，阻碍后续创新。因此，中国在加入《国际植物新品种保护公约》（UPOV 公约）1991 年文本，引入实质性派生品种制度的同时，还需平衡育种创新原始品种权人和派生品种权人之间的利益冲突，根据先期和后续创新者的贡献，采用公平合理的分配方法对创新收益进行分割，解决代际创新外部性问题，构建利益共享的种业创新共同体，确保植物新品种保护制度效能得到充分发挥。

（6）在经历 20 多年的持续快速发展之后，中国种业已进入一个依靠创新驱动的转型发展的新时代，植物新品种知识产权保护是加快促进种业技术、品种创新发展的重要制度基础，对种子企业植物新品种权创造、运用、维持和保护行为具有深远影响。加快提升中国种业创新水平和国际市场竞争力，优化种业格局，还需做好植物新品种保护制度顶层设计，即完善植物新品种保护制度体系，注重植物新品种权质量提升，适时适度提高植物新品种权保护力度，增强种子企业植物新品种自主创新能力。

目　录

第一章　绪　论

粮安天下，种筑基石。种业技术、制度创新关系农业发展、粮食安全和国计民生。1997 年，《中华人民共和国植物新品种保护条例》（以下简称《植物新品种保护条例》）颁布实施，开启了为种业创新提供专门知识产权法律保护的新时代。2000 年《中华人民共和国种子法》（以下简称《种子法》）的出台，使种子企业成为种子市场的主体。2011 年国务院下发的《关于加快推进现代农作物种业发展的意见》（国发〔2011〕8 号）首次明确了种子企业的市场主体地位：种子企业既是商业化育种的主体，也是种业发展的主体。国家级和省部级科研院所以及高等院校要重点开展种业基础性、公益性研究，逐步建立以企业为主体的商业化育种新机制，明确了种业科研的分工。种业的发展方向是以产业为主导、以企业为主体，围绕企业做大做强。我国出台了一系列种业有关政策，例如：推进企业兼并重组，加大对种子企业育种的投入，为有实力的"育繁推一体化"育种企业建立品种审定的绿色通道，免征种子企业所得税，鼓励科技资源向种子企业流动，支持企业建立育种基地。2021 年 12 月，《种子法》进行了第四次修订，重点加强种质资源保护，扩大植物新品种权的保护范围及保护环节，新增实质性派生品种制度，加大对假劣种子的打击力度，完善侵权赔偿制度。这一系列政策法规给种子企业提供了众多有利的条件和广阔的发展空间，政策的落实促进了种子企业竞争能力的提升、国家现代种业的发展。

随着生物技术的发展，发达国家在工业知识产权领域的竞争逐渐向农业领域转移，植物新品种权成为新一轮知识产权争夺的重心与焦点。面对发达国家跨国种业公司的激励竞争，处于产业转型期的中国种业，存在科研与生产脱节、研发资源分散、商业化育种运行低效等问题，缺少具有重大应用前景和自主知识产权的突破性优良品种，种业持续创新能力亟待提升。植物新品种保护制度（The New Plant Variety Protection System）能为育种者及利益相关者提供植物新品种权保护，对种业企业育种创新行为具有激励作用，对农业技术进步和经济增长具有重要意义。

第一节 植物新品种保护制度作用
研究脉络可视化分析

本部分应用引文空间（CiteSpace）软件对国内外植物新品种保护制度经济效应研究相关的高质量文献进行计量分析。研究工具 CiteSpace 是陈超美开发的信息可视化软件（Chen，2006），通过科学分析文献蕴含的潜在知识，以知识图谱的形式，多元、分时、动态地展示某一知识领域的研究知识基础、规律结构和热点主题演进。本部分借助可视化知识图谱梳理关于植物新品种保护制度创新激励作用的研究脉络，并结合理论文献和实证研究的主要观点述评，在系统了解学术研究前沿的基础上，更高效、有针对性地构建植物新品种保护制度对种子企业创新激励作用机理的研究思路和框架。

一、数据采集与处理

针对植物新品种保护制度作用的国内外研究，本书分别选取中国知网（CNKI）数据库与科学网（Web of Science，WOS）核心合集作为数据来源。

由于期刊论文能够及时、高效地反映学术研究成果，因此国内研究文献来源选取中国知网（CNKI）学术期刊，检索时间为 2022 年 1 月，以"植物新品种保护制度""植物新品种权""植物品种权""派生品种""农业知识产权"等为关键词；时间跨度为 1993~2021 年；来源类别为核心期刊、中文社会科学引文索引（CSSCI）和中国科学引文（CSCD）期刊。按照设置共检索到 343 篇论文，手动剔除新闻、会议纪要、时评等非学术文献或不相关文献，最终得到 223 条文献记录，以 CiteSpace 支持的 Refworks 格式导出所选文献。

国外研究文献来源选取 WOS 科学引文索引数据库，检索时间为 2018 年 9 月，检索式为"TI = plant variety protection OR TI = agriculture intellectual property rights OR TI = plant breeder right OR TI = plant variety rights OR TI = plant patent OR TI = farmers rights OR TI = UPOV OR TI = intellectual property seed"，时间跨度选定所有年份（1900~2018 年）以确保文献信息内容全面，索引包括 SCI-EXPANDED、SSCI、A&HCI、CPCI-S、CPCI-SSH、BKCI-SSH，通过人工筛选共检索导出 313 条符合条件的文献，文献包括标题、作者/编者、摘要、关键词、被引频次、引用的参考文献等信息。将获取的数据导入 CiteSpace，由于 1981 年之前有关植物新品种保护制度的研究文献较少，所以设置开始时间为 1981 年，时间片

段为 1 年，并设置相关阈值，从不同角度对相关文献进行分析。

二、国内研究动态

国内关于植物新品种保护制度的研究最早可以追溯到 20 世纪 90 年代初期，我国学者开始关注农业科技成果转化、国际植物新品种保护联盟及植物知识产权保护问题，借鉴法国、日本、荷兰、英国、美国等发达国家植物新品种保护的经验，将植物新品种保护制度引入中国。

基于 CNKI 检索数据，获得我国植物新品种保护制度学术研究关注度演变趋势（见图 1.1）。1994 年，关税及贸易总协定缔约方签订了《与贸易有关的知识产权协定》（Agreement on Trade – Related Aspects of Intellectual Property Rights, TRIPS），这一国际公约的实施推动了我国知识产权学术研究的发展，农业领域的知识产权保护开始受到关注。

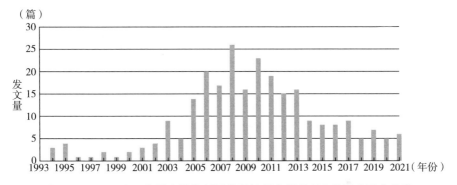

图 1.1 1993～2021 年国内植物新品种保护制度学术研究关注度演变趋势

1993～2002 年，有关植物新品种保护制度领域的研究尚处于萌芽阶段，年发文数量不超过 5 篇。1994 年，刘圣民在《科学管理研究》和《科学学与科学技术管理》上发文，客观分析了我国农业知识产权发展现状，论述了开展农业技术成果知识产权法律保护的重要意义。1997 年《中华人民共和国植物新品种保护条例》颁布后，国家农业部科技司、科技专利中心、国家林业局等政府部门，以及中国农业大学、山东农业大学等高校的学者开始介绍发达国家有关植物新品种保护制度运行的情况。崔野韩、孙炜琳、董洪岩等分别在《世界农业》上发表文章，概括分析荷兰、日本、美国等国家植物新品种知识产权制度的工作经验，指出植物新品种保护的作用不仅仅限于知识产权保护本身，且已成为开展国际贸易和科技交流的重要保障。

2003～2013 年，植物新品种保护制度研究文献快速增长，进入繁荣发展阶段。2003 年，王志本在《中国种业》上连续发表文章，对 UPOV 公约 1978 年文本、1991 年文本的原则精神、内容规定进行比较分析和归纳总结，概括出二者的不同之处，充分利用国际植物新品种保护联盟（International Union for the Protection of New Varieties of Plants，UPOV）提供的相关信息资源、协调机制及弹性空间，提出完善我国植物新品种保护制度，文献被引 68 次。新品种鉴定是植物新品种保护审查的关键技术环节，我国植物新品种保护技术背景资料积累较弱，李晓辉等（2003）在《中国农业科学》上发表文章，探讨如何借鉴国外测试技术，利用 UPOV 的 DUS 测试指南，建立适合我国国情的植物新品种保护测试体系，文献被引高达 103 次。首次对植物新品种保护制度作用的经济分析出现于2005 年，吴立增等在《农业技术经济》上发表文章，运用品种权人创新利润最大化数理模型，分析了植物新品种保护对品种权人创新成本、收益的影响，指出植物新品种保护制度对育种创新利润的作用方向是不确定的，因为植物新品种保护水平提高既可能增加品种权人的收益，也会提高创新成本，发展中国家应结合本国农业发展的实际需求对 UPOV 模式进行必要调整。2006 年，胡瑞法等在《中国软科学》上发表文章"中国植物新品种保护制度的经济影响研究"，文章被引 77次，是植物新品种保护制度经济效应研究引用次数最高的文献。2008 年，植物新品种保护制度研究关注度最高，年发文数量多达 26 篇，此后发文数量有所下降。

2010 年，刘辉等先后在《科学学与科学技术管理》《软科学》上发表文章，分析植物新品种保护制度对农业技术创新主体的研发投入、植物新品种权申请等创新行为的影响，将植物新品种保护制度作用研究焦点集中在微观创新主体，对本书立题具有重要启示。

2014 年以来，学界对植物新品种保护制度的研究进入沉淀阶段，年发文数量不超过 10 篇，但分析视角向纵深发展。任静、宋敏（2016）选取了 2000～2013 年植物新品种权授权量与农业生产总值的相关数据，分析植物新品种保护制度的运行绩效，从宏观角度分析了植物新品种保护制度对农业经济增长的促进作用。知识产权保护，以及实质性派生品种制度对农作物育种创新意愿及模式的影响、植物新品种权的资本化运营、植物新品种保护制度中的利益冲突与协调等问题逐渐成为学界深入探讨的重点。

为梳理国内植物新品种保护制度作用的研究脉络，利用 CiteSpace（版本5.8.R3）以作者和关键词为节点，对 223 篇植物新品种保护制度研究文献进行聚类分析，考察研究主题和知名学者之间关系的演进趋势。如图 1.2 所示，现有国内植物新品种保护制度研究文献可以分为农业、对策、品种权、DUS（测试技术）、种苗、植物品种权和知识产权七个大类，说明农业知识产权问题，特别是植物新品种权应对发达国家的挑战在较长时间里一直是国内学者研究的重要课题。

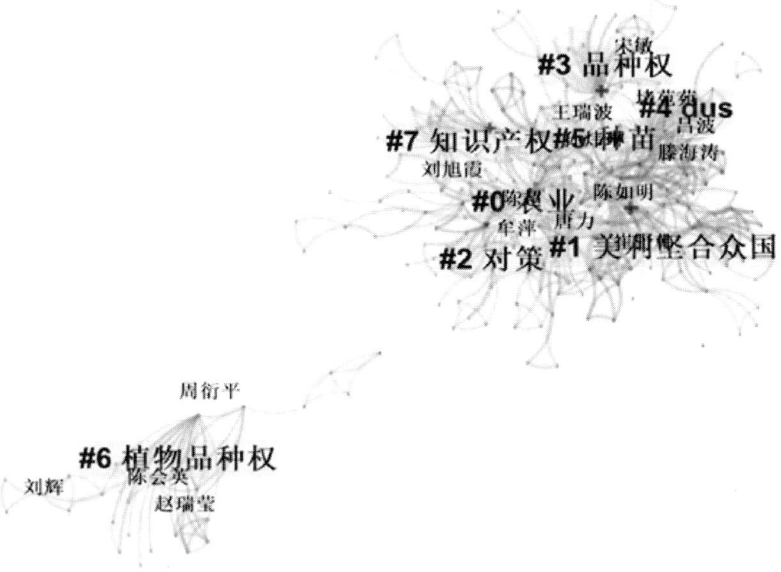

图 1.2 植物新品种保护制度国内研究聚类图

对图 1.2 各聚类中代表学者的文献进行深入挖掘，可归纳出植物新品种保护制度经济效应的三类研究方向：

（1）中国植物新品种保护条例实施的制度绩效。蒋和平和孙炜琳（2001）、周宏和陈超（2004）、陈会英和周衍平（2002）、陈会英等（2010）探讨了农业植物新品种保护制度实施现状，植物新品种保护制度促进了农业科技创新，推动了种子产业市场化，扩大了新品种推广面积。但胡瑞法等（2006）采用系统模型研究发现植物新品种保护制度显著提高了种子价格，对新品种种植面积的影响不显著。植物新品种保护制度水平对品种权人的成本和收益都有正向影响（吴立增等，2005），品种权转让实施收益最大，但利润变动取决于成本和收益对植物新品种保护制度保护力度的敏感程度（王立平，2009）。我国现行植物新品种保护制度尚未发挥出预期的制度效应，应完善制度体系（王缨等，2015），尽快制定《植物新品种保护法》，以有效解决植物新品种权保护中的"取证难、周期长、成本高、保护弱"等问题（李菊丹，2020）；加强植物新品种创新、提高种子企业综合实力、发挥政府引导与规制作用，营造规范有序的植物新品种权实施环境（周衍平等，2021）。

（2）植物新品种保护制度对育种研发投入行为的影响。原农业部植物新品种保护制度办公室对 30 家种子企业和 50 家育种科研机构的 1999~2003 年数据调查显示，植物新品种保护制度对新品种研发投资决策有显著正向影响，育种科研机构自筹经费的增长速度比国家划拨经费的增长速度快很多（黄武、林祥明，

2007），种子企业自筹经费研发投入大幅度增加，社会资本融入育种科研，育种投资渠道开始多元化发展（周宏、陈超，2004；展进涛、陈超等，2006；林祥明，2006；陈超等，2007）。然而，王立平（2010）基于问卷调查数据回归分析发现，植物新品种保护制度力度对研发投入的影响不显著。康志河等（2008）将种子企业投资分为研发投入和购买品种权（或品种使用费）支出，发现平均研发强度仅为3%~5%，大量种子企业不具备科研能力，种子企业投资主要用于购买新品种。因为知识产权保护水平不仅影响创新主体的研发投入和技术转让费用，还通过生产成本、产量与利润的关联，影响其原始品种、派生品种创新模式的选择，所以应建立以种子企业为主体、重大商业价值品种研发为目标的协同创新机制（王宇、沈文星，2019）。

（3）植物新品种保护制度对植物新品种权申请行为的作用。植物新品种权一直是植物新品种保护制度研究的前沿热点问题。植物新品种保护制度和种子政策有效地刺激了我国农业育种科研单位、种子企业、育种家植物新品种权保护申请的积极性（刘辉等，2010；胡凯，2013），育种创新总量增加，但新品种结构失衡，80%以上植物新品种权申请来自公共部门，前5位申请者申请的品种保护数量约占1/3，品种权较为集中，种子企业的创新主体地位没有得到应有显现（陈运雄、郑怡，2015）。徐志刚等（2021）利用加入UPOV的63个国家1984~2015年的面板数据进行研究，结果表明实质性派生品种制度的实施可促进植物新品种权申请量和授权量的增加，特别是有利于研发实力较弱国家的作物育种科技创新。虽然短期内实质性派生品种制度可能对我国农作物育种创新带来消极影响，但从长远看来，实质性派生品种保护制度将是我国种业持续健康发展的重要制度保障。

三、国外研究动态

国外关于植物新品种保护制度的313篇文献主要集中在农业、政府与法律、商业和经济学、农业经济学与政策等31个（WOS分类）研究领域，文献主要来源于美国、印度、英国、澳大利亚和中国等12个国家。其中，有55篇文献来自美国，主要是因为美国分别于1930年、1970年分别通过《植物专利法》和《植物品种保护法》，规定植物新品种可授予植物专利、育种者权利或实用新型专利，法律体系的建立与完善带来相关学术研究的发展繁荣。代表高引次数的h指数（h-index）为18，说明每篇被引用了至少18次的论文有18篇，被引频次总计1614次，每项平均引用次数为5.16。

国外植物新品种保护制度研究最早出现于20世纪30年代，第一篇文献是库克（Cook，1933）发表在专利局协会期刊（*Journal of the Patent Office Society*）上的文章，该文章从育种者视角探讨了美国植物专利法案的管理工作。20世纪六七十年代，植物新品种保护制度研究文献主要是关于植物品种法案、育种者权利和 UPOV 的介绍，研究范围集中在法律领域。巴顿（Barton，1982）在《科学》（*Science*）上发文，分析了国际育种者权利制度，指出育种者知识产权的法律安排有利于种质资源的收集和自由流动，影响未来育种创新和发明，但对于发展中国家的影响尚不明确。这是第一篇论述植物新品种保护制度效应被引用的文献，此后该领域的学术研究渐渐萌芽，并由法学向经济学、管理学领域交叉渗透。1981~2018 年国外植物新品种保护制度发文数量如图 1.3 所示。

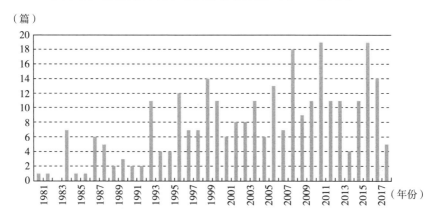

图 1.3 1981~2018 年国外植物新品种保护制度发文数量

以 1 年为时间单位，对 1981~2018 年每年的关键词进行统计，利用"Term"进行共词分析，在 CiteSpace 上生成植物新品种保护制度国外研究关键词可视化图谱（见图 1.4）。

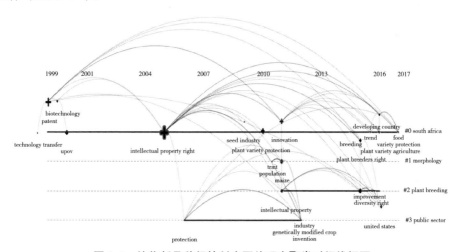

图 1.4 植物新品种保护制度国外研究聚类时间线视图

植物新品种保护制度研究可以分为"南非""形态学""植物育种"和"公共部门"等聚类。植物新品种保护制度影响发展中国家的种子产业、生物技术育种创新和技术转移，特别是非洲国家的粮食安全问题，这一领域的研究起源较早，研究热点持续更替，由远及近分别为专利（patent）、生物技术（biotechnology）、UPOV、知识产权（intellectual property right）、种子产业（seed industry）、创新（innovation）以及食物（food）等。

由于筛选的文献包括了少量植物品种 DUS 测试技术问题的研究，因此植物"形态学"聚类的文献集中于玉米特性和遗传表现型分析。"公共部门"聚类的关键词保护（protection）、转基因作物（genetically modified crop）、发明（invention）、产业（industry）集中出现于 2006~2012 年。"植物育种"聚类的关键词知识资产（intellectual property）、权利（right）、改良（improvement）、多样性（diversity）、美国（United States）等集中出现于 2011~2016 年。20 世纪 90 年代，生物育种技术取得重大突破，美国私人部门育种研发投入快速增加，而政府部门农业研发财政支出缩紧，改变了公共部门在植物育种研发领域的地位和作用。在植物新品种保护制度下，植物育种获得改良新品种成为私人部门重要的知识资产，同时也影响生物多样性，但理论研究滞后于实践的发展，所以植物新品种保护制度对植物育种、公共部门研发影响的学术研究主要集中在 2006~2016 年。

从研究领域来看，涉及农业创新的知识产权制度特殊而复杂，其制度效应研究直到 20 世纪 90 年代末才在农业创新经济分析研究领域下受到重视。对经济学领域有关植物新品种保护制度作用研究的高频引用文献进行深入分析，本书归纳得出研究主线聚焦在分析农业知识产权制度与育种研发投资和市场结构变化之间的关系。

（1）植物新品种保护制度对育种研发的激励作用。植物新品种保护制度旨在通过保护品种垄断定价激励私人部门投入更多经费与人力从事作物育种研究（Schmid, 1985），提升农业生产率（Campi, 2017）。但 Knudson 和 Pray（1991）发现，植物新品种保护制度刺激了公共部门（而非私人部门）对大豆和小麦研发的投资。美国私人部门育种研发仍集中于玉米等杂交品种（Alston & Venner, 2002），新品种竞争加剧、更新换代速度加快，降低了创新收益独占性（Srinivasan, 2012），植物专利保护和生物技术变革削弱了植物新品种保护制度的影响（Kesan & Janis, 2002），植物新品种保护制度对私人部门育种研发的激励作用不显著（Naseem et al. , 2005; Venkatesh & Pal, 2014）。

（2）植物新品种保护制度的产业结构效应。知识产权影响产业进入壁垒和企业兼并收购，对种子产业结构演化具有重要作用（Lesser, 2000）。美国种子产业从植物新品种保护制度实施后开始整合，1980 年对相关法规的修订进一步引起制药、化工企业的进入和并购，种子产业集中度提高（Fernandez-Cornejo，2004）。20 世纪 90 年代后期，生物技术公司进入种子产业，农业转基因专利应用迅速增加，越来越集中于少数大企业手中（Schimmelpfennig et al.，2004）。产业集中引发垄断、反公地悲剧问题（Heller & Eisenberg，1998），减缓了新品种技术扩散，阻碍了创新发展（Moschini，2001）。但也有研究表明，植物新品种保护制度可以促进新型育种者的产生，使种子企业数量增加，并加强育种者之间的合作，降低产业集中度，促进技术转移和种子贸易（Zhou et al.，2018）。

四、简要述评

借助 CiteSpace 分析软件，对 CNKI 和 WOS 数据库中植物新品种保护制度作用研究的相关文献进行了关键词、作者共现分析以及参考文献共被引分析，以知识图谱可视化展现植物新品种保护制度研究的演进脉络和热点主题，精选植物新品种保护制度经济效应的经典文献，从不同角度对植物新品种保护制度与育种创新的关系进行了分析，为本书奠定了坚实的理论基础。深入审视现有文献，新形势下植物新品种保护制度作用机理的理论与实证研究仍存在进一步探索的空间。

从研究对象看，由于发达国家种子产业体系发展较为成熟，国外相关研究重点关注植物新品种保护制度对公共部门的影响，缺少对在政府与市场双重影响下处于转型期的发展中国家植物新品种保护制度与种业企业创新行为关系的研究。而中国种子产业恰恰处于市场转型的关键时期，产业结构动态调整，种子企业从无到有，数量激增，而后大幅度减少，育种技术快速迭代，为植物新品种保护制度的建立和实施提供了观察种子企业创新行为动态演化规律的绝佳样本。

从研究内容看，由于忽视了植物新品种保护制度对育种创新影响的部门差异，得出相互对立的植物新品种保护制度"促进说"或"抑制说"；研究多集中于所有育种者的总体分析，对种子企业育种创新行为关注较少；在种子企业育种创新行为中，对创新方向变化的研究较少；在植物新品种权运营行为分析中，对种子企业植物新品种权转让行为、维持行为的经济分析还是空白的。

从研究方法看，国内研究多采用定性分析，定量分析较少；几乎所有植物新品种保护制度对育种者研发投入行为作用的研究都来自 1999～2003 年农业部的调查数据，缺少基于植物新品种权申请量、授权量等一手数据的种子企业发展实际情况的论断。

第二节　研究内容与方法

本书以中国种子企业创新行为为总体研究对象，选取"植物新品种权"为植物新品种保护制度与育种创新关系分析的切入点，梳理我国植物新品种保护政策、组织和技术发展脉络，在技术、法律和市场三维结构认知的基础上，探索植物新品种保护制度在种子产业链不同环节和育种创新过程中对种子企业创新行为的具体作用机理，重点研究植物新品种保护制度作用下，种子企业各种创新行为变化与植物新品种权创造、运用、维持和保护之间可能存在的关联性，创新激励产生的现实制度基础和完整作用路径，寻求中国种业自主创新能力提升与制度优化的对策。

一、主要内容

植物新品种权的创造、运用、维持和保护贯穿种子产业链各个环节，面对日趋激烈的全球种业科技、经济竞争，植物新品种保护制度为种子科技创新价值的实现提供了制度保障。研究《植物新品种保护条例》《种子法》等植物新品种保护制度对种子企业植物新品种权申请行为、维持行为、交易行为等育种创新活动的作用机理，通过实证分析检验植物新品种保护制度对中国种业企业①创新动机和行为的影响，探寻以植物新品种权创造、运用和保护为核心的种业知识产权制度的微观作用机理。结合实证检验的结果，提出适合中国种业企业自主创新能力可持续提升的植物新品种保护制度完善建议。

本书共分 8 章，主要研究内容如下：

第一章为绪论。本章概述了植物新品种保护制度对种业企业创新行为作用机理研究的背景、理论与现实意义，通过已有国内外相关文献研究述评，描绘研究脉络和阐述基础知识，针对已有研究不足提出本书的主要内容、框架、方法和技术路线。

第二章为植物新品种保护制度。植物新品种保护制度是农业部门特有的知识产权制度，本章从历史视野、全球视角观察和比较不同国家、地区对农业创新和植物新品种的知识产权制度演进，分析和解读植物新品种保护制度的本质、特征。在植物新品种保护制度国际化背景下与中国发展大局中，探讨中国植物新品

---

① 本书所研究的"种业"指代种子产业或行业，包括所有以农作物种子的培育、生产和销售为经营业务的种子企业，这些种子企业也被称为"种业企业"或"种子公司"。

种保护制度的建立与发展、管理体制与现状，比较植物新品种保护制度与专利制度、UPOV 公约 1978 年文本与 1991 年文本的区别与联系，把握植物新品种保护法律调整、制度发展变革的规律和趋势。

第三章为创新驱动种业发展。种业创新历史悠久，育种科学技术在植物新品种保护制度的推动下，为种业发展提供内生动力。本章结合植物，特别是主要农作物育种技术的变革，探讨全球种业三次并购浪潮的特征和中国种业产业化进程，准确把握种业变迁的影响。分解种子产业创新价值链的三个关键环节：品种研发、种子生产和种子销售，分析种子企业在各环节的创新活动及其绩效，解析种子企业创新存在的问题及其原因。将创新的发明、创新和扩散，种子产业的研发、生产和销售，植物新品种权的创造、运用和维持三个链条耦合，对植物新品种权与品种技术创新、产业经济增长的互动关系及其微观机制进行理论探讨和实证分析。

第四章为种子企业植物新品种权创造行为分析。本章整理 1999 年以来我国农业植物新品种权的基本信息，对 1999～2017 年种子企业农业植物新品种权申请和授权数量、结构进行了详尽的量化统计分析，总结国内种子企业植物新品种权地区和品种布局的特点，并分析了跨国种子企业在我国植物新品种权申请和授权状况，描述了种子企业育种创新的发展方向和市场动向。重点研究分析种子企业玉米、水稻、小麦等大田作物以及蔬菜和花卉品种权情况，结合品种审定、推广数量和面积，分析种子企业育种创新产出动态效率，探究种子企业育种创新方向变化的诱致性制度变迁作用机理。

第五章为种子企业植物新品种权运用行为分析。种子企业的植物新品种权运用表现出多种形式，如合作育种研发、植物新品种权转让及许可、植物新品种权联盟等。本章对 1999～2017 年种子企业植物新品种权共同申请、申请权转让和品种权转让行为进行数据可视化分析，总结种子企业植物新品种权合作创新和市场交易的特点，并对育繁推一体化种子企业的植物新品种权许可策略行为进行博弈分析，归纳种子企业植物新品种权许可对象、时机以及许可价格特点。

第六章为种子企业植物新品种权维持行为分析。本章在种子企业植物新品种权生命周期状态统计分析的基础上，界定了植物新品种权保护期限、有效品种权、维持年费制度和品种权维持时间等基本概念，提出种子企业植物新品种权维持行为决策的理论架构，并通过对植物新品种权的整体维持状况，实证分析了不同地域、品种和国内外品种权人的维持行为差异及其影响因素，发现植物新品种权维持中存在的问题，提出了完善植物新品种权维持制度的对策建议。

第七章为种子企业植物新品种权保护行为分析。我国建立了特有的植物新品种权行政保护和司法保护双轨保护机制，二者各具特点，相辅相成，为植物新品种权权利人和利害相关者提供侵权救济保护，构成植物新品种保护制度的核心机制。本章以典型侵犯植物新品种权、权属纠纷民事诉讼案件为例，面对是否加入、何时加入 UPOV 公约 1991 年文本的选择问题，在累积创新思想下，对比 UPOV 公约 1978 年文本、1991 年文本"研究免责"条款和实质性派生品种保护制度对种子企业商业育种创新行为、原始品种创新行为的影响，提出解决累积创新过程出现的"敲竹杠"问题，利用改进的 Shapley 值法构建公平合理的植物新品种权动态联盟收益分配机制，增强种子企业原始品种创新动力。

第八章为研究结论与对策建议。本章归纳了植物新品种保护制度对我国种子企业创新行为的具体过程特征和作用机理，做出植物新品种保护是否达到最优保护水平的总体判断，提出了中国种业自主技术创新能力提升的对策和植物新品种保护制度创新优化的路径。

二、思路框架

本书探索了种子产业链在不同环节和育种创新过程的不同阶段，植物新品种保护制度对种子企业创新行为的具体作用机制，梳理了在植物新品种保护制度作用下，种子企业各种创新行为变化之间可能存在的关联性，创新激励产生的制度基础和完整的作用路径（见图 1.5）。首先，进行规范分析，在借鉴国内外相关前沿理论与方法和农业部门专家访谈、实地调查的基础上，提出研究目标；其次，因循育种创新的动态过程，从种子企业植物新品种权创造、运用和维持到累积创新思想下派生品种保护制度的实施，实证分析植物新品种保护制度对种业企业创新行为的作用机理；最后，归纳中国种子企业自主创新能力可持续提升的创新模式和完善植物新品种保护制度的政策建议。

三、数据来源和研究方法

植物新品种权指标伴随着植物新品种保护制度产生，是研究植物新品种保护制度对种子企业创新行为作用机理的最为重要的实证依据。植物新品种保护制度建立初期，农业部、国家林业局分别通过专门网站定期对外发布农业和林业植物新品种保护公告，内容包括植物新品种权申请公告、授权公告、事务公告、综合信息和更正公告等。2018 年大部制改革，组建农业农村部、国家林业和草原局，由种子管理局对拟授予的农业植物新品种权、品种审定和登记等进行公示。由于网站部分内容和功能正在进行调整，原农业部植物新品种保护办公室网站停止更新，相关植物新品种权公告及查询迁移至农业农村部科技发展中心（http://www.nybkjfzzx.cn）的"品种保护"栏目。

1. 数据来源

本书所使用的一手数据主要来自农业农村部的植物新品种权公告。品种权申

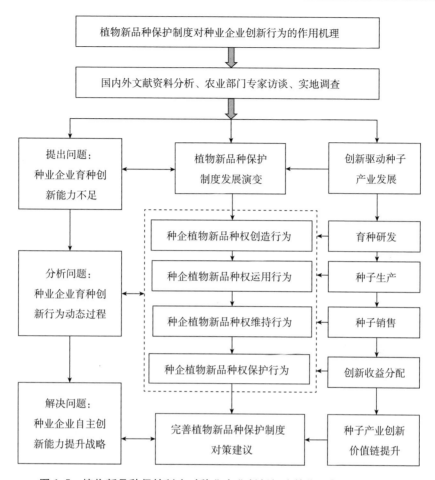

图 1.5　植物新品种保护制度对种业企业创新行为的作用机理研究路线

请公告、授权公告、事务公告的公告日期为单月的 1 日，每年共 6 期，但网上公布的时间大约滞后一个月，例如，2018 年 7 月 1 日品种权申请公告（总第 114 期）的网上公布时间为 2018 年 8 月 8 日。除了特殊说明，本书采集的原始数据时间截至 2018 年 1 月 1 日，共整理品种权申请公告、授权公告和事务公告各 110 期，最早的公告日期为 1999 年 9 月 1 日（总第 1 期），最近的公告日期为 2017 年 11 月 1 日（总第 110 期）。经过人工整理，修正部分错误数据，补充乱码或不可识别数据，共获得 18589 条申请记录、8312 条授权记录和 7647 条品种权事务记录，形成了较为完整的公告信息数据库资料。

2. 统计指标及其经济含义

植物新品种权"申请量""授权量"是最为基础的政府宏观统计指标。育种者对其培育的全部或部分新品种（组合）提出植物新品种权申请，品种权申请量体现了育种者申请植物新品种权的积极性，申请量越大表示育种者对拥有植物新品种知识产权的预期程度越高，对创新成果的知识产权保护意识越强。植物新品种申请后获得授权，标志着所涉及的新品种技术具有一定的创新水平。植物新品种权授权量是衡量育种创新活动中植物新品种权产出水平的通用指标，直接衡量育种成果：授权量越大，品种创新产出数量越多。用授权新品种占申请量的比例构建"授权率"指标，由于植物新品种权授权量受审查标准的影响，因此在某种程度上能够体现植物新品种权的整体质量。

植物新品种权申请者获得授权后，继续生产、销售种子或种苗，通过缴纳年费维持植物新品种权的有效性，处于缴费中的植物新品种权数量为"有效量"。植物新品种权申请量和授权量分别反映植物新品种数量提升和创新原始积累，指标数据可从各期公告中直接获取；但国家尚未设置品种权"有效量"指标，这一数据只能从品种权事务公告中的品种权终止事项间接获取，且 2017 年 4 月 1 日以后不再征收植物新品种权年费，该指标中断，无法获得此后的植物新品种权有效数量，难以体现新品种的市场价值变现能力和垄断控制力。

除申请、授权以及是否有效外，植物新品种权的法律状态还包括"申请驳回""撤回""视为撤回""视为未提出""品种权无效宣告""申请权转让""品种权转让""品种申请权或品种权中止""品种权视为放弃""品种权终止"以及"权利恢复"等。这些在品种权审查过程中形成的文献信息识别记录反映了新品种技术高度和权利稳定性，成为经济学研究发现品种权价值和种子企业策略的重要依据。利用以上法律状态可以计算失效品种权的寿命、有效品种权的寿命，以及未获得授权的新品种寿命等，表明品种权人的维持行为决策。新品种"申请权转让"和"品种权转让"是植物新品种权运用行为，直接反映了申请人（品种权人）之间的技术合作关系。"申请驳回"与申请量比率反映申请者提交文件材料的质量。"撤回""视为撤回""视为放弃"和"权利恢复"通常被企业用于策略性植物新品种权管理，披露申请人或品种权人的创新占有策略意图，以及对植物新品种保护收益前景的预期。

植物新品种权行政管理机构的"审查周期"长短既是政府对新品种测试人员和设备投入的体现，也在一定程度上反映了政府知识产权服务能力。但该指标受植物生长周期的影响，与无生命专利技术的审查周期不具有可比性。

3. 研究方法

本书在整体上采取规范分析和实证分析相结合的方法。首先，规范分析回答植物新品种保护制度与育种创新的应然关系；其次，基于植物新品种权数量、结构统计指标和种子企业创新行为分析框架，研究种子企业在植物新品种权的创造、运用、维持和保护等市场活动中的行为范式和发展特点，采用实证分析回答我国种业企业育种创新现状和能力如何、植物新品种保护制度实施效果如何等问题；最后，回到规范分析，建议中国种业企业创新"应该"选择什么策略，实施什么样的植物新品种保护制度。

针对具体研究目标，本书分别采用了不同的研究方法。为了考察植物新品种权在种业创新驱动发展中的作用，根据内生经济增长理论，构建修正的柯布—道格拉斯生产函数，采用时间序列计量分析方法，运用 Stata 软件，对 1997～2016 年粮食总产量、农业机械总动力、农业从业人员、农用化肥施用折纯量、植物新品种权申请量、授权量数据，应用向量误差修正模型（VECM），研究植物新品种保护制度下品种创新与农业经济增长之间的关系，以及植物新品种保护制度对农业经济增长的影响。

生存分析法，也称存续分析或时间—事件分析法，是根据样本观察值得到的信息对研究对象的持续时间进行统计分析和推断，研究"事件"发生的时间规律及各种影响因素作用的回归分析方法。为了分析植物新品种保护年费制度下，种子企业植物新品种权维持行为的规律和特征，根据植物新品种权经济动机和策略动机维持决策理论，通过 Cox-PH 模型对植物新品种权维持时间的影响因素进行分析，不仅考虑了已经终止的植物新品种权的生存时间，还考虑了未终止植物新品种权的存续期，即删失数据，更全面地分析植物新品种权的质量变化。

在种子企业植物新品种权保护行为分析中，运用案例分析方法对侵犯植物新品种权纠纷民事诉讼典型案例进行分析，围绕玉米自交系"H8723"植物新品种权权属纠纷以及玉米杂交种"掖单53号"侵权司法鉴定、侵权责任的承担等相关争议问题，分析山东登海种业股份有限公司、莱州市农业科学研究所（有限责任公司）、山东洲元种业股份有限公司如何通过植物新品种权保护机制，对企业自有知识产权品种"登海9号"开展司法保护，维护植物新品种权权利人的合法权益。

博弈论是研究微观经济主体策略行为的有效方法。为了分析实质性派生品种保护制度对种子企业商业化育种创新和原始创新行为的影响，建立育种创新互动局势下种子企业连续创新的质量阶梯模型，对有无育种者免责条款产生的不同创新激励进行考察，比较两种不同植物新品种保护模式对品种权创新行为经济激励的差异。在累积创新框架下，将多个品种权人组成的品种权联盟的收益分配可以看成 N 人合作博弈问题，运用改进的夏普利值（Shapley Value）法进行植物新品种代际创新收益分配机制设计，并通过算例分析检验所得分配方案的公平性、合理性和有效性。

社会网络分析方法假定行为人参与到社会系统之中，而这个系统将他们与其他行为人联系在一起，行为人之间的关系对各自的行为存在着重要影响。为了分析植物新品种保护制度下，种子企业与其他育种创新主体的合作创新行为、新品种申请权和品种权转让行为，本书大量运用图表、矩阵分析方法和数据可视化工具，对采集的网络数据的重要特征进行概念化和测量，将表征种子企业与其他创新主体交互行为的数据转换为图像呈现出来，更为直观地反映植物新品种创新和扩散过程中种子企业的创新行为，分析工具主要涉及 CiteSpace、Gehpi 等数据可视化软件。

第二章　植物新品种保护制度

植物新品种保护制度是农业部门特有的知识产权制度。研究与开发植物新品种的育种者能够利用植物新品种权（育种者权利）、专利等知识产权保护其创新，这既是一个充满争议的法律、经济问题，又是一个复杂历史过程的结果。本章考察植物新品种知识产权保护制度的发展演变，有利于帮助我们分析和理解植物新品种保护制度的本质、特征。观察和比较不同国家、地区的农业创新和植物新品种相关知识产权制度的演进，可以更好地理解法律、科技和市场力量如何相互作用，塑造了今天植物新品种保护的世界格局，摆脱关于知识产权保护水平高低的简单争论，从历史视野、全球视角更为深刻地考虑植物新品种保护制度形成的主体、客体，以及具体构造过程和影响因素。

第一节　植物新品种保护制度概述

与其他发明一样，植物新品种是人类智力活动的创造性产物，但其长期被排除在知识产权制度体系之外。直到 20 世纪初，种子贸易、生物技术以及植物育种在农业发展中的作用凸显，植物新品种的知识产权保护才日益受到关注和重视。20 世纪 20 年代，欧洲一些工业化国家探索采用专利权和育种者权利等方式保护植物新品种的创新发明。1930 年美国出台的《植物专利法》，将无性繁殖的植物新品种纳入专利保护范围，此后知识产权制度在植物新品种保护领域快速发展。1995 年《与贸易有关的知识产权协定》将植物新品种保护规定为世界贸易组织成员国的基本义务，要求成员国必须对植物领域开展专利或行之有效的专门制度（sui generis system）的知识产权保护。

根据 UPOV 官网数据，截至 2017 年 10 月 13 日，全世界已有 75 个国家（组织）对植物新品种实施了不同模式的保护，由于各国育种研发能力、自然资源及种子市场条件、农业发展水平和规制政策、种子企业及农民生存现状等要素不尽相同，这些要素的不同联合影响各国植物新品种保护制度的选择，因此各国植物新品种保护制度的设计、运行和实施效果也大相径庭。

一、植物新品种保护制度的起源与发展

植物新品种保护制度起源于发达国家，欧洲是育种者权利的发源地。欧洲现代专利制度只针对工业发明创造活动，直到 1833 年 9 月 3 日，罗马教皇宣布对涉及农业领域更加可靠的技术和更加高效的方法、成果授予专有权，其被普遍认为是植物新品种保护制度的起源。19 世纪末，欧洲国家商业种子贸易的增长要求以类似于工业的方式将知识产权保护扩展到农业。1883 年 3 月 20 日，在法国签署的《保护工业产权巴黎公约》（*Paris Convention on the Protection of Industrial Property*）仅对植物新品种培育过程的技术创新给予有限的专利权保护①。《保护工业产权巴黎公约》的最后议定书指出："工业产权"应理解为最广泛的意义，它们不仅涉及严格意义上的工业产品，还涉及农产品（葡萄酒、谷物、水果、牛等）。

19 世纪孟德尔遗传规律的发现和应用为植物育种提供了科学理论支撑，育种者对植物性状能够进行有效控制，育种时间大大缩短，成功率提高，专业的育种家开始大规模出现，农业生产率的提高越来越依赖于种子性状的改良和专业化的种子供应。随着种子贸易的发展，出现的育种家协会要求对农业科技创新的植物品种给予知识产权保护，植物新品种的知识产权保护在欧洲逐步发展起来。德国于 1930 年颁布《种子种苗法草案》、1953 年实施《种子材料法》，将植物新品种的保护与品种认证相结合，为育种家提供育种者权利（Plant Breeder's Rights）保护。荷兰于 1942 年颁布《植物新品种保护法》，赋予植物新品种培育者以生产、销售植物新品种繁殖材料的排他性权利。

美国率先将农业创新纳入知识产权法律，对植物新品种赋予专利权保护。20 世纪初杂交育种技术实现突破，改变了种子使用方式，通过有性繁殖的杂交种后代很难保持亲本的优良性状，农民必须从市场上购买种子，这吸引了私人资本进入种子市场，美国种子产业开始兴起。然而，杂交育种技术仅适用于玉米等少数作物育种，其他改良品种的种子可以无限繁殖，农民无须多次购买种子，种子公司的利益难以保障。为寻求私人开发的植物新品种的财产权利，在种子公司的积极游说下，1930 年美国颁布《植物专利法》，在当时现有的法律制度框

---

① 《保护工业产权巴黎公约》第 1 条第（3）款规定：工业产权应从广义上理解，不仅适用于工业和商业，同样也适用于农业和采掘业以及所有人造或天然产品，例如葡萄酒、谷物、烟叶、水果、牛、矿物、矿泉水、啤酒、花卉和面粉。

架下，由美国专利和商标局为无性繁殖的植物（主要包括观赏植物和水果）品种提供"植物专利"保护①。该法案与 1970 年的《植物品种保护法》及 2001 年美国最高法院对植物可以获得"实用专利"保护的裁定②，为美国农业创新提供了一个极为独特的知识产权保护体系，极大地鼓励了私人资本流向育种领域，促进种业市场化。

美国的私人种子公司最初只是简单经营种子销售和加工，逐渐演化出比较专业化或具有地域性的种子公司，依靠销售公共品种积累原始资本，到一定规模后注重新品种培育，出售新品种或亲本繁殖材料。种子市场的利润前景吸引了农药、化工行业资本的大规模并购整合，一些石化公司通过并购，把育种研发、繁殖材料生产和种子销售相结合，最终形成一条完整的育繁销一体化的产业链。2004～2008 年植物新品种知识产权申请总量最多的三家种子公司分别为先锋国际、孟山都公司和先正达。

表 2.1 给出了 1930～2008 年美国不同作物种类的植物新品种知识产权保护情况。2004～2008 年，三类植物新品种知识产权申请数量最多的申请人包括：尤德兄弟（Yoder Brothers）申请植物专利 239 件，占植物专利总申请量的 4.5%；先锋国际申请植物品种保护 360 件，占植物品种保护申请量的 19.3%；孟山都公司申请实用专利 558 件，占实用专利申请量的 31.2%。

表 2.1　1930～2008 年美国不同作物种类和权利类型的植物新品种保护

植物种类	植物专利		植物品种保护		实用专利		合计	
	数量（件）	百分比（%）	数量（件）	百分比（%）	数量（件）	百分比（%）	数量（件）	百分比（%）
园艺	**20188**	**96.3**	**3373**	**35**	**228**	**6**	**23789**	**69.3**
装饰植物	16962	80.9	289	3	31	0.8	17282	50.3
水果	2976	14.2	10	0.1	2	0	2988	8.7
蔬菜	79	0.4	1898	19.7	173	4.6	2150	6.3
草类	171	0.8	1176	12.2	22	0.6	1369	4
谷物和油籽	**19**	**0**	**4778**	**49.6**	**3294**	**89**	**8091**	**23.6**

---

①　因为当时国会认为，有性繁殖的植物在遗传上不稳定，而专利要求技术方案的可再现性；另外，国会议员担心块茎繁殖的植物（如马铃薯）、主要粮食作物（大多为有性繁殖）等基本食品的垄断，因而不授予排他性的专利保护。

②　1980 年 Diamond v. Chakrabatry 诉讼案后，美国法院声明"太阳底下任何人类的创造都可以成为专利的客体"，实用新型专利成为保护生物创新的重要知识产权之一。

续表

	植物专利		植物品种保护		实用专利		合计	
谷类	6	0	2810	29.2	1804	48.5	4620	13.5
油籽	13	0	1968	20.4	1490	40	3471	10
其他植物	**775**	**3.7**	**1488**	**15.4**	**197**	**5.3**	**2460**	**7.2**
纤维植物	0	0	617	6.4	117	3.1	743	2.2
树木	487	2.3	1	0	0	0	488	1.4
其他	288	1.4	870	9	80	2.1	1238	3.6
合计	20982	100	9639	100	3719	100	34340	100

资料来源：根据 Pardey P.、Koo B.、Drew J.、Horwich J.、Nottenburg C.（2013）整理。

二、植物新品种保护制度的国际化

植物新品种保护制度国际化是多边国际条约形成的过程，随着知识产权保护在全球范围强化，植物新品种保护制度的国际化经历了三个阶段，即 UPOV 时期、TRIPS 时期和后 TRIPS 时期。

1. UPOV 时期：国内立法向国际延伸

荷兰、德国和美国等国家植物新品种保护制度的实施，大大加快了其他国家接受在农业领域实施知识产权保护的进程，而国际保护工业产权协会（The International Association for the Protection of Industrial Property，AIPPI）和国际植物新品种保护协会（The International Association of Plant Breeders for the Protection of Plant Varieties，ASSINSEL）两个保护育种者权利组织积极参与制定的 UPOV 公约，对这一进程起到重要推动作用。尽管两个利益团体都认为缺乏专门针对植物的知识产权国际准则，支持将知识产权保护扩展到农业，但在采取何种保护形式上存在分歧。AIPPI 支持延用历史上涵盖工业发明的专利制度[①]，而 ASSINSEL 倾向建立一套新的独立制度体系。

1956 年，ASSINSEL 成员召开会议，考虑制定新的植物品种保护国际文本的可能性，由法国政府组织起草该文本，会议确立了植物新品种保护的基本原则，后来被纳入 UPOV 公约。1958 年举行的关于修订《保护工业产权巴黎公约》的里斯本外交会议对采用 UPOV 公约作为植物新品种保护的特殊制度作出了决定性

---

① 国际保护工业产权协会在 1952 年维也纳会议和 1954 年布鲁塞尔会议上通过决议，要求成员国平等对待农业、林业等领域的发明创造，像保护工业发明那样为植物新品种提供专利保护。

贡献。植物和所有生物一样，因自然规律而显示出各种特性，因此植物新品种需要一种"特殊法律"的知识产权保护，然而，尽管 UPOV 公约考虑授予植物品种专利，但并未采取任何实质性行动。1961 年 11 月，12 个欧洲国家举行外交会议，国际观赏植物和水果无性繁殖培育者协会（CIOPORA）和国际商业合作联盟（FIS）等组织参加，国际知识产权保护局（United International Burea for the Protection of Intellectual Property，BIRPI)①、联合国粮食及农业组织（Food and Agriculture Organization of the United Nations，FAO）以观察员的身份出席会议（Dutfield，2011）。

1961 年 12 月在巴黎举行的后续会议通过了《保护植物新品种国际公约》，标志着国际植物新品种保护体系的建立，育种者权利得到国际认可。由于只有少数国家拥有植物品种保护体系，经英国、荷兰、德国三个国家先后批准，1968 年《国际植物新品种保护公约》（UPOV 公约）正式生效，并于 1972 年、1978 年和 1991 年进行了三次修订，其中 1978 年文本和 1991 文本分别于 1981 年、1998 年生效。国际植物新品种保护联盟的主要任务是协调和促使成员国之间在植物新品种保护行政和技术领域的合作。早期的 UPOV 公约基本上是专门为欧洲国家商业育种者利益而构思和设计的，这些利益源于采取 UPOV 公约的国家（组织）的具体需求，非常明确地为商业植物育种者提供知识产权保护。因此，在激励商业植物育种者的同时，尽管各国农业管理部门也参与其中，并将这些利益与农民的利益平衡，但农民、农业社区对植物育种的贡献很少受到关注。

UPOV 公约提供了专门适用于植物育种过程的知识产权保护的特殊形式，是首个在国际上得到广泛认可并运行较为成功的植物新品种保护模式。UPOV 成员国既可以为本国育种者在其他成员国获得植物新品种保护，同时鼓励外国育种者在本国进行植物育种和种子生产经营活动。UPOV 由欧洲国家倡导建立，自 1968 年正式成立至 1983 年，联盟成员国几乎完全由发达国家组成，这在很大程度上反映了发达国家商业育种者的利益诉求。20 世纪 90 年代以来，在国际植物新品种保护联盟的大力推行下，越来越多的国家和地区组织加入联盟（见图 2.1），遵照不同的公约文本制定植物新品种保护的相关法律、法规。截至 2017 年 10 月 13 日，UPOV 成员已经达到 75 个，包括 2 个国际组织（非洲知识产权组织、欧盟）和 73 个国家。

---

① 国际知识产权保护局是世界知识产权组织（International Bureau of the World Intellectual Property Organization，WIPO）的前身。

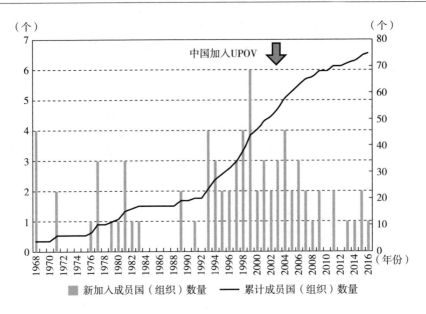

图 2.1　1968~2016 年 UPOV 成员国（组织）数量变化

2. TRIPS 时期：发达国家强推 UPOV 模式全球化

20 世纪末，WTO 的建立和 TRIPS 的产生，标志着全球知识产权高水平保护标准的初步实现。TRIPS 被置于 WTO 管辖之下，是加入 WTO 的必备条件之一，大大拓展了知识产权国际保护制度的适用范围，推动了植物新品种保护在全球的扩张。在 1995 年 TRIPS 生效之前，UPOV 成员主要有西欧国家和美国、澳大利亚、加拿大、日本、阿根廷以及南非等 27 个国家（组织）。在 TRIPS 生效后，UPOV 成员国（组织）数量快速增加，来自拉丁美洲、非洲、亚洲的国家以及东欧社会经济体也加入了 UPOV 公约。

TRIPS 涉及的知识产权保护领域非常广泛，要求在农业领域扩大知识产权保护，其中第 27.3（b）条与植物新品种保护直接相关，规定 WTO 成员应该通过专利或有效的"特殊制度"，或其任何组合来保护植物品种[①]。但是，TRIPS 对"植物品种""特殊制度""有效的特殊制度"等没有给予清晰界定，各国对此也有不同的解释，这就为植物新品种保护的执行提供了灵活的实施空间，但同时也带来了发达国家与发展中国家，甚至发达国家之间在植物新品种保护领域的冲突和摩擦。

发达国家主张拓宽植物品种的外延，将保护范围延伸到生物技术产品，采取

---

① TRIPS 第 27.3（b）规定：成员国应通过专利或有效的特殊制度或其任何组合来保护植物品种。

专利制度或将 UPOV 模式作为"有效的"特殊制度，按照 UPOV 公约 1991 年文本将植物新品种保护的范围扩大到所有植物品种，为育种者提供范围更广、时效更长的保护，以农民特权、育种者权利豁免缓解利益相关者之间的冲突，保护商业育种者权利，特别是从事生物技术研究的公司的利益。

多数发展中国家主张缩小植物品种范围，因为植物品种保护会影响国家目标，特别是与公共健康、食物安全、农村发展以及遗传资源和传统知识的知识产权保护相关目标的实现。对国外育种者的过度依赖，会对传统农民之间的合作关系产生负面影响，传统农民有自留和交换种子的习惯，势必与商业育种者权利发生冲突，在新制度下难以保护农民自身权益。应披露生物发明中所使用的遗传资源和传统知识，打击"生物海盗"，保护原住民和社区的权益，进而实现生物遗传资源惠益分享。一些发展中国家提出，根据本国国情建立不同于 UPOV 模式的替代保护制度，例如，印度于 2001 年实施的《植物品种保护和农民权利法》（*Protection of Plant Variety and Farmers Rights Act*），非洲统一组织（The Organization of African Unity）拟订的保护当地社区、农民和育种者权利的法律，以及于 2000 年实施的管理获取生物资源权利的《非洲示范法》（*The African Model Legislation*）① 等。

毫无疑问，植物新品种保护对发达国家种业和药品行业的研究和创新方面做出过重要贡献。这种知识产权保护在发展中国家的某个发展阶段可能是适当的，因为它曾经在发达国家的历史上起重要作用。植物新品种保护制度激励个人和公司发明、开发可能有益于社会的新品种。但是，激励效果取决于个人和公司是否有能力做出回应。而且，对植物新品种授予专有权利，增加了消费者和受保护以外的其他用户的成本。在某些情况下，这种保护意味着剥夺了那些无法支付知识产权所有者收取价格的潜在消费者或用户的创新机会。根据权利的适用方式，以及不同的经济和社会环境，植物新品种保护制度的成本和收益的平衡有所不同。在发展中国家，适用于发达国家的知识产权保护标准带来的成本可能高于其收益，而发展中国家又必须依赖大量知识或体现知识的产品，以满足基本需求并促进自身发展。

发达国家和发展中国家各自拥有不同的经济发展水平、科技实力和生物遗传资源优势，对待植物新品种、生物技术和基因遗传资源保护持有不同态度。意大利、匈牙利、新西兰等国家采用专利制度；美国采用专利制度和专门制度相结合，对无性繁殖（根茎植物除外）和遗传工程培育的品种采用专利保护，对有性繁殖的植物品种通过植物专利保护；其他国家多采用专门立法保护。发达国家

---

① 《非洲示范法》全称为 *The African Model Legislation for the Protection of the Rights of Local Communities, Farmers and Breeders, and for the Regulation of Access to Biological Resources*。

借助 TRIPS 力推较为成熟的 UPOV 立法框架，尤其是保护水平更高的 UPOV 公约 1991 年文本，但由于它是按照发达国家的商业化农业体制量身定制的，因此并不适合发展中国家的社会环境和农业发展水平。TRIPS 只是将植物品种保护简单地规定为 WTO 成员国的基本义务之一，其中隐含的问题和利益冲突还需要在日后的贸易谈判中再做商议，或者通过其他的国际组织和公约加以协调。

3. 后 TRIPS 时期①：植物新品种保护利益均衡博弈

近年来，转基因育种技术的商业化应用和生物遗传资源的国际管理制度都发生了重大变化，发展中国家农业发展框架正在迅速转变，植物新品种保护的国际化进程也随之改变。在这一变革过程中，具有某方面比较优势的国家总希望自己的优势得到最大限度的发挥，尤为显著的是发达国家竭力扩张生物技术的知识产权保护，而发展中国家则利用丰富的基因遗传资源作为筹码进行对抗博弈。TRIPS 的实施引发了发展中国家公共健康、人权、发展等领域的危机，高水平的知识产权保护并未明显促进发展中国家的育种研发投入，却使发展中国家的种子市场被发达国家种子公司垄断；发展中国家丰富的种质资源被发达国家育种企业无偿使用，以此培育的植物新品种获得知识产权保护，发展中国家不但无法从中获得任何回报，而且本国农民还要支付高额的知识产权许可使用费，印度香米事件、孟山都高产大豆事件等跨国知识产权争议体现了遗传资源分布及利用的分歧。

越来越多的国家和国际组织认识到 TRIPS 在利益调节机制上存在的偏差，即便是一些发达国家也在逐步反省，并在实践中采取一些限制措施，以协调知识产权各方的利益。在后 TRIPS 时期，国际植物新品种保护不再单纯强调育种者的利益保护，而更多地注重各方利益的协调，在激励植物品种改良的同时推动新技术、新品种的广泛传播，使育种创新能最大化地满足社会需求（喻亚平，2012）。

在植物新品种保护制度与基因遗传资源保护方面，国际社会进行了卓有成效的尝试。生物遗传资源是植物新品种培育的重要投入品，是生物技术和生物知识产权的物质基础。基因遗传资源的独特性和多样性构成了生物的独特性和多样性。如果能够获得遗传资源（人类基因遗传资源除外）的垄断权，无疑会带来巨额的利润，也能有效排斥竞争对手，两个国际协议《生物多样性公约》（*Convention on Biological Diversity*，CBD）和《粮食和农业植物遗传资源国际条约》（*International Treaty on Plant Genetic Resources for Food and Agriculture*，ITPGR）在

---

① 学界对"后 TRIPS 时期"的时间起点存在争议，一般把 2001 年视为后 TRIPS 时期的开始时间，2001 年 WTO《多哈部长宣言》第 17~19 段列举了 TRIPS 与公共健康的关系、地理标志的保护，TRIPS 与《生物多样性公约》、传统知识及民间文学保护的关系等这些与知识产权有关的问题，引发知识产权国际保护制度的变革。

遗传资源保护和利用方面发挥了重要作用。

《生物多样性公约》是第一个在动植物基因资源保护和利用方面具有法律约束力的国际公约,旨在保护濒临灭绝的植物和动物,实现生物多样性组成成分的可持续利用,以公平合理的方式共享遗传资源的商业利益和其他形式的利用。CBD的基因资源主权原则、知情同意原则和惠益分享原则,将国际知识产权制度的保护范围从智力成果延展到智力成果的源泉,对生物遗传资源的掠夺和不公平使用行为建立了制度约束,使发展中国家在植物新品种保护制度的国际化进程中取得有利的谈判筹码。但TRIPS与CBD从本质上存在冲突(见表2.2),这些冲突来自协议的性质和目的,体现不同主体的利益诉求。CBD承认当地社区在发展和维护生物多样性方面的作用,将公共利益和共同利益置于私有财产和既得利益之上;TRIPS则完全相反,只承认私有财产权,从洛克的劳动财产权理论出发,认为知识产权是私权,强化从私有财产角度保护知识产权,反映了西方发达国家私有财产神圣不可侵犯的原则在无形资产保护方面的要求。

表 2.2 TRIPS 和 CBD 的利益冲突比较

问题	TRIPS	CBD
可专利主题	通过专利或专门保护,授权保护生物和生物技术创新,履行国家主权	国家主权原则意味着在起草知识产权立法方面有自由裁量权,包括禁止生命形式(生物资源)的知识产权
知情同意	专利持有人不需要披露可能授予专利的遗传材料的来源	任何遗传材料的使用需要获得被确定为生物多样性保护者的国家或当地社区的事先知情同意
惠益分享	强化知识产权私权属性,社区或农民没有相应的权利,也没有规定的利益分享	授权分享利益,具体条款将由政府与有关各方协商确定
当地知识保护	对创新的理解狭窄,仅与商业利益相关	承认传统知识的重要性
国家的作用	国家保护私人知识产权,在维护、促进或保护生物多样性方面没有作用	生物多样性的获取受制于事先知情同意原则,包括与当地社区协商

资料来源:作者根据公开资料整理。

与《生物多样性公约》一致,联合国粮农组织的《粮食和农业植物遗传资源国际条约》的宗旨也是保护可持续农业和粮食安全、可持续地利用粮食和农业植物遗传资源以及公平合理地分享利用这些资源产生的利益。无论作物品种改良是通过种植者的经验选择、正规的育种实验,还是利用现代的生物技术方法实现的,粮食和农业植物遗传资源都是作物品质改良不可缺少的原始材料。种植者对植物育种的贡献与实验室科研人员的贡献同样重要,种植者享有保存、使用、交换和出售农场保存的种质及其他繁殖材料,参与决策制定,公正公平地分享粮食和农业植物遗传资源的使用所带来的利益等基本权利。

CBD 和 ITPGR 的缔约国大多是发展中国家，美国至今尚未签署 CBD，且 IT-PGR 不具有法律约束力，而 TRIPS 在很大程度上代表了发达国家利益，通过世界贸易组织强力执行，因此，发展中国家在植物新品种保护国际化的利益博弈中影响力相对较弱。

在后 TRIPS 时期，并非所有发达国家都主张育种者权利的强化。例如，英国知识产权委员会在 2002 年公布的《整合知识产权与发展政策》报告中指出，发展中国家通常不应为 TRIPS 协议第 27.3（b）条款允许的植物和动物提供专利保护，因为专利可能会限制农民和研究人员使用种子；相反，他们应该考虑植物品种的不同形式的特殊系统。技术能力有限的发展中国家应限制与 TRIPS 协议一致的农业生物技术专利申请的适用范围，并应对"微生物"一词采用限制性定义。该报告呼吁发达国家和发展中国家应加快批准《粮食和农业植物遗传资源国际条约》的步伐，保护与植物基因资源有关的传统知识，公平分享食品和农业领域利用植物基因资源所得利益，采取措施保护农民权利。与此同时，广大发展中国家也并不是消极接受 TRIPS 协议和 UPOV 公约，而是积极调整知识产权战略，充分利用 TRIPS 协议的弹性制度空间，力图通过对现有公约的修改和协调相关国际公约的国际谈判，扭转当前植物新品种保护的不利格局，加强国际合作交流，寻求后 TRIPS 时期植物新品种保护的利益平衡。

从世界范围来看，植物新品种保护制度正处于不断创新变革之中，各种力量之间的平衡不断被打破，相互之间新一轮的博弈不断上演。中国有丰富的植物遗传资源，是 CBD 的缔约国，在专利法第三次修订中引入了遗传资源来源披露原则，在一定程度上可以预防"生物海盗"行为，但尚无"知情同意""惠益分享"方面的法律制度。中国尚未加入 ITPGR，亟待建立适宜我国国情，结合生物遗传资源和传统知识保护、利用，保护农民权利的法律规范。目前，我国的植物新品种保护制度还不完善，虽然植物新品种保护水平并不低，介于 UPOV 公约 1978 年文本到 1991 年文本之间，但《植物新品种保护条例》属行政法规的范畴，其位阶较低，既不利于植物品种保护制度的实施，也无法将一些必要的法律规范纳入植物新品种保护制度之中，影响植物新品种保护制度的作用效果。

第二节　中国植物新品种保护制度体系

在当今经济全球化、国际局势复杂、竞争日益激烈的大背景下，加强对植物新品种的保护具有战略性、全局性的意义。随着人类社会的不断进步和发展，知识、高新科技在农业经济中起到越来越重要的作用。开发植物新品种是稳定和增加粮食产量的重要途径，一般来说，植物新品种给生产带来进步是 30%～60%。我国是自然资源丰富的大国，植物品种种类繁多，但自有的特色品种流失严重。本部分对中国植物新品种保护制度的建立与发展、管理体制与现状等进行探讨。

一、中国植物新品种保护制度的建立与完善

中国植物新品种保护知识产权立法起步较晚，但发展迅速，现已建立起较为完善的法律体系。与植物新品种保护相关的法律、法规可以分为国内立法渊源和国际条约两部分，其中国内立法渊源包括主要知识产权法律、行政法规、实施规则或条例以及最高人民法院知识产权司法解释等。

1985 年颁布实施的《中华人民共和国专利法》对动植物品种不授予专利权，但对非生物学培育植物品种的方法可授予专利权，虽经 1992 年修订，农业领域中发明创造最活跃、应用价值最大的动植物品种仍被排除在专利保护之外。为了鼓励培育和使用植物新品种，促进农业、林业的创新发展，1993 年 8 月，农业部、专利局、林业部、国家科委联合成立植物新品种保护立法领导小组和工作小组，积极筹备相关立法工作。1997 年 3 月 20 日，国务院 213 号令发布了《植物新品种保护条例》，确立了我国植物新品种权的法律地位。在实施过程中，《植物新品种保护条例》经 2013 年 1 月 31 日和 2014 年 7 月 29 日两次修订，内容不断完善。2015 年修订的《种子法》增设了植物新品种保护专章，提升了法律层级。2016 年农业部会同国家知识产权局等相关部门启动了新一轮《植物新品种保护条例》等相关法律法规的修订工作，种业知识产权保护逐步加强。2022 年 3 月 1 日起实施的《种子法》扩大了植物新品种权的保护范围及保护环节，新增实质性派生品种制度，完善侵权赔偿制度，为《植物新品种保护条例》的修订完善提供了强有力的上位法支撑。

1999 年 4 月 23 日，我国正式加入了《国际植物新品种保护公约》1978 年文本，采用专门行政立法的形式对植物新品种进行知识产权保护。同时，农业部植物新品种保护办公室开始受理来自国内外的植物新品种权申请，中国植物新品种权保护工作正式启动。为加入 WTO、全面履行 TRIPS 的知识产权保护义务，国家林业局和农业部分别于 1999 年 4 月和 6 月公布了第一批林业、农业植物品种保护名录，并逐步扩大保护名录的范围，且先后颁布了《植物新品种保护条例实施细则（农业部分）》和《植物新品种保护条例实施细则（林业部分）》。此后，农业部陆续出台了《植物新品种复审委工作的规定》《农业植物新品种权代理规定》《农业植物新品种权侵权案件处理规定》《农业植物新品种测试指南研制管理办法》以及《农业植物新品种命名规定》等部门规章，规范植物新品种保护制度实施过程中出现的相关法律问题。

此外，最高人民法院《关于审理植物新品种纠纷案件若干问题的解释》《关于审理侵犯植物新品种权纠纷案件具体应用法律问题的若干规定》以及《关于北京、上海、广州知识产权法院案件管辖的规定》等，对植物新品种权纠纷案件审判过程中如何具体应用法律、法令的问题进行了详细的司法解释，成为人民法院裁判植物新品种保护案件的重要依据。

世界知识产权组织（WIPO）在中国建立和发展知识产权制度过程中发挥重要作用。中国于 1980 年 6 月 3 日加入 WIPO，成为其第 90 个成员国，此后相继加入 WIPO 管辖的《保护工业产权巴黎公约》、《保护文学和艺术作品伯尔尼公约》、《专利合作条约》和《商标国际注册马德里协定》等 15 个知识产权国际公约，成为国际知识产权体系的重要成员。中国知识产权立法活动深受WIPO 影响，不断提高知识产权保护水平，基本达到了各条约和 TRIPS 的最低要求。

从法律框架来看，我国初步建立了较为完善的植物新品种保护制度体系。但是，《植物新品种保护条例》由国务院颁布，属于行政法规，立法位阶较低，其法律效力远远低于《中华人民共和国专利法》。《植物新品种保护条例》的内容与 UPOV 公约 1978 年文本基本一致，但在国民待遇、临时性保护措施、关于要求优先权的程序性规定等方面还存在不同程度的差异（吴汉东，2008）。《植物新品种保护条例》的法律条款高度概括，在实施过程中还需制定与之配套的部门规章，虽然经过多次修订，立法内容更加简明集中，提高了规章的可操作性，但还有诸多需要完善之处。随着国内外种业创新实践步伐的加快，现行植物新品种保护制度存在原始创新激励不足、保护范围狭窄、维权执法困难等问题，不能完全适应中国全面开放新形势和现代种业发展新要求，亟须加强顶层设计，推进现代种业更高水平发展。

二、中国植物新品种保护制度法律框架

《种子法》、《植物新品种保护条例》及其配套规章等构成了我国植物新品种保护制度的主体框架。随着国内外种业创新实践快速发展，相关法律法规的内容不断修订完善，植物新品种保护制度体系进一步健全，种业知识产权保护强化。2016 年《植物新品种保护条例》修订工作启动，2019 年 2 月 1 日，农业农村部公布了《中华人民共和国植物新品种保护条例修订草案（征求意见稿）》，以下简称《条例修订草案（征求意见稿）》，加大保护力度，提高保护水平，激励原始创新。

下面主要依据最新修订的《种子法》和《植物新品种保护条例》，结合《条例修订草案（征求意见稿）》的条文，对我国植物新品种保护制度法律法规框架体系进行详细解析。

1. 权利主体

植物新品种是育种者（breeder）的创造性劳动成果，育种者既可以是自然人，也可以是法人。通常情况下，植物新品种权的申请人应为育种者，享有植物新品种权的申请权，但随着现代育种技术和种子产业的变革，出现了职务育种、合作育种、委托育种等植物新品种培育方式，植物新品种权申请人呈现多元化发展。如果两个（或以上）单位或者个人之间合作完成育种，一般遵循"有约定，从约定；无约定，双方共有"的原则处理合作育种的植物新品种权申请权的归属。如果单位或者个人接受他人委托完成的育种，则植物新品种申请权归属遵照"有约定，从约定；无约定，归受托人"的原则处理。现实中，销售渠道丰富的种业企业通常委托或与科研实力雄厚的农业科研机构合作育种，发挥资产互补优势，科研机构作为受托人或者共同完成育种的单位，享有该品种的申请权及品种权，成为共同申请人、共同品种权人。

育种过程还涉及"培育人"。培育人是指完成育种的个人，但并非所有参加新品种培育科学技术活动的人都称为培育人，培育人是对新品种培育做出实质性或者创造性贡献的人。最本质的属性是他们对于该新品种培育工作做出了创造性的贡献，而没有创造性贡献的其他人，如组织管理者、情报提供者、后勤保障者、实验操作者等均不能视为培育人。在职务育种情况下，培育人是研发人员，但品种权申请人和品种权人均为单位。对于职务育种行为，植物品种的申请权和品种权最终归属于培育人所在单位，由单位掌握这些关键技术的所有权，侧重于保护雇主的利益。尽管《植物新品种保护条例实施细则》中没有对培育人进行奖励或报酬的规定，但《植物新品种保护条例》第四条规定："完成关系国家利益或者公共利益并有重大应用价值的植物新品种育种的单位或者个人，由县级以上人民政府或者有关部门给予奖励。"现实中，各单位通常自行制定激励措施，按照职务育种品种可获得的利益及各方对该品种育成的贡献程度，给予相应的奖励或报酬，以调动雇员育种创新的积极性。

育种者对其通过法律程序获得授权的品种享有排他性的独占权，即品种权；获得品种权的权利主体既可以是单位，也可以是个人，植物新品种权的所有人在法律上称为"品种权人"。从国别角度划分，品种权人包括国内（包括台湾地区）、国外单位和个人；从品种权人属性角度划分，品种权人包括国有单位和非国有单位，其中大部分农科院所、农业高校、种子场站等属于国有单位，而种子企业、农场、农民、科学家、种植者等属于私人部门。

植物新品种的申请权和品种权还可以继承、赠与、转让，或通过企业合并、分立、重组、撤销、破产、改制等方式发生转移，这些情形产生申请人或品种权人的变化，新的品种权人或申请人称为权利"继受人"（继承人和受让人）。

对于申请权和品种权的继受人，根据《条例修订草案（征求意见稿）》第十一条，"中国的单位或者个人就其在境内培育的植物新品种向境外机构、个人转让申请权或者品种权的，应当经审批机关批准"，以防止境内优良品种和生物遗传资源的流失。同时将《植物新品种保护条例》第九条"国有单位在国内转让申请权或者品种权的，应当按照国家有关规定报经有关行政主管部门批准"的规定，改为"转让申请权或者品种权的，当事人应当订立书面合同，并向审批机关进行变更备案，由审批机关予以公开"，合理规范申请权、品种权的转让行为，更有利于新品种的推广、使用。

但是，对于转让合同生效日期，农业部与国家林业局在《植物新品种保护条例实施细则》中的规定有所不同：《植物新品种保护条例实施细则（农业部分）》第十一条规定，转让申请权或者品种权的，从公告之日起生效，而《植物新品种保护条例实施细则（林业部分）》第八条规定，从登记之日起生效①。只有在审批机关做了公告或登记后才算完成申请权或品种权转移的手续，新的品种权人就成为该品种权的所有人。

2. 权利客体

植物新品种是植物新品种权的保护对象。依据 UPOV 公约，《条例修订草案（征求意见稿）》新增了"品种"概念（品种是指经过人工选育或者发现并经过改良，形态特征和生物学特性一致，遗传性状相对稳定的植物群体）。相对于"已知品种"（公知或者公用的品种），"植物新品种"是指"经过人工选育的或者对发现的野生植物加以改良，具备新颖性、特异性、一致性和稳定性并有适当命名的植物品种"。植物新品种这一概念强调育种者的创造性智力活动；植物品种并非特指某一具体植株或部分植物，而是某一类植物遗传信息组合后的具有相同生物学特征和农艺学性状的表现形式，是单一植物分类群中已知等级最低的植物分组，其实质是种质（Germplasm）资源；植物品种必须满足新颖性、特异性、一致性和稳定性，以及适当的名称等法定条件，方可称为植物"新"品种（见图 2.2）。被授予品种权的植物新品种，称为"授权品种"。

---

① 《植物新品种保护条例实施细则（农业部分）》第十一条与《植物新品种保护条例实施细则（林业部分）》第八条有关植物品种申请权及植物新品种权的转让生效日的不一致规定，有必要在进一步修订中协调统一。

图 2.2　植物品种示意图

3. 授予品种权的条件

一个植物品种要获得植物新品种权授权，要满足以下条件：一是符合《植物新品种保护条例》规定范围；二是具有新颖性，特异性、一致性和稳定性；三是应当有适当命名。

（1）植物新品种保护范围。依据 UPOV 公约 1978 年文本，并非所有的植物品种都必须得到保护，因而现行《植物新品种保护条例》只对属于国家植物品种保护名录中列举的植物属（种）的新品种进行保护。

依据国家政府部门分工，农业农村部负责粮食、棉花、油料、麻类、糖料、蔬菜（含西甜瓜）、烟草、桑树、茶树、果树（干果除外）、观赏植物（木本除外）、草类、绿肥、草本药材、食用菌、藻类和橡胶树等植物新品种的保护工作，而国家林业和草原局负责林木、竹、木质藤本、木本观赏植物（木本花卉）、果树（干果部分）、木本油料、调料、木本药材等植物新品种的保护工作。

截至 2021 年底，农业、林业植物品种保护名录列举的植物属（种）共有484 个（某些植物属或种重复出现在农业和林业植物品种保护名录中）。其中，农业农村部共发布了十一批《农业植物品种保护名录》，包括水稻、玉米、大白菜、马铃薯、春兰、菊属、石竹属、唐菖蒲属、紫花苜蓿、草地早熟禾、普通小麦、大豆、甘蓝型油菜、花生、普通番茄、黄瓜、辣椒属、梨属、酸模属等，目前受保护农业植物属（种）已经达到 191 个。国家林业和草原局共发布了八批林（草）业植物新品种保护名录，包括毛白杨、泡桐属、杉木、木兰属、牡丹、梅、蔷薇属、山茶属、栀子属、悬铃木属、蚊母树属、南天竹属、火棘属、红千层属、羊蹄甲属、红花荷属等，目前受保护林业植物属（种）已经达到293 个[1]。

顺应种子产业发展需求，农业农村部、国家林业和草原局还向教学科研单

---

[1]　详见国家林业和草原局知识产权研究中心——中国林业知识产权网（http://www.cfip.cn/），最后访问日期：2022-02-21。

位、种子企业和育种家公开征集列入植物品种保护名录的植物属（种），分阶段不断扩大受保护的植物品种属（种）范围。《条例修订草案（征求意见稿）》将保护范围扩大到所有植物的属或种（但违反法律、法规，危害社会公共利益、生态环境的植物新品种除外），激励更多领域的育种创新。

（2）新颖性、特异性、一致性和稳定性。如果一个植物品种符合规定植物属或者种的前提条件，那么授予品种权的植物新品种应当具备新颖性、特异性、一致性和稳定性（见图 2.3）。

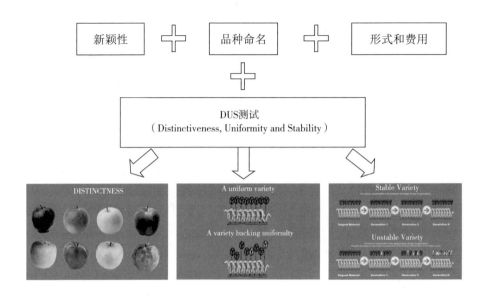

图 2.3　植物新品种保护条件示意图

新颖性（novelty），是指授予品种权的植物新品种在申请日前，该品种的繁殖材料（或者收获物）未被销售、推广，或者经育种者许可，在中国境内销售、推广该品种繁殖材料（或者收获物）未超过 1 年，在中国境外销售、推广藤本植物、木本植物品种繁殖材料（或者收获物）未超过 6 年，销售、推广其他品种繁殖材料（或者收获物）未超过 4 年。植物品种的新颖性以是否商业销售、推广为标准，即如果植物品种在申请日前一定期限内其繁殖材料（或者收获物）未被商业化销售、不存在推广行为，就可以认为该植物品种是"新"的，这与专利权的以发明创造是否被公众所知标准完全不同。虽然新颖性并不是植物品种的生物学特性，但它是比较不同植物品种、确认植物新品种的一个重要依据。

特异性（distinctness），是指授予品种权的植物新品种应当明显区别于在申请日以前的已知植物品种。这里所指的"已知品种"包括已通过品种审定、品种登记、品种权申请公开，或者已经销售、推广的植物品种、对公众开放的库（圃）内品种等；"明显区别"，是指申请品种应当有一个以上特征或者特性明显区别于递交申请以前的已知品种。对于特异性，DUS测试指南使用定性和定量植物特征，包括叶型、茎长和颜色等可见属性来确定品种之间的差异是否清晰一致。特异性对于区分实质性派生品种、确定相似品种的权利范围至关重要。

一致性（uniformity），是指授予品种权的植物新品种经过有性或无性繁殖，除可以预期的自然变异外，群体内个体间相关的特征或者特性表现一致。由于一致性条件不鼓励植物品种的变异性，而正是这些变异有利于农业生产实践，这可能带来植物遗传多样性的减少。

稳定性（stability），是指授予品种权的植物新品种经过反复繁殖后或者在特定繁殖周期结束时，其相关的特征或者特性保持相对不变。稳定性要求是暂时的，需要育种者证明即使经过反复繁殖，其品种的基本特性在一定时间范围内是同质的或统一的。在实践中，品种所显示的同质性通常也被认为是稳定的。

（3）植物新品种命名。植物新品种命名适当且唯一。首先，植物新品种须有适当命名，避免混淆。明晰、确定的名称具有区分识别新品种的能力，是植物新品种权审查机关进行形式审查的重要授权条件。

授予品种权的植物新品种应当具备适当的名称，并与相同或相近的植物种或属中已知品种的名称相区别。品种名称经注册登记后即为该植物新品种的通用名称，对通用名称涉及的范围、商标或商品名称是否可以作为品种命名，由审批机关另行规定。

《农业植物品种命名规定》（2022年1月21日农业农村部令2022年第2号修订）明确农业植物品种命名的具体要求，列举了不得用于品种命名的十二种情形：①仅以数字或者英文字母组成的；②仅以一个汉字组成的；③含有国家名称的全称、简称或者缩写的，但存在其他含义且不易误导公众的除外；④含有县级以上行政区划的地名或者公众知晓的其他国内外地名的，但地名简称、地名具有其他含义的除外；⑤与政府间国际组织或者其他国际国内知名组织名称相同或者近似的，但经该组织同意或者不易误导公众的除外；⑥容易对植物品种的特征、特性或者育种者身份等引起误解的，但惯用的杂交水稻品种命名除外；⑦夸大宣传的；⑧与他人驰名商标、同类注册商标的名称相同或者近似，未经商标权人书面同意的；⑨含有杂交、回交、突变、芽变、花培等植物遗传育种术语的；⑩含有植物分类学种属名称的，但简称的除外；⑪违反国家法律法规、社会公德或者带有歧视性的；⑫不适宜作为品种名称的或者容易引起误解的其他情形。该规定还对属于"容易对植物品种的特征、特性或者育种者身份引起误解"的情形作出了具体解释和界定。

品种名称的识别功能在于区分不同品种的类别、特性、价值或育种者身份，有助种子使用者识别种子的品质。

其次，植物品种命名符合"唯一性"原则。一个植物新品种只能使用一个名称，申请人应当书面保证所申请品种名称在农作物品种审定、农业植物新品种权和农业转基因生物安全评价中的一致性，即一个新品种必须使用同一品种名称申请农作物品种审定、农业植物新品种权和农业转基因生物安全评价的农业植物品种及其直接应用的亲本的命名。品种权申请人提交的说明书中申请品种的暂定名称应当与请求书的名称一致，且在品种权授予前不得修改。植物品种名称不符合命名规定的，申请人应当在指定的期限内予以修改，逾期未按照审批机关要求修改或者修改后仍不符合规定的，品种权申请予以驳回。不论保护期是否届满，生产和销售授权品种的繁殖材料时应当使用其授权品种名称。授权品种更名的，须品种权人提出书面请求，由审批机关（农业农村部植物新品种复审委员会）审理授权品种更名案件，并予以公告。

品种名称的唯一性有助于种子使用者识别种子的来源。品种权申请人不重视新品种命名，种子生产者、经营者有意误导、混淆品种名称，导致同一品种以多个品种名称进行品种权申请、品种审定、种子生产或销售推广，以上"一品多名"或"一名多品"的情况破坏了品种名称的通用性、唯一性，成为假冒、套牌和套购等种子违法侵权行为的直接原因。

最后，审批机关建立植物新品种名称查询、公示制度。为了规范农业植物品种命名，加强品种名称管理，保护育种者和种子生产者、经营者、使用者的合法权益，维护种子市场秩序，农业农村部建立品种名称公示制度，对申请品种审定、植物新品种权、转基因生物安全评价的植物品种，在公告前在农业农村部网站公示（省级审定的农作物品种也由农业农村部统一公示）；建立农业植物品种名称检索系统，供品种命名、审查和查询使用。

4. 品种权的内容

植物新品种权的归属、品种权所有人（品种权人）的权利与义务，以及植物新品种权的权利范围是植物新品种保护制度的核心内容。

对植物新品种权的保护，保护对象并不是植物新品种本身，而是育种者应当享有的权利。植物新品种被授予品种权后，完成育种的单位或个人对其授权品种享有排他的独占权。

依据 UPOV 公约 1978 年文本，《植物新品种保护条例》对品种权人植物新品种权的权利保护范围较小，仅限于授权品种的繁殖材料（propagating material），不包括收获材料（harvested material）或直接加工品。《条例修订草案（征求意见稿）》扩大了植物新品种权的保护范围和保护环节，将保护范围由授权品种的繁殖材料延伸到收获材料及其直接加工的产品，将保护环节由生产、繁殖、销售扩展到生产、繁殖和为繁殖而进行处理、许诺销售、销售、进口、出口以及为实施上述行为的储存。

对于"繁殖材料"有不同的理解。从植物学角度，繁殖材料具有客观、科学的定义：植物繁殖材料是种子、种苗及其他繁殖材料的统称，包括栽培、野生的可供繁殖的植物全株或者部分，如植株、苗木（含试管苗）、果实、种子、砧木、接穗、插条、叶片、芽体、块根、块茎、鳞茎、球茎、花粉、植物培养材料（含转基因植物）等。

从法律角度，UPOV没有界定什么是繁殖材料，所以UPOV各成员的定义也有所不同。我国《植物新品种保护条例实施细则（农业部分）》将繁殖材料界定为"可繁殖植物的种植材料或植物体的其他部分，包括籽粒、果实和根、茎、苗、芽、叶等"；而《植物新品种保护条例实施细则（林业部分）》将繁殖材料界定为"整株植物（包括苗木）、种子（包括根、茎、叶、花、果实等）以及构成植物体的任何部分（包括组织、细胞）"。尽管二者表述不尽相同，但内容基本一致，即植物繁殖材料是用于繁殖的种子、种苗或其他植物部分。

从种子产业链的角度，繁殖材料与植物新品种的关系最为直接，收获材料是繁殖材料种植后的结果，直接加工品是对收获材料进行加工产生的各种产品。繁殖材料承载了植物品种的所有遗传特性，一旦被种植，就会遵循自然规律生长、成熟，直至收获（某些收获材料也可以作为繁殖材料），制成加工品销售，例如"玉米新品种的种子—苞米—玉米饼"。品种权人即便发现存在侵权行为，也很难查证非法生产、销售的授权品种的繁殖材料，这对植物新品种保护的实施造成严重困难。

在UPOV公约1978年文本中，品种权人只能在繁殖材料的生产或销售的早期阶段行使其权利，繁殖材料成为品种权人控制授权品种市场销售链、获得授权品种商业化利益的关键点。而UPOV公约1991年文本使植物新品种保护环节覆盖整个种子产业链，有利于保障品种权人在种子产业链上各个环节的权利实施。

因此，"排他性独占权"意味着未经品种权人许可，任何单位或者个人不得对授权品种的繁殖材料进行商业目的的生产或者繁殖；许诺销售、销售或者推广；为生产、繁殖或者销售进行的种子处理等；出口或者进口；为上述行为进行的收购、存储或者运输，并且，这些权利还延伸到授权品种繁殖材料的收获物及其收获物制成的直接产品。

品种权人的排他独占权具有垄断性，在法律允许的范围内，育种者拥有对授权品种（繁殖材料）的排他性占有、使用、转让和收益的权利，同时也就意味着可以排除他人对其权利的侵害，这正是植物新品种保护制度的核心所在。在具体实施过程中，排他独占权派生出以下权利：生产权、许诺销售权、销售权、进口权、出口权、使用权、标记权、署名权、被奖励权、许可权、转让权、放弃权、追偿权等权利（见表2.3），品种权人可以单独行使各项权利，也可以合并使用。

表 2.3 植物新品种权的部分权利束及权利内容

序号	权利束	权利内容
1	生产权	品种权人可以禁止他人未经许可生产相同的品种。对品种权人生产授权品种繁殖材料专有权的保护，是世界上实施植物新品种保护制度的国家的普遍做法
2	销售权	销售授权品种的繁殖材料也是品种权人享有的一种排他的独占权利，任何人销售授权品种的繁殖材料都要经过品种权人的许可
3	使用权	品种权人有权禁止他人为商业目的重复使用于生产另一品种的繁殖材料
4	标记权	品种权人有在自己的授权品种包装上标明品种权标记的权利。如注明某年某月某日中国授权品种、品种权申请号、品种权号以及品种权人名称等
5	被奖励权	品种权人有被奖励的权利。参见《植物新品种保护条例》第四条："完成关系国家利益或者公共利益并有重大应用价值的植物新品种育种的单位或者个人，由县级以上人民政府或者有关部门给予奖励"
6	许可权	品种权人不仅可以自己实施授权品种，还有权许可其他单位或者个人实施。由他人实施的，双方应订立书面合同，明确规定双方的权利和义务，如许可的内容（生产、销售、使用）、数量、区域范围以及利益分配等
7	转让权	转让权是品种权人对自己拥有的申请权和品种权的处分权。参见《植物新品种保护条例》第九条："植物新品种的申请权和品种权可以依法转让。"《条例修订草案（征求意见稿）》第十一条："植物新品种的申请权和品种权可以依法转让或者继承"
8	放弃权	品种权申请人可以根据需要申请或者放弃品种权。品种权放弃后，其品种权进入公共领域，成为社会的共同财富，任何人都可以自由使用
9	追偿权	《植物新品种保护条例》第三十三条规定："品种权被授予后，在自初步审查合格公告之日起至被授予品种权之日止的期间，对未经申请人许可，为商业目的生产或者销售该授权品种的繁殖材料的单位和个人，品种权人享有追偿的权利"

资料来源：作者整理。

与权利相对，品种权人应依法履行以下义务：一是按审批机关的要求提供有关资料和新品种繁殖材料；二是缴纳新品种保护费用；三是实施品种权；四是使用登记注册品种名称。

5. 法律对品种权的限制（例外）和限制

在赋予育种者独占权的同时，为了平衡权利人与社会公众之间的利益，法律对品种权实施予以必要的限制，对权利的限制包括对权利内容和权利行使的限制。主要限制形式包括研究免责（research exemption）、农民免责（farmer's exemption），以及强制许可（compulsory licensing）。研究免责和农民免责属于对权利内容的限制；而强制许可则是为了防止品种权人滥用权利或者不实施权利而对品种权的行使进行的一种限制。

对品种权人的排他性权利限制应是适当的：一是合理使用，即利用授权品种进行育种及其他科研活动、农民自繁自用授权品种的繁殖材料，可以不经品种权人许可，不向其支付使用费，但是不得侵犯品种权人依法享有的其他权利。二是强制许可使用，为了国家利益或者公共利益，农业、林业审批机关可以作出实施植物新品种强制许可的决定，对授权品种进行推广使用。取得实施强制许可的单位或者个人应当向品种权人支付合理的使用费。

"研究免责"和"农民免责"是植物新品种保护制度的一个关键特征，属于强制性例外，允许在未经品种权人事先授权的情况下将种子和繁殖材料用于非商业目的。其中，植物新品种保护制度中的"研究免责"主要指"育种者豁免"，其目的是为促进育种行业的持续创新，因为育种研发具有连续性和累积性，如杂交育种方法只能使用野生的或已有品种作为亲本进行杂交选育，出于非商业目的、实验目的、教学目的，培育新品种或进行善意的科研活动而使用授权品种的繁殖材料不构成侵权，所获得新品种的商业化不需要品种权人的授权。但在实践中，品种权人特别是大型的种子企业，往往利用合同（如材料转移协议，material transfer agreements）或商业秘密，绕过研究免责限制，保护杂交育种中至关重要的亲本。另外，UPOV 公约 1991 文本将"实质性派生品种"纳入植物新品种权的保护对象，研究者可以利用受保护品种进行育种研发，但所培育的新品种属于实质性派生品种时，该品种的商业化须经原始品种权人的授权，"育种者豁免"将不再适用。

（1）农民免责。育种者与农民是植物新品种保护制度中两个相对的利益主体。"农民免责"，也称农民特权（farmer's privilege）或农民权利（farmer's rights），允许农民留种用于自己土地上的再播种，其目的是保障农民在新品种培育中的利益，使农民能够更好地适应受保护的品种，适应不断变化的气候和当地具体情况，以及享受生产的经济效益。因为历代农民在驯化野生品种、改良地方品种，保护植物遗传资源和传统知识方面做出了巨大贡献，向农民收取授权品种许可使用费是不公平的；每个农民在选育、留种和保存种子以进行再播种时的自主选择对于植物新品种转化为农作物至关重要；不合理的种子价格损害农民利益，使小农、贫困农民更加难以维持生计。然而，农民留种行为减少了种植季节新种子的购买量，农民之间交换种子对种子企业的种子销售带来冲击，影响种子企业的商业利益。杂交种子因天然具有子代分离的特点，农民留种的种子难以维持原有种子的优良品质，对种子企业种子销售影响较小；而无性繁殖、转基因作物种子的遗传特性能够代代稳定传递，农民留种的种子可以继续保持原有种子的特性，对种子商业销售的影响较为显著。

《种子法》允许农民个人出售、串换自繁、自用的常规种子，但《植物新品种保护条例》及其实施细则对农民免责的适用主体资格认定、适用植物品种范围，以及适用方式等没有作出具体规定。《条例修订草案（征求意见稿）》则对"农民"进行了界定，并规范农民自繁自用行为，在保障农民权利的同时，提高了农民免责制度的可操作性。

依据《最高人民法院关于审理侵犯植物新品种权纠纷案件具体应用法律问题的若干规定》，以农业或者林业种植为业的个人、农村承包经营户，受托代繁侵权品种的繁殖材料，不知道代繁物是侵权繁殖材料，并且能够说明委托人的，不承担赔偿责任，在某种程度上建立了农民无意侵权（accidental infringement）行为的免责制度，有利于保护农民的利益。

（2）强制许可。强制许可也称为强制授权或非自愿许可，是知识产权权利限制的基本形式，早在 1883 年签订的《保护工业产权巴黎公约》中就有规定：各成员国有权采取措施防止由于行使专利权所赋予的独占权而产生的滥用，如专利权人不实施其专利。强制许可制度被 TRIPS 所肯定和发展，其目的从防止权利人不实施知识产权，逐步演变为保障、维护国家和公共利益，促进技术推广。

植物新品种权强制许可的构成条件主要包括公共利益和权利滥用两个层面。UPOV 公约 1978 年文本允许成员出于公共利益的原因（reasons of public interest）限制育种者的专有权利。植物新品种权是一种权利人可自由行使的私权，但若出现权利滥用或消极懈怠使用而影响公共利益的情形（例如，育种者不能以合理的数量和价格提供品种，或无理地拒绝将新品种授权给第三方），国家公权力可以介入，单方面作出生产、销售等实施新品种强制许可的决定。当然，采取这种限制时，育种者必须获得公平报酬，也可以提出异议。被许可方的行为也会有所限制，如"取得实施强制许可的单位或者个人不享有独占的实施权，并且无权允许他人实施"。这种谨慎的平衡既确保品种权人的权利得到保护，种植者又可以继续使用具有优良特性的受保护品种。

《条例修订草案（征求意见稿）》第十二条规定"为了国家利益或者公共利益，审批机关可以作出实施品种权强制许可的决定，并予以登记和公开"。具体来看，《植物新品种保护条例实施细则（林业部分）》规定了国家林业和草原局作出或依当事人请求作出实施植物新品种强制许可的决定的两种情形：①为满足国家利益或者公共利益等特殊需求；②品种权人无正当理由自己不实施或者实施不完全，又不许可他人以合理条件实施的。《植物新品种保护条例实施细则（农业部分）》进一步细化了农业农村部实施品种权强制许可的三种情形：①为了国家利益或者公共利益的需要；②品种权人无正当理由自己不实施，又不许可他人以合理条件实施的；③对重要农作物品种，品种权人虽已实施，但明显不能满足国内市场需求，又不许可他人以合理条件实施的。

公共利益是一个比较宽泛的概念，与一国农业政策密切相关，例如，美国实施植物新品种权强制许可的目的是确保本国能够获得适当的纤维、食物或饲料供应，确保食品安全或者出于社会公众营养、健康的需要。欧盟的植物新品种保护制度将保护人类、动物或植物生命健康；向市场提供某种特性的繁殖材料，或者保持继续培育改良品种激励的需要，这些理由在特定情况下构成公共利益。

除了公共利益的考虑之外，如果品种权被授予后，品种权人不实施或者不充分实施，则通过强制许可达到实施品种权的制度目的。例如，品种权人在对授权品种进行开发或商业化利用过程中，凭借品种权的独占性实施操纵价格、囤积居奇、恶意打压竞争对手等滥用垄断权的行为，势必导致对社会公共利益的损害，这就构成了实施强制许可的条件。

然而，研究免责和农民免责弱化了植物新品种权的强制许可制度，迄今我国尚未出现植物新品种权实施强制许可的案例，但未来实质性派生品种保护和生物技术公司的商业诉求使品种权强制许可变得更加复杂，在何种具体情形下可以依据公共利益对品种权的行使加以限制，还须根据实际情况作出具体司法解释。

6. 品种权保护期限

《植物新品种保护条例》第三十四条规定，品种权的保护期限，自授权之日起，藤本植物、林木、果树和观赏树木为20年，其他植物为15年。《条例修订草案（征求意见稿）》延长了品种权的保护期限，自授权之日起，"藤本植物或者木本植物为25年，其他植物为20年"，即藤本或者木本植物保护期限由20年延长至25年，其他植物由15年延长至20年。植物新品种权保护期限延长，有利于保障品种权人排他性独占权的实施，提高植物新品种权的商业价值，对育种创新行为具有更强的激励作用。

品种权的实际保护期限与法定保护期限不同。品种权有可能因为品种权人未按照规定缴纳年费、未按照审批机关要求提供检测所需的授权品种的繁殖材料，或经检测该授权品种不再符合被授予品种权时的特征和特性，或品种权人以书面声明放弃品种权等各种原因，而在保护期限届满前终止，这时品种权的实际保护期限少于法定保护期限。保护期届满或提前终止的品种权进入公共领域，任何单位和个人可以无偿使用。

植物新品种保护制度的利益平衡主要是调节品种权人的个人利益和社会公共利益的关系，品种权保护期限的限制避免品种权的永久性独占，使社会公众最终能够不受限制地自由获取植物新品种，实现激励育种创新与促进新品种推广之间的平衡。

三、中国植物新品种保护管理体制

与许多其他类型知识产权类似，植物新品种权的申请和授权经由专门的审批机关根据一定的审查程序，审查符合授权条件后，颁发植物新品种证书。目前，我国植物新品种保护的行政管理体制采取分散式管理，在管理职能分工上，由两个政府机构，即农业农村部与国家林业和草原局，分别设立了专门的办公室，共同负责植物新品种权的受理、审查、授权，登记和公告等相关事务。植物新品种保护的核心是品种权保护，品种权案件查处采取司法和行政两条途径：一是发生品种权侵权案件，当事人可以请求省级农业或林业行政部门查处，也可以直接向人民法院起诉①；二是发生假冒授权品种案件，由县级以上农业或林业行政部门查处。我国植物新品种权管理工作体系的主要特点是农业与林业植物新品种保护分开管理，行政管理与执法一体化，自成独立体系（见图2.4）。

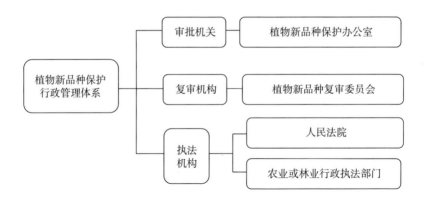

图 2.4　中国植物新品种保护的分散管理体制

1. 管理机构

农业农村部和国家林业和草原局植物新品种保护办公室分别负责农业和林业植物新品种保护工作。农业农村部植物新品种保护办公室（农业农村部科技发展中心）是负责农业植物新品种保护的办事机构，负责《植物新品种保护条例》

---

① 行政保护的范围：一是假冒授权品种的案件，二是违法生产和销售授权品种繁殖材料的案件。司法保护的范围：根据 2000 年 12 月通过的《最高人民法院关于审理植物新品种纠纷案件若干问题的解释》，是否应当授予植物新品种权纠纷案件、宣告授予的植物新品种权无效或者维持植物新品种权的纠纷案件、植物新品种权权利归属纠纷案件等 11 类案件由人民法院受理和审判。

《植物新品种保护条例实施细则（农业部分）》的组织实施工作。

农业农村部科技发展中心承担农业农村部植物新品种保护办公室的日常工作，主要职能包括：开展农业科技政策及战略性新兴产业发展重大问题研究，承担农业植物新品种法规、政策、制度、规划等调研起草；承担国际植物新品种保护联盟动态跟踪和联络；承担农业植物新品种权申请的受理与审查，申请材料与档案管理；组织开展植物新品种特异性、一致性、稳定性（DUS）测试；收集整理与保存测试所需的植物品种、病原体和虫源等；承担植物新品种权侵权、假冒案件的技术性鉴定；编辑出版《农业植物新品种保护公报》等工作。

国家林业和草原局植物新品种保护办公室（国家林业和草原局科技发展中心），负责《植物新品种保护条例》《植物新品种保护条例实施细则（林业部分）》的组织实施工作。内设综合管理处、新品种保护处、生物安全管理处、认证管理处、执法管理处和引智管理处等机构。

国家林业和草原局植物新品种保护办公室的主要职责包括：负责拟定林业植物新品种保护、生物安全、生物遗传资源、认证、知识产权和引进国外智力管理工作的方针政策、法律法规和部门规章制度，并贯彻实施；编制林业植物新品种保护、生物安全、生物遗传资源、认证、知识产权和引进国外智力的规划、计划，并组织实施；组织制定、修订林业植物新品种保护、林业生物安全、生物遗传资源、认证的技术标准，负责《林业植物新品种保护名录》征集和发布工作；审批林业植物新品种权授予、终止、更名、复审、宣告无效等工作；林业植物新品种权强制许可工作；向外国人转让林业植物新品种申请权或植物新品种权行政许可工作；林业植物新品种保护和林业转基因生物安全管理执法工作，督办查处重大案件，发布执法通报；林业植物新品种保护代理人、执法人员和测试人员培训工作，负责新品种测试机构、保藏机构建设和管理工作；承担国家林业和草原局植物新品种保护复审委员会办公室和国家林业生物基因工程安全委员会办公室工作；组织开展林业植物新品种保护、林业转基因生物安全管理和林业认证国际合作与交流，负责开展中国森林认证体系与国外认证体系互认工作；负责林业知识产权管理工作，组织制定林业知识产权战略和规划，并贯彻实施等事务。

农业农村部和国家林业和草原局分别是农业和林业植物新品种权的管理机关，分散式管理的优点是提高了植物新品种权管理的专业化水平，便于部门内沟通；缺点是增加了管理成本，机构重叠造成资源浪费，两部门植物新品种权审查标准、测试结果、执法水平不一致给社会服务对象造成困扰。植物新品种权行政管理部门既承担授权登记、确权、管理、宣传及对外联系等行政管理职能，同时还承担相应的行政执法工作，这种授权、管理与案件查处一体化的复杂行政管理体制影响植物新品种权有效性的公平判断，不利于执行监督。执法主体的多层性增加了植物新品种权维权成本，浪费执法、管理资源，降低了行政机关的效能。另外，政府过度干预植物新品种权管理不利于激发创新活力，对植物新品种保护制度的实施效果产生负面影响。

2. 申请原则

植物新品种权申请原则与专利申请类似：

（1）形式法定原则，即申请人进行品种权申请时需要将各项手续以书面形式或者国家规定的其他形式进行办理申请才能产生法律效力。

（2）单一性原则，即一份品种权申请文件只能对一个植物新品种提出品种权申请，一个植物新品种只能授予一项植物新品种权。如果一份申请文件中同时包含了两个或以上的植物新品种，该申请文件形式是不合格的。

（3）先申请原则，即同样一个植物新品种由不同的两人及以上分别进行申请品种权，品种权通过审核后将授予最先提起申请的人；同时申请的，品种权授予最先完成该植物新品种育种的人。以最先提出有效申请作为判断依据，最先申请日由国家行政部门收到完整的品种权申请文件日期为认定日期，补正材料可能导致申请期限延误。因此，申请人应尽早提交符合法定数量、格式、信息内容要求的申请材料。

（4）优先权原则，申请人可以在中国境外第一次提交品种申请之日起 12 个月以内进行国内申请，国家会依照该境外国家或地区同中国签订的协议或者共同参加的国际条约，或互相承认优先权原则进而享有优先权①。

3. 授权程序

植物新品种权授权程序如图 2.5 所示。境内外的法人、组织或公民均可申请植物新品种权，植物新品种权的申请形式有两种，即自己申请和代理公司代理申请。中国的单位和个人既可以自己申请，也可以请代理机构或代理人代理；在中国境内（除港、澳、台地区）没有经常居所的外国人、外国企业申请中国的植物新品种权，必须委托中国境内、在品种权审批机关备案的代理机构代理申请；有经常居所的也可以自己申请。申请人首先要先弄清所要申请植物品种的属或种，查清所申请新品种是否在已公布的保护名录内，向对应的植物新品种保护办公室提出申请。

---

① 参见《植物新品种保护条例》第二十三条，《植物新品种保护条例修订草案（征求意见稿）》第二十七条。

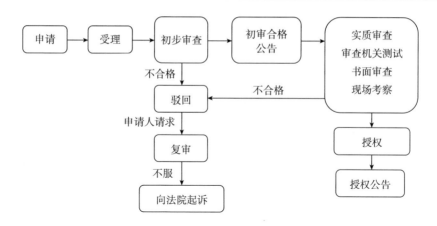

图 2.5　植物新品种权授权程序

自 2017 年 4 月 1 日起，停征植物新品种保护权收费，植物新品种保护办公室不再收取申请费、审查费和年费。但需经测试机构测试的，测试费用由审批机关按实际发生的费用向申请人收取。

（1）申请阶段。申请人应按规定提交申请文件（请求书、说明书）。品种权申请请求书的填写应注意：所有申请文件、材料应使用中文填写；培育人应当是对本申请品种的培育做出创造性贡献的自然人，不能是单位或公司；申请人可以是法人，也可以是自然人，申请人就是新品种权授权以后的品种权人，即该新品种的产权所有人。

说明书应当详细说明申请品种的主要特征特性，育种过程和亲本来源，选择的近似品种及理由，新颖性、特异性、一致性、稳定性情况，适宜种植区域等。具体包括下列内容：①申请品种的暂定名称，该名称应当与请求书的名称一致，符合植物品种命名规定，还应注意不要使用在其他行业或者社会上广泛使用的日常用语、商业广告用语、有特定含义的用语、其他人有专有权和先用权的用语来做品种的暂定名称；②申请品种所属的属或者种的中文名称和拉丁名称要与农业农村部或国家林业和草原局公布名录一致；③详细说明育种过程和育种方法，包括系谱、培育过程和所使用的亲本或者其他繁殖材料来源与名称；④如果品种已销售，应当详细写明销售的具体时间和地点；⑤选择的近似品种及理由；⑥详细说明申请品种特异性、一致性和稳定性；⑦说明适于生长的区域或者环境以及栽培技术；⑧申请品种与近似品种的性状对比表。前述所称"近似品种"是指在所有已知植物品种中，相关特征或者特性与申请品种最为相似的品种。

照片有利于说明申请品种的特异性，申请人提交的照片应当符合以下要求：申请品种与近似品种的同一种性状对比应在同一张照片上，以便直观可见该新品种的特异性状；照片应为彩色，必要时，品种保护办公室可以要求申请人提供黑白照片；照片规格为 8.5 厘米×12.5 厘米或者 10 厘米×15 厘米；在照片下面应当有照片的简要说明；申请人也可以再提供其他对理解该照片有帮助的说明。

品种权申请文件有下列情形之一的，品种保护办公室不予受理：未使用中文的；字迹不清或者有涂改的；缺少请求书、说明书之一的；请求书、说明书不符合本细则规定格式的；缺少申请人和联系人姓名（名称）、地址、邮政编码的或者不详的；委托代理但缺少代理委托书的。

（2）受理阶段。申请人按照规定提交申请文件后，审批机关根据收到申请文件的先后顺序对符合规定的品种权申请予以受理，明确申请日、给予申请号。对不符合或者经修改仍不符合规定的品种权申请不予受理，并通知申请人。

品种权申请被正式受理后，审批机关开始对受理后的植物新品种权申请进行审查，主要分为初步审查和实质审查。

（3）初步审查阶段。初步审查即形式审查，审批机关应当自受理品种权申请之日起 3 个月内完成初步审查①。主要内容包括：是否属于植物品种保护名录列举的植物属或者种的范围；是否符合外国申请人的相关规定；是否符合新颖性的规定；植物新品种的命名是否适当；是否是危害公共利益、生态环境的植物新品种；选择的近似品种是否适当；申请品种的亲本或其他繁殖材料来源是否公开；优先权审查。植物新品种保护办公室对经初步审查合格的品种权申请予以公告。农业植物新品种在农业农村部科技发展中心网站（http：//www.nybkjfzzx.cn/Main.aspx）发布公告，并印发纸质《农业植物新品种保护公告》；林业植物新品种通过国家林业和草原局科技发展中心官网（http：//www.cnpvp.net/）进行公告。对经初步审查不合格的品种权申请，通知申请人在 3 个月内陈述意见或者予以修正；逾期未答复或者修正后仍然不合格的，驳回申请。

（4）实质审查阶段。审批机关主要依据申请文件、品种测试结果或者现场考察结果和其他有关书面材料进行实质审查，审查重点是申请品种的特异性、一致性和稳定性。品种测试中涉及的相关性状有明确关联基因的，可以依据基因差异进行实质审查②。因实质审查需要，申请人应当根据审批机关的要求提供必要的资料和申请品种的繁殖材料。目前，农业新品种的所有申请主要进行 DUS（特异性、一致性和稳定性）的田间或温室种植测试，仅木本的果树与茶树由审查员进行现场考察；而林业新品种绝大部分都是委派专家实行现场考察，至今只有月季和一品红必须提供繁殖材料至昆明与上海的测试中心进行 DUS 种植测试，不能进行测试的境外申请可以购买境外机构的测试报告予以授权。

---

① 参见《植物新品种保护条例修订草案（征求意见稿）》第二十五条。
② 参见《植物新品种保护条例修订草案（征求意见稿）》第三十二条。

DUS 测试是对植物新品种的特异性、异质性和稳定性进行试验、分析测试和评价，运用相应品种技术和标准判定测试品种与近似品种是否为同一品种，从技术角度保证品种的真实性、可靠性。申请人可以自主开展或委托农业农村部授权的 DUS 测试机构开展 DUS 测试。在进行委托测试时，申请人应根据品种适宜种植区域选择合适的测试机构，与其签订委托测试协议，并缴纳相关费用（包含地租、人工管理、水肥等成本，平均每个样品 4000～6000 元），按照相应的品种保护办公室公告送交合格数量和质量的申请品种和近似品种的繁殖材料；审批机关通知保藏中心注意查收申请人提交的繁殖材料，并对其进行合格性检测，将申请品种和近似品种繁殖材料以及标准品种繁殖材料送到指定测试机构；通知测试机构或者申请人做好测试前的准备；属现场考察的，通知申请人做好现场考察准备。测试机构根据协议要求，按照 DUS 测试指南开展测试，测试周期至少为 2 个独立的生长周期。

无论是田间和温室的种植测试，还是审查员或专家的现场考察，均需提交 DUS 测试报告，审批机关据此决定品种权申请的授权与否。如果全部符合了 DUS 三性（特异性、一致性和稳定性）的要求，则会授予植物新品种权并颁发品种权证书，同时予以登记和公告。

（5）驳回及复审阶段。审批机关对经实质审查不符合本条例规定的品种权申请予以驳回，并通知申请人。申请人对审批机关驳回品种权申请的决定不服的，可以自收到通知之日起 3 个月内，向植物新品种复审委员会请求复审。复审委员会应当自收到复审请求书之日起 6 个月内作出决定，并通知申请人。申请人对植物新品种复审委员会的决定不服的，可以自接到通知之日起 15 日内向人民法院提起诉讼。

（6）授权阶段。审批机关对经实质审查符合规定的品种权申请作出授予品种权的决定，并颁发纸质"植物新品种权证书"，同时予以登记和公告。植物新品种权证书可邮寄或自取。证书包括证书号、品种名称、申请号、申请日、所属的属（种）、品种权人、品种权号、培育人、品种权有效期限和生效日期等内容。

总之，中国植物新品种保护制度采取分散式行政管理体制，由农业农村部、国家林业和草原局分别负责农业和林业植物新品种权的受理、审查、授权、登记和公告事项。植物新品种权法律保护采取司法和行政双重保护路径，提高了植物新品种权管理的专业化水平。随着管理部门简政放权及优化受理审查程序，植物新品种权审查质量和效率进一步提高；监管责任明确，部门之间的沟通加强，信息化建设加快，植物新品种保护制度管理成本和植物新品种权维权成本将进一步降低。

第三节　植物新品种保护制度的比较

从全球范围来看，植物新品种可以获得专利权（实用新型专利、植物专利）、植物新品种权（或育种者权利），以及商业秘密等不同类型的知识产权保护。不同类型的知识产权保护授权条件、保护强度、权利范围存在差异，UPOV公约不同文本的植物新品种权保护也有所不同。

一、专利保护

在大多数国家，植物品种本身不能获得专利保护。但某些国家，如美国、澳大利亚、意大利，规定在符合可专利性法律标准的前提下，植物、植物的一部分以及育种方法可以获得专利许可的资格。虽然各国的专利法各不相同，但 TRIPS 协议规定了专利保护的最低标准，授予专利权人的要求和权利基本相似。

首先，就专利主题而言，TRIPS 协议要求各国为任何发明，无论是产品还是工艺过程，在所有技术领域提供专利，只要它们是新颖的、涉及创造性的步骤，并且能够付诸产业应用。成员国可以选择为这些发明提供专利，一些国家选择提供植物专利。TRIPS 协议进一步解释说，术语"创造性"和"能够产业应用"可能被成员国视为分别与术语"非显而易见"和"有用"同义。TRIPS 协议列出了可以不授予专利的发明类别，包括为保护公共秩序、社会公德为目的，包括保障人类、动植物生命与健康，防止严重环境损害的情形；用于治疗人类或动物的诊断、治疗和外科手术方法；除微生物以外的植物和动物，以及除非生物和微生物过程以外的生产植物或动物的主要生物方法。

其次，对专利权的范围，TRIPS 协议规定专利授予其持有者制造、使用、提供销售①、销售或进口受该专利保护的产品或过程的专有权。专利所有者也有权通过继承来转让或转让专利并签订许可合同。

最后，TRIPS 协议规定的专利保护最短期限为（从申请日算起）20 年。尽管 TRIPS 协议确实对这些专有权提供了有限的例外（即 TRIPS 协议允许各国颁布特定专利产品或工艺的强制许可），但 TRIPS 协议授予的专利权保护程度较高。

申请专利的品种必须是新颖的（显著的），非显而易见的（与特异性类似），有实用性（不是植物品种保护要求的标准），能被检验的。由于育种者的权利和

---

① 提供销售（offering for sale），亦称许诺销售或为销售而提供，明确表示愿意出售某种产品的行为；是以做广告、在商店橱窗中陈列或者在展销会上展出等方式作出的销售商品的意思表示。

农民的特权不适用于实用专利，模仿受到限制，因而一般认为专利保护比植物新品种保护程度更强。

专利权与植物新品种权的主要区别在于保护对象不同：专利保护的对象是构成发明创造的技术方案和设计，而非产品本身，未经专利权人许可实施其有效专利或假冒他人专利的行为属于侵权行为；植物新品种权的保护对象是产品本身，即特定授权品种的繁殖材料（和收获材料），如种子、块茎、种苗等，未经品种权人许可的以商业目的生产、销售授权品种繁殖材料的行为构成品种权侵权行为。实用新型专利通过限制种质资源的获取而阻碍植物育种者的进入，植物育种偶尔带来作物性状的重大改变，不断提高遗传增益。植物新品种研究过程中通常使用现有植物品种保护体系作为低层次保护（要求农民支付保留种子的季节费用），使用实用新型专利，基于非显而易见性标准功能，作为更高层次保护。虽然植物品种专利只是在美国、日本、韩国和澳大利亚受到认可，但是生物技术专利（基因、技术等的专利）被许多发达和发展中国家承认。例如，美国对 Roundup Ready™ 除草剂耐受特性，允许私人企业限制农民收获、种植含有专利特性的大豆种子。

从适用范围来看，植物新品种权和实用新型专利适用于有性繁殖的植物，而植物专利适用于无性繁殖的植物。植物新品种权比实用新型专利的成本低，但其对育种者提供的保护较少，且期限较短。在许多国家，植物的知识产权保护类型之间存在重叠，多数采用实用新型专利保护杂交和转基因种子作物（即商品种子）。植物专利主要用来保护观赏植物或草坪植物品种，费用低、保护性强。

二、UPOV 公约 1978 年文本与 1991 年文本

植物新品种权授予育种者对他们发明或发现的植物品种和繁殖材料一定程度的专有权利，被授权的植物品种应具有新颖性、特异性、一致性和稳定性①。因为植物新品种保护制度的目标是保护植物品种的繁殖材料，所以植物育种者的权利不包括"生产这些品种的技术方法"。换言之，育种者无法通过植物新品种权

---

① UPOV 公约 1991 年文本在第 6~9 条中确定了新品种保护所要求的新颖性、稳定性、一致性、特异性四个标准。其中新颖性可视为法律要件，而特异性、一致性和稳定性则认为是技术要件，即新品种要获得育种者权利保护必须通过品种试验中的 DUS 测定。根据 UPOV 公约 1961 年和 1972 年文本，以及 1978 年文本第 7 条和 1991 年文本第 12 条的规定，只有在对该品种进行检测后才能对新的植物品种授予保护，表明其符合在这些法律中规定的保护，特别是在提交申请时其种类与其他存在的共同知识的品种截然不同（Distinctness）（以下简称"各种常见知识"），并且它是一致的（Uniformity）和稳定的（Stability），简称"DUS 测试"，主要基于由授权植物育种者权利的主管部门或由公共研究机构等单独机构代表该主管部门进行的检测，或者在某些情况下，由育种者进行的测试。根据 UPOV 公约 1991 年文本第 1 条第 6 款的规定，检验可以用其相关特征（如植株高度、叶形、开花时间等）对品种进行描述。

获得特定育种方法的专有权利，而他们可以根据专利法就育种方法申请专利。虽然 UPOV 试图制定植物品种保护的国际标准，但是，植物品种保护制度因国家而异。UPOV 成员国中，57 个国家履行 1991 年文本，只有比利时履行 1961 年及 1972 年文本，其他国家和地区均采用 1978 年文本。中国于 1999 年加入 UPOV，成为联盟第 39 个成员国，履行 UPOV 公约 1978 年文本（以下简称"UPOV 78 文本"）。

UPOV 公约 1991 年文本（以下简称"UPOV 91 文本"）是在 1978 年文本基础上进行的修订，扩大了育种者的权利范围，对育种者权利的保护更强，保护水平更接近于专利权。二者的主要区别包括：

第一，UPOV 91 文本增加了需要育种者事先授权的活动范围。UPOV 78 文本规定，为商业目的生产、销售或重复使用授权品种时，需要征得权利人的同意和许可；而 UPOV 91 文本将育种者权利保护延展到授权品种使用的各个环节，包括生产、繁殖、提供销售、销售、种子处理及存贮、出口和进口等行为，最大限度地保护权利人的合法权益。

第二，UPOV 91 文本将育种者权利保护的对象延伸到收获材料。UPOV 91 文本规定，受保护的对象不仅涉及繁殖材料，在特定条件下，还包括通过使用繁殖材料获得的收获材料（由受保护品种繁殖而得到的整株或部分植株），以防擅自使用繁殖材料。农民如果在没有支付许可使用费的情况下播种了受育种者权利保护的品种，权利人可以请求收获物或用收获物制成的产品侵权。"特定条件"是指在繁殖材料的商业应用过程中，权利人没有合理的机会行使其合法权益；如果权利人在繁殖材料使用阶段已经有机会行使其权利，此后在收获材料阶段所进行的商业应用行为就不需要再征得权利人同意了，即权利人在授权品种使用的诸多环节只能行使一次权利，只能收取一次许可使用费。而 UPOV 78 文本对繁殖材料仅作出了有限规定，只有在观赏植物或切花生产中作为繁殖材料用于商业目的时，育种者的权利可以扩大到观赏植物，或部分以正常销售为目的而不是繁殖目的的观赏植物。

第三，UPOV 91 文本将育种者权利范围延伸到实质性派生品种。UPOV 78 文本规定，由原始品种开发得到的其他品种及其销售行为不在育种者权利范围之内。为了保障植物育种的可持续发展，促进育种者与基因技术开发者的合作，UPOV 91 文本引入"实质性派生品种"（essentially derived varieties）概念，派生品种可以被独立授予品种权，但对派生品种的生产和商业应用须取得原始品种权利人的许可，将对原始品种的保护延伸至该品种的派生品种、需要反复利用受保护品种进行繁育的品种，以及与受保护品种没有明显区别的品种。这一规定使进一步育种受到限制：对现有品种进行微小改进的育种者权利不太容易获得保护，旨在限制那些修饰性、山寨模仿品种，同时也限制了实质性派生品种的商业开发权利。这一规定平衡了植物育种者权利持有人和免费获得受保护材料需求者之间的利益，构建了基因专利权人与原始品种权人的创新利益分享机制，但实质性派生品种的定性和定量标准至今仍存在很大争议①，还有待进一步讨论。

第四，UPOV 91 文本扩大了植物品种的保护范围，延长了育种者权利保护的期限。1978 年文本要求 UPOV 成员在公约生效之日起，应至少对 5 个种或属实施保护，8 年内至少涵盖 24 个种属。1991 年文本则将此作为 UPOV 成员的义务，要求不受 1961 年文本及 1972 年文本或 1978 年文本约束的新成员自 1991 年文本生效之日起，10 年内保护所有植物的种或属；履行 1978 年文本的现有成员从 1991 年文本生效之日起，在 5 年内对所有植物种或属实施保护（见表 2.4）。1978 年文本要求最低保护期限为自授予保护权之日起 15 年（藤本植物、林木、果树和观赏树木，包括其根茎植物，保护期为 18 年）。而 1991 年文本要求该期限应自授予育种者权利之日起不少于 20 年，对于木本和藤本植物，该期限应自所述之日起不少于 25 年。

表 2.4 UPOV 公约 1978 年文本、1991 年文本受保护植物种或属的最低数量要求

	1978 年文本	1991 年文本
加入 UPOV 之时	5 个种或属	15 个种或属
加入 UPOV 之后	3 年内至少包括 10 个种或属	现有成员 5 年内，涵盖所有植物种或属
	6 年内至少包括 18 个种或属	新加入成员 10 年内，涵盖所有植物种或属
	8 年内至少包括 24 个种或属	

资料来源：根据 UPOV 公约 1978 年文本、1991 年文本整理。

第五，UPOV 91 文本将农民权利变为非强制性例外。比较 UPOV 公约 1991 年文本和 1978 年文本，二者都规定了育种者权利的某些例外和限制，如育种者豁免和农民特权，但这些例外和限制的范围在 UPOV 91 文本中要小得多，且由强制性例外变为非强制性例外。其一，育种者豁免不允许 UPOV 成员授予育种者授权或不允许其他育种者使用受保护品种创造新品种或销售这些新品种的权利。换句话说，以育种为目的，未经植物新品种权人许可使用授权品种用于育种研究

---

① 实质性派生品种，也称依赖性派生品种，是 UPOV 公约 1991 年文本中的概念。包括以下情况：从原始品种依赖性派生的品种或从本身就是该原始品种的依赖性派生品种产生的依赖性派生的品种，这些品种同时又保留表达由原始品种基因型或基因型组合产生的基本特性；与原始品种有明显区别；除派生引起的性状有所差异外，在表达由原始品种基因型或基因型组合产生的基本特性方面与原始品种相同。

将不构成侵权，这是育种者权利限制的基本形式之一。而在 UPOV 91 文本中，实质性派生品种的规定对育种者豁免增加了限制条件。其二，农民特权使农民能够在没有育种者事先授权的情况下，可以将受保护植物品种的种子（和其他繁殖材料）用于非商业目的。UPOV 78 文本要求 UPOV 成员必须给予农民特权，农民自繁自用授权品种的繁殖材料，无须向权利人支付许可使用费，是一种强制性例外；而 UPOV 91 文本将其列为非强制性例外，即 UPOV 成员自行决定是否对农民权利进行限制：在保障育种者合法权益的前提下，允许农民为繁殖目的，在合理范围内使用自己土地上的收获物作为繁殖材料，在自己的土地上进行再生产，但禁止农民为了传播的目的而存储、出售或与其他农民交换种子。例如，欧盟小规模农民不需要支付许可费，但大规模农民对受保护品种需要进行种子支付（通常为正常比率的 50%）。在美国，不允许农民之间交换种子，但农民可以自己使用留种。农民出售粮食、水果或花卉等商业行为可能侵犯育种者权利，显然这种规定会使发展中国家贫困农民的经济利益受到不同程度的影响。

UPOV 91 文本明确了植物品种的范畴及保护条件。不论是否满足授予育种者权利的条件，植物"品种"是指在已知最低一级植物分类单元中的一个植物分组，可以由特定基因型或基因组合的特征表达来定义；通过至少一种所述特性的表达区别于任何其他植物分组；在繁殖过程中不改变适应性，而被视为一个分类单元。在植物"品种"界定的基础上，UPOV 91 文本第三章第 6 条至第 9 条，及第 20 条规定了授予育种者权利的品种，即植物新品种，应满足新颖性、特异性、一致性和稳定性的标准，并具有适当名称命名。其中，新颖性是指在一定时间、地域范围内，育种者寻求保护的品种从未销售或以其他方式处理①，避免保护已经被开发的植物品种或公共知识。特异性是指与其他所有已知品种相比，新品种必须具有一种或多种不同的重要植物学特征，如植物高度、成熟度、颜色等。一致性是指单株植物必须在品种内具有一致的特征。稳定性是指新品种的特有性状必须是固定的，即植物在多次繁殖后基本保持不变。特异性、一致性和稳定性的认定，不仅是一个法律问题，也是一个植物生态学上的技术问题，需要以相应的技术测试（DUS 测试）报告为基础，结合法律规定给予认定。

三、植物新品种保护与专利保护的关键区别

UPOV 91 文本允许成员自行选择对植物新品种是以专利形式，还是以植物新

---

① 为获得育种者权利保护，在提交育种者权利申请之日前，在缔约方领土上一年以内，或者在缔约方领土以外的地方不超过四年（树木或藤本植物不超过六年）的时间内，品种不得销售或以其他方式处理。对于 UPOV 公约新成员或扩大提供保护的植物属或种的成员，可以适当延长申请品种新颖性的判别时限。

品种权形式加以保护，以及在同一新品种上是否同时采用两种形式的保护。一些国家将植物新品种保护和专利制度叠加实施，例如，美国最高法院认为，育种者可以在同一植物上获得专利和植物新品种保护。专利和植物新品种权（或育种者权利）均给予育种者独占的产权，但这两种保护方式在其权利范围、持续时间、例外限制等方面有所不同（见表2.5）。

表2.5 UPOV公约1978年文本、1991年文本和专利法的主要区别

区别	UPOV公约1978年文本	UPOV公约1991年文本	TRIPS兼容专利法
保护条件	植物品种具有新颖性、特异性、一致性和稳定性	植物品种具有新颖性、特异性、一致性和稳定性	植物品种、植物、种子具备新颖性和技术创造性，并且具有商业应用能力
繁殖材料的最低独占权	用于商业销售目的的生产、销售，或重复用于另一品种的商业生产	生产、繁殖、销售、提供销售、种子处理，为任何以上目的的出口、进口或储存	制造专利产品、使用专利方法或使用，提供销售、销售或进口专利产品或专利方法获得的产品
收获材料的最低独占权	没有这种义务，除了用于商业繁殖目的的观赏植物	如果通过未经授权使用繁殖材料获得的收获材料，以及在繁殖材料商业化应用过程中，权利人没有合理的机会行使其权利，则上述行为同前	制造专利产品，使用专利方法，提供销售，销售或进口专利产品或专利方法获得的产品
育种者豁免	强制性。育种者可以自由使用受保护的品种开发新品种	非强制性。但是，从原始品种"实质性派生"的品种的繁殖和开发利用需要原始权利持有者的授权	尽管尚未检验与TRIPS的兼容性，一般不认可
农民的特权	在最低专有权的定义下隐含地允许	在合理范围内允许，且受到权利人合法权益保护的限制	尽管尚未检验与TRIPS的兼容性，一般不认可
排他性权利的其他例外	没有明确规定	为非商业目的的非公开行为，为实验目的的行为	研究和实验免责。所有豁免必须符合TRIPS第30条的三部分检验
最低保护期限	木本和藤本植物18年；所有其他植物15年	木本和藤本植物25年；所有其他植物20年	自提交专利申请之日起20年

资料来源：根据Lesser W.（2000）、Tripp R.等（2007）、卢新等（2010）整理。

首先，植物新品种保护与专利保护的主题不同。如前所述，植物新品种保护制度的目标是授予育种者对受保护品种繁殖材料的控制权。因此，植物育种者的权利不包括生产这些品种的技术流程。相反，专利保护适用于产品和流程。因此，在一个为植物提供专利保护的国家，育种者可以获得植物本身和用于生产该植物的过程的专利。此外，植物新品种保护制度专注于植物的繁殖材料，只有繁殖材料才有资格获得保护。相比之下，一些专利保护体系允许育种者获得植物和这些植物表达的关键遗传物质的专利。因此，在植物新品种保护制度下，植物遗传物质仍未得到保护，并可供公众进一步研究和开发。而在专利制度中，这些基因信息的产权可以从公有领域中剔除，由一个人或一家公司独占。

其次，植物新品种保护与专利保护的范围不同。由于大多数植物新品种保护制度存在例外和限制，因此 TRIPS 兼容专利制度授予育种者的专有权范围远远大于典型的植物品种保护制度。虽然这两种制度都赋予育种者类似的排他权（生产、提供销售和销售的专有权），但大多数植物新品种保护制度都规定了这些排他权的重要例外和限制，如农民特权和育种者豁免。由于与 TRIPS 兼容的专利制度不允许出现类似的例外与限制，因此专利保护所赋予的专有权的强度比植物新品种保护制度所提供的更为严苛。

最后，植物新品种与专利的保护标准不同。植物新品种保护制度的保护条件比专利制度更容易达到，因为植物育种者的权利是专门为满足植物育种的特殊需求而设计的，所以独特性、一致性和稳定性标准通常适用于品种繁殖的模式，并且可以提供比可专利性要求更大的灵活性。此外，在植物新品种保护制度下，植物新品种既不需要实用或产业应用，也不需要创造性步骤（非显而易见性）。原则上，植物（包括在野外生长的植物）品种只要与先前已知的物种不同，就可能有资格获得植物新品种保护。

综上所述，UPOV 公约 1978 年文本、1991 年文本和专利制度对植物品种创新行为的保护强度依次增强。UPOV 率先采用植物品种保护作为激励农业创新的机制。在 UPOV 公约框架下，UPOV 成员建立有效的专门制度，对具有新颖性、特异性、一致性和稳定性的植物品种提供知识产权保护。这些权利不仅涵盖品种的繁殖材料，还延伸到收获材料，包括整株或部分植物。UPOV 公约 1991 年文本修订的目的是加强育种者权利，解决早期法案中有碍创新激励的内容，例如，在授予权利人或育种者排他权的同时，还允许其他创新者为研究目的而使用受保护材料，允许农民留种并重复使用受保护品种的种子。育种者豁免允许培育或基于研究目的去使用受保护品种，由于植物育种的序贯特性，新品种表达的性状可能受专利、育种者权利保护，育种者豁免能保证品种的持续改进。但是，育种者豁免也会限制品种权人的创新，因为育种者豁免为竞争对手提供了更早获得创新的机会以及进一步创新改进所需的材料。

植物新品种保护制度是种子产业最重要的知识产权制度，保护育种者商业利益对种子企业、育种科研机构等新品种技术创新主体研发投资具有激励作用。发达国家出于保持种业科技创新技术优势、保障国家经济战略安全的考量，强化知识产权带来的垄断优势，在全球范围推行植物新品种保护制度，推动植物新品种保护成为经济全球化下农产品国际贸易的新型知识产权壁垒。植物新品种保护的国际化在后 TRIPS 时期须在育种者与农民、种植者等其他利益相关者之间寻求利益平衡，不但要激励技术创新，而且要促进技术的扩散和传播。发达国家与发展中国家之间在 TRIPS 协议、UPOV 文本、CBD 等领域的利益博弈决定未来植物新品种保护制度的变革方向和发展趋势。

UPOV 公约框架下各成员国因经济、文化、社会等环境差异选择了不同的新品种保护制度体系，保护力度、范围及经济、社会效应也有所不同。1997 年《植物新品种保护条例》的颁布实施标志着中国"专门"植物新品种保护制度体系的建立，植物新品种权正式成为中国知识产权体系的重要组成部分。1999 年中国加入 UPOV，适用 UPOV 公约 1978 年文本。2015 年我国修订的《种子法》增设植物新品种保护专章，提升了法律层级。2019 年《植物新品种保护条例修订草案（征求意见稿）》实际上已将我国植物新品种保护力度提高到 UPOV 公约 1991 年文本的保护水平。经过 20 多年的运行和完善，植物新品种保护制度为中国农业技术创新创造了良好的外部环境，发挥了植物新品种保护制度的创新激励效应，推动农业育种技术持续创新、农业科技资源优化配置和种子产业化发展。

总体来看，植物新品种保护制度广义上涵盖所有促进品种创新的国内法律、法规、司法解释、政策以及相关国际条约，形成了以《种子法》《植物新品种保护条例》及配套规章为核心的植物新品种保护制度体系，推动我国植物新品种保护事业取得长足发展。具体来说，我国的植物新品种保护制度包括（但不限于）《种子法》《植物新品种保护条例》《植物新品种保护条例实施细则（农业部分）》《植物新品种保护条例实施细则（林业部分）》《植物新品种复审委工作的规定》《农业植物新品种权代理规定》《农业植物新品种权侵权案件处理规定》《农业植物新品种测试指南研制管理办法》《农业植物新品种命名规定》《关于审理植物新品种纠纷案件若干问题的解释》《关于审理侵犯植物新品种权纠纷案件具体应用法律问题的若干规定》《关于北京、上海、广州知识产权法院案件管辖的规定》等。这些法律、法规、政策及其动态运行调整，形成了不断完善的植物新品种保护制度体系，影响着各行为主体的育种创新行为，进而产生不同的经济效应和社会效应。

第三章　创新驱动种业发展

内生经济增长理论认为经济能够不依赖外力推动而实现持续增长，内生的技术进步是保证经济持续增长的决定因素，创新作为经济发展的主要推动力已经成为共识（Romer，1994；Aghion et al，1998）。种子产业具有悠久的创新历史，种子企业在育种研发中占有重要地位，以转基因作物为代表的农业生物技术创新已成为全球种业创新的发展趋势，种子产业结构、企业竞争行为和经济绩效正在发生快速而激烈的改变。由于品种技术创新与其他领域创新不同，创新产品是能够自我繁殖的有生命力的种苗，创新产品的使用者既是种子生产者又是消费者，品种创新研究的市场失灵现象更为显著，种子企业创新行为的产生和繁荣需要适宜的环境条件和激励机制。

本章从植物育种科学技术创新的发展历程分析入手，对全球种业结构演进和中国种子产业化变革路径进行描述，分解种子企业在种子产业价值链上各环节的分工协作体系和创新活动内容，揭示科学技术、植物新品种保护制度与创新政策如何相互作用，进而实现创新驱动种业发展，推动农业经济增长。

第一节　中国种子产业发展概述

种业创新历史悠久。自农业出现以来，人们驯化农作物，收藏本季的种子，来年再播种，在实践中有目的地挑选农作物品种，使农作物的基因更适应其生长环境，同时也改变了环境，人们清理出较为平坦的农田，灌溉、除草、收获。随着人类的迁徙，农作物也随之传播，新的作物品种不断被发现、利用，农民与家人和邻居分享种子非常普遍。如果把 20 世纪初植物遗传和杂交规律的发现作为种子商业化的开端，种子产业发展至今已经有 100 多年的历史，随着全球人口增长和科技进步推动，在世界范围内逐步形成了庞大而复杂的产业生态体系。

一、植物育种科学技术突破

在经济生产和生活中，科技无疑是最为重要的推动力，新颖而富有创造性的实用科学技术是知识产权制度的重要保护对象，所以我们需要结合植物，特别是主要农作物科学技术的变革来说明种子产业和植物新品种保护制度的发展。

在种业发展的进程中，植物育种经历了选择育种（经验育种）、杂交育种（科学育种）和分子育种（设计育种）三个重要的发展阶段。

1. 经验育种阶段

植物的遗传改良始于新石器时代人类对野生谷物和豆类的驯化，人类从自然突变或杂交出现的品种中得到新品种并优先传播最有利的新品种，经过漫长时间的植物改良，农作物产量开始有所增长。自农业出现以来，增加基因与环境的交互作用成为其固有特征。

选择育种方法在中国古代就有所记载，比如西周时期我们的祖先就对作物品种有所认识，并已形成选种、留种技术。汉朝的《氾胜之书》和北魏的《齐民要术》中对利用单株选择和混合选择进行留种、选种有过详细的记载。清代初年就已普遍采用单株选择法来选育新品种，"株取佳穗，穗取佳粒"。17世纪，西方实验观念兴起，人们注意到杂种优势的现象，有目的地选择新的、有用的植物扩大农作物产量，为人口增长和城市化进程提供了强大动力。19世纪后半叶，孟德尔（Gregor Mendel）用豌豆做的杂交实验揭示出遗传学的两个基本规律：分离定律和自由组合定律，加深了对其他植物和作物性状遗传的广泛科学研究。

2. 科学育种阶段

进入20世纪，许多科学家开始做出具有里程碑意义的贡献，无论是驯化某些作物还是开发新的品种，都有助于植物遗传改良，植物科学发展和育种技术进步使单位面积土地上的粮食产量不断提高。

1903年，威廉·约翰森（Wilhelm Johannsen）提出了真正意义上的纯系育种理论，用普通豆类证实了选择技术可以产生一致性品种，还创造了"基因型""表型"等术语。1909年，尼尔斯·赫伯特·尼尔森（Nils Heribert-Nilsson）发表论文证明了杂种优势效应，即杂交是一种植物育种过程，通过近交系杂交以产生比任一亲本表现出更高的产量潜力的植物。但是，混合增强的活力不会传给后代，所以需要年年制种，这成为现代杂交作物生产计划的基础。

在美国，玉米是农业的主要作物，其产量在很长一段时间内一直停滞不前，所以相当大比例的育种研究集中在玉米上，使玉米育种特别是杂交玉米品种方面取得了重大技术性突破。1917年，唐纳德·福赛·琼斯（Donald Forsha Jones）发明了杂交种子生产的双交叉方法，在这种方法指引下，美国在20世纪20年代产生了第一个商业化杂交玉米品种。1921 年，美国农业部大力推广杂交玉米观念，整个玉米产业开始进行双交玉米的选育，但由于农民对双交种的认识不足，以及种子生产比较困难，双交种玉米推广速度比较缓慢。1925 年，查理·冈恩（Charlie Gunn）和汤姆·罗伯茨（Tom Roberts）开展的自交玉米育种项目把玉米单产提高了 35%，美国玉米产量大幅度提升（见图 3.1），杂交玉米也被誉为 20 世纪改变农业和世界经济的伟大创新之一。

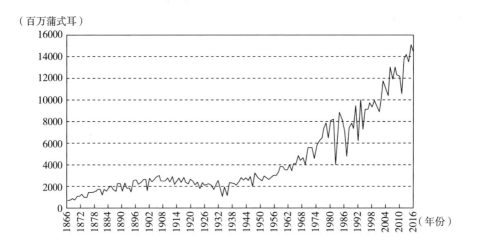

图 3.1　1866~2016 年美国玉米产量

资料来源：美国农业部国家农业统计局（USDA-NASS）数据整理。

就在 1930 年，美国颁布《植物专利法》，开始为无性繁殖的植物（主要包括观赏植物和水果）品种提供"植物专利"保护，鼓励私人资本流向育种领域，促进商品种子生产销售和种业市场化。

1940~1960 年，植物科学的其他进展，例如：单倍体和诱变育种技术的开发推进了水稻、小麦等作物高产品种的发展；高产品种与化肥、农药和其他投入品等农业生产技术结合使用，年产量增长 1% 以上，大大提高了全世界的农业产量。在发展中国家，农作物产量的这种超常增长解决了数十亿人口的粮食问题，被称为"绿色革命"。

3. 设计育种阶段

现代生物技术以重组 DNA 技术和细胞融合技术为基础，利用生物体（或生物组织、细胞及其组分）的特性和功能，设计构建具有预期性状的新物种或新品系。

在罗莎琳·富兰克林（Rosalind Franklin）和莫里斯·威尔金斯（Maurice

Wilkins）等研究的基础上，詹姆斯·沃森（James Watson）和弗朗西斯·克里克（Francis Crick）于 1953 年发现了 DNA 的双螺旋结构模型，解释遗传信息是如何编码和复制的，使遗传研究深入到分子层次，这一发现推动了分子生物学的发展，有助于开发新的植物育种工具。1972 年，保罗·伯格（Paul Berg）使用限制性酶来形成杂交环状分子，成功重组 DNA，该技术可以在短时间内使亲缘关系很远的种间遗传信息进行交换和重组。1983 年，第一株基因工程植物——基因改造烟草研制成功，定向变异和定向选择育种成为可能，分子生物学推进至应用性极强的生物技术和生物工程阶段。

20 世纪 90 年代，分子遗传学进一步发展，随着测序和计算能力的提高，基因组学已经成为生命科学领域的一门新兴学科。遗传修饰技术（重组 DNA 技术、转基因）和分子标记技术能够克服物种间生殖隔离、利用异源优异基因进行作物遗传改良，标志着现代遗传学已发展至设计、定向改造生物的新阶段。自 1986 年首例转基因植物被批准进入田间试验以来，国际上已有 30 个国家批准了数千例转基因植物进入田间试验，涉及的植物种类达 40 多种，产生了巨大的社会效益和经济效益[①]。而 21 世纪的前十年，随着植物科学和分子遗传学的突破性进展，一系列新的植物育种技术，如 RNA 干预，寡核苷酸介导的突变诱导（oligo-nucleotide mediated mutation induction）、锌指核酸酶诱导突变（zinc-finger nuclease induced mutation）、农杆菌接种、逆向选育和表观遗传修饰（epigenetic modification）等，极大地提高了育种效率。目前，全球已经成功培育出具有抗除草剂、抗虫、抗毒病特性以及品质改良的转基因作物，培育具有复合性状的转基因作物成为植物育种发展的新趋势。

以转基因为代表的生物技术已成为全球种业的发展趋势，很多国家已大面积种植转基因农作物品种。国际农业生物技术应用服务组织（ISAAA）的调查研究表明，2017 年转基因作物的全球种植面积达到 1.898 亿公顷，转基因作物在五大种植国的平均应用率（大豆、玉米和油菜应用率的平均值）不断增加，已接近饱和，其中美国为 94.5%、巴西为 94%、阿根廷几乎达到 100%、加拿大为 95%、印度为 93%。[②]

但是，转基因食品存在诸多争议，中国加强转基因技术研发，坚持自主创新，对转基因作物品种的商业化种植则持审慎态度。2009 年，农业部共批准发放过 7 种转基因植物的安全证书，包括耐贮存番茄、抗虫棉花、改变花色矮牵牛、抗病辣椒、抗病番木瓜、转植酸酶玉米和抗虫水稻。其中，共有 2 种转基因

① 刘珊. 植物育种技术［M］. 北京：军事医学科学出版社，2012.

② 国际农业生物技术应用服务组织（ISAAA）.2017 年全球生物技术/转基因作物商业化发展态势［J］. 中国生物工程杂志，2018，38（6）：1-8.

抗虫水稻获得安全证书，分别为转 cry1Ab/cry1Ac 基因抗虫水稻"华恢 1 号"（华中农业大学于 2000 年 7 月 28 日申请植物新品种权，未授权）及杂交种"Bt 汕优 63"，农业转基因生物安全证书已于 2014 年 8 月过期。转植酸酶玉米和抗虫水稻没有完成品种审定，未允许进行商业化种植，只有抗虫棉花、抗病番木瓜进行了大规模商业化生产，2017 年种植面积约为 280 万公顷，位居全球转基因作物种植面积第 8 位。

根据农业部公布的 2017 年农业转基因生物安全证书（生产应用）批准清单显示，此次批准的 16 个转基因生物安全证书（生产应用）中，涉及的转基因作物只有抗虫棉，由华中农业大学、中国农业科学院棉花研究所、河北省农林科学院棉花研究所和石家庄希普天苑种业有限公司获得证书，证书有效期都为 3 年，即 2017 年 6 月 12 日至 2020 年 6 月 12 日。其中，石家庄希普天苑种业有限公司的转基因棉花"希普 6"属于常规棉，于 2011 年 4 月 12 日提交了植物新品种权申请（申请号：20110285.9），但没有获得授权；2011 年"希普 6"通过天津市品种审定（审定编号：津准引棉 2011001），2010 年通过河北省品种审定（审定编号：冀审棉 2010007），2011~2016 年在河北、天津累计推广 46 万亩。

山东登海种业股份有限公司的自交系玉米品种 DH351 于 2009 年 4 月 12 日申请植物新品种权，2015 年 7 月 1 日获得植物新品种权（授权号：CNA20090225.6）。2014 年 6 月登海种业与北京大北农生物技术有限公司合作进行开发 DH351 的转基因研究工作，2016 年 10 月获得了转育成功的 DH351 玉米种子，并在此基础上合规繁育出约 50 公斤转基因玉米种子，存放于公司种质库。但是，2017 年 7 月登海种业将转基因玉米 DH351 种子当成常规自交系原种在公司农场扩繁出约 12000 公斤亲本，并在新疆巩留县种植了 2590 亩，违反了《农业转基因生物安全管理条例》的相关规定。2018 年 5 月，登海种业已将违规作物铲除处理，并对制种农户进行了经济赔偿。

2019 年，我国转基因推广品种仅有抗虫棉和抗病番木瓜，种植面积仅 320 万公顷；2020 年，我国转基因商业化进程加速，先后有 4 个国产玉米品种和 3 个大豆品种获批农业转基因生物安全证书，转基因种子商业化加速，在确保产品安全的前提下，不断推进转基因科学研究和成果转化。

如今，植物育种者仍然依靠经典的方法来开发优良品种；现代技术有助于优化某些植物在各种环境条件下生长的可预测性，植物基因型和环境之间的这种关系将继续推动后代的遗传改良。世界范围内以生物技术和信息化为主要特征的种业科技革命正在推动种业研发、生产、经营和管理发生深刻变革。

植物科学进步和技术开发使美国、欧盟和世界其他地区 70 年来所有主要作物的收成大幅度增加。农作物产量增长的一半左右可以归功于植物育种者的遗传改良，另一半可归因于机械化和灌溉，通过（生物）化学、植物生理学、植物病理学、昆虫学、杂草科学、土壤生态学、农学等的进步，灌溉工程方面的进展以及肥料和其他化学物质的使用来控制害虫、疾病和杂草。未来，可持续生产技术将有助于提供更经济可行的解决方案。植物育种方面的创新仍然是种子产业努力提供更好的种子产品的前沿，这些产品有助于解决世界的粮食、饲料及燃料问题。

二、全球种业演进

全球种业市场正在重塑。在过去的一百年中，全球种子业务逐渐产业化，育种和其他植物科学研究取得突破进展，跨国公司成为种业创新活动的先锋，种子行业发生了三次重大的结构性变化，但不同国家、不同作物种子产业的演进变化是非均衡的。20 世纪初，大多数国家商业化种子供应商都是小型的家族私有公司，在政府种子认证和质量保证计划的推动下，农民从种子商那里购买的种子数量大量增加，但由于缺乏资金来开展自己的研发活动，种子公司的主要作用是繁育和销售由农民选育的或由公共部门开发的新品种种子。

20 世纪 20 年代后期，商业种子公司最先进行杂交玉米育种。20 世纪 30 年代，美国几家新的商业种子公司接管了部分公共杂交玉米育种研究工作，第一批杂交玉米种子首先在美国开发和销售。由于杂交种子子代分离的特点，种子生产有利于私人投资，并使商业生产者能够脱颖而出，提高了美国玉米产量。种子公司在植物育种者培养、开展基础研究、创造育种新材料和新技术等领域扮演越来越重要的角色。欧洲也有类似的发展。19 世纪末，欧洲开始了"绿色革命"，种植方法日益强化和机械化，种子被视为一种类似于燃料或化肥的投入商品。20 世纪初期，欧洲国家建立了政府资助的植物育种站，开发高产品种，并向本地区的小农推广作物育种知识，重组农民生产组织形式以提高效率，并加强生产以降低成本。这一时期农民享有完全的种子主权，自主决定种子及繁殖材料的种植、储存、交换。但是，在杂交玉米成功之后，其他作物品种的杂交种子使这种情况发生了改变，农民开始依赖种子公司获得新种子，种子企业由小型家族企业逐渐转变为竞争性农业企业。到 1960 年，美国杂交种玉米种植面积的比例达到了95%，几乎取代了所有的开放式授粉（非杂种）玉米品种[1]。

20 世纪 60 年代，农化企业在知识产权保护下开展大规模并购活动，进入种子产业。欧洲国际植物新品种保护联盟（UPOV）公约的育种者权利保护、美国的植物品种保护法案和植物专利等知识产权的引入，提高了植物育种研究投资的

---

① 资料来源于美国农业部（USDA）。

回报预期，引发了农化公司的一系列并购活动。在 20 世纪 70 年代，美国有超过 50 家种子公司被兼并收购，这些公司大多是中小型的地区性种子公司。尽管农化公司资金雄厚，但仍有部分规模较小的地方种子公司存活下来，并成为区域市场的主导企业，如先锋公司和迪卡尔布遗传学公司。到了 20 世纪 90 年代初，许多在过去 20 年中领导并购活动的跨国公司都剥离了其种子业务，因为新品种需要适应一定的地理环境，从而限制了种子公司研发活动的规模经济，种子分销和销售中的潜在经济规模也十分有限。作物产量是区别不同品牌种子的主要因素，规模较小的区域性种子公司利用广泛而有效的分销网络与大型跨国公司竞争。虽然区域性种子公司在地方范围内销售的品种数量有限，但在特定地区作物产量表现出较强的竞争实力，有效降低库存成本，获得较高的利润。而专业育种公司抓住商业机会，将开发的新品种授权给众多的地区种子公司推广销售，最大限度地降低了种子产业的进入壁垒。因而，并购整合后的大型石化和制药企业又纷纷剥离其种子资产。

　　20 世纪 70 年代出现的 DNA 重组技术导致了植物育种的科学突破，也带来了更强的知识产权保护和更多的私人投资，优良的种质资源和新型的生物技术成为新品种研发必要的互补资产。新型生物技术种子的成功商业化必须协调不同种质资源和生物技术的知识产权，这种协调的需求引发了 20 世纪 90 年代跨国公司的纵向并购浪潮。由于农化市场已经非常成熟，为了扭转销售额和利润的下降趋势，大型公司采取了不同的并购策略实现垂直整合。例如，1996~1999 年，化学巨头孟山都通过对种子和生物技术公司的股权投资进行了 50 多起兼并收购，投资额超过 80 亿美元，形成了大豆、玉米、小麦、棉花、蔬菜及水果等多种农产品种子的研发、生产和销售渠道。1998 年，孟山都投资 32 亿美元收购了迪卡尔布遗传学公司，获得终止子技术的专利权，其抗草甘膦转基因大豆（Roundup-Ready® Soybean）在国际上的种植面积不断增加。1999 年，杜邦公司以 77 亿美元收购了先锋国际种子公司，成立的杜邦—先锋公司主要通过协议并购获得需要的种质资源，利用地方大型种子企业的经销网络扩展市场业务范围。世界种业形成了以农化集团为基础的六大集团：孟山都、杜邦、先正达、拜耳、陶氏、巴斯夫。此外，还有两个独立的种子公司，德国的科沃施和法国的利马格兰。

　　除了并购战略，种子公司还寻求合作研发战略进入新市场，增加其转基因特性和种子的市场份额。孟山都、巴斯夫、陶氏、先正达、杜邦和拜耳六大种业集团将研发战略与知识产权（交叉）许可战略相结合，获得研发合作伙伴的除草剂耐受性和抗虫性等不同的转基因特性，向市场提供不同转基因特性叠加组合的种子，以避免潜在的知识产权侵权、反垄断和商业诉讼纠纷。例如，2008 年孟山都与先正达签署 Roundup-Ready® 和 Roundup Ready 2 Yield® 大豆种子品牌使用的全球特许权使用许可协议，孟山都免费授权先正达 GA21 除草剂耐受性玉米技术和 Bt 11 玉米螟抗虫技术，同时从先正达获得了与孟山都第三代抗虫技术——麦草威（Dicamba）相关的技术许可①。孟山都和先正达还同意相互交叉许可，共同开发和提供新的玉米、棉花和大豆抗除草剂和 Bt 抗虫技术产品。

在过去 20 多年里，转基因种子在全球商业种子市场中的份额不断增长，转基因技术知识产权保护强度提高，种子产业的企业整合增长速度加快，产业集中度越来越高。根据加拿大 ETC 组织的估算，1996 年排名前十位的种子公司的销售额仅占全球种业的 37%，而 2007 年排名前十位的种子公司种子销售收入高达 147.85 亿美元，占全球专有种子（品牌商业种子，大部分受知识产权保护）市场份额的 67%。其中，全球最大的种子企业孟山都公司占全球专有种子市场的 23%②。美国种子公司的数量由 1990 年的 300 家减少到 2015 年的 80 家。

2015~2018 年，大型农用化学品和种子公司再次兴起新的并购浪潮，收购和撤资依然是全球种子行业的主流，同时还进行了一些深入的重组。这次种业大规模、强强并购的主要原因在于：一方面，2008 年国际金融危机后，农化行业低迷，农产品价格和收入下降，以及极端天气和气候条件导致农药和种子销售额下滑，2014~2015 年全球农药销售额下降 9%。在许多国家，农药行业因环境保护问题受到越来越严格的监管。对于高度依赖金融市场及其股东的种子公司，并购是提高股票投资回报的重要途径。另一方面，由于人口增长、人均耕地面积减少、食品需求增加，未来必然需要更多的农业投入，特别是优良的种子，而气候变化、病虫害传播和农药抗药性、数字化农业的快速发展加剧了这一趋势，投资者对种子产业的未来发展持乐观态度。与 20 世纪 90 年代的种业并购浪潮不同，此轮并购活动主要集中在六大跨国种子公司之间（见表 3.1）。

表 3.1　2015~2018 年全球种业三大并购案

时间	整合公司		并购案简述
2015 年 12 月至 2017 年 8 月	（美国）陶氏（Dow AgroSciences）	（美国）杜邦（DuPont）	陶氏与杜邦平等合并。合并后的实体为一家控股公司，名称为陶氏杜邦（DowDuPont™），双方各持 50% 股份，拥有三大业务部门：农业、材料科学和特种产品，后分拆为三家上市企业（科迪华、陶氏和杜邦）。陶氏的巴西玉米种子业务被剥离，市值 11 亿美元（约合 2.6 亿欧元），由中国隆平高科通过与中信农业基金（Citic）合作接管

① 资料来源于先正达官网（www.syngenta.com），最后访问日期：2018-08-22。
② 资料来源于 ETC 网站（http://www.etcgroup.org/content/top-ten-seed-companies-2007），最后访问日期：2018-08-22。

续表

时间	整合公司		并购案简述
2016 年 2 月至 2017 年 6 月	（中国）中国 化工集团 （ChemChina）	（瑞士） 先正达 （Syngenta）	中国化工集团以 490 亿美元收购了先正达，持有先正达 98%的股份； 中国化工集团剥离旗下子公司安道麦（ADAMA）在欧洲的部分农药资产，包括杀真菌剂、灭草剂、杀虫剂和种子处理产品； 先正达将甜菜种子业务以 1.6 亿欧元出售给丹农国际种子公司（DLF）。先正达股票将从瑞交所退市、美国存托凭证（ADS）将从纽约证券交易所退市； 中国化工集团表示将完全支持先正达运营、管理层及员工的完整性，包括将其总部保留在瑞士巴塞尔，并计划在未来几年对公司进行重组重新上市
2016 年 5 月至 2018 年 6 月	（德国）拜耳 （Bayer）	（美国）孟山都 （Monsanto）	经美国和欧盟相关监管部门的批准，拜耳以 630 亿美元的价格收购了孟山都，孟山都的产品将保留其品牌名称，并成为拜耳投资组合的一部分，"孟山都"不复存在； 拜耳将其种子和除草剂业务以 70 亿美元（约合 8.3 亿欧元）出售给巴斯夫（BASF）

资料来源：作者根据公开资料整理。

　　2017 年 8 月，陶氏与杜邦的合并业已完成，并拆分为三家相互独立的上市公司：专注于农业的科迪华、专注于材料科学的陶氏和专注于特种产品的杜邦。拜耳在收购孟山都的过程中取得了突破性进展，通过了美国和欧盟的所有监管法规，已于 2018 年 6 月宣布完成并购，成为全球种业、农化领域的科技巨头。2017 年 6 月，中国化工集团完成了对先正达的收购；两年后成立中化工农业科技股份有限公司，并于 2020 年 1 月与中化化肥的农业业务合并，更名为"先正达集团股份有限公司"；新的先正达集团包括先正达种业、先正达作物保护、安道麦和先正达集团中国四大战略单元，涵盖种子、化肥、农药和植物保护等农业全产业链业务。

　　2016 年，世界排名前十位的种业公司包括孟山都、陶氏、杜邦、先正达、利马格兰、科沃施、丹农国际种子公司、隆平高科、瑞克斯旺育种公司和坂田种子公司。随着前述种业并购案逐渐达成，全球种子产业结构发生了巨大变化。中国本土种子企业进入全球种子市场，在全球十大种子企业中，有两家中国公司：先正达和隆平高科；全球种业市场集中度不断提高，拜耳/孟山都、陶氏杜邦和先正达/中国化工三家种子公司的表现尤为突出，占有全球 80%以上的种业市场份额。根据 2017 年利马格兰公布的 2016~2017 财年年度业绩报告数据，考虑并购过程中种子公司合并或剥离的产品及业务市值，图 3.2 显示的是以规模最小的坂田种子公司 2016 年度销售收入 2.85 亿欧元为 1 所计算的其他公司的相对销售规模。

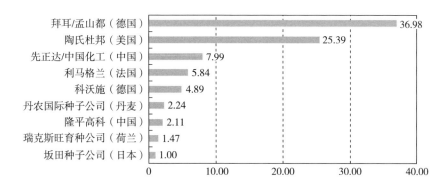

图 3.2　全球并购浪潮中领先的种业公司及其相对销售规模

资料来源：根据相关公司 2016~2018 年财务报告数据整理。

从全球种业发展历程来看，种业并购使种业与农化领域深度融合，在植物科学和育种技术方面取得突破，加速生物技术、信息技术和智能技术集成，种子产业结构集中，农业生产领域的资本、信息和技术快速集聚。在植物育种和生物技术方面引入知识产权制度，种子企业增加研发支出以及通过扩大和进入新市场保持竞争力的需求，都是种子产业发展的主要驱动因素，各种因素之间持续不断的相互作用形成了全球现代种业的发展格局。

三、中国种业变革

2000 年以前，中国种子产业经历了"家家种田、户户留"（1949~1957 年）、"四自一辅"（1958~1977 年）、"四化一供"（1978~1994 年）和种子工程（1995~1999 年）四个发展阶段，中国种子产业基本上处于计划经济管理体制之下（王卫中，2005）。

随着我国加入世界贸易组织（WTO），2000 年 12 月《中华人民共和国种子法》（以下简称《种子法》）颁布实施，植物新品种知识产权保护加强，中国种子产业进入全新的市场经济发展时期。种子产业商业化改革打破了"以县为单位统一供种"的政策壁垒，大量资本进入种业，一大批育种科研与种子生产经营一体化的种子公司应运而生，形成种子产业主体多元化格局。在事企脱钩政策下，种子企业的商业化育种体系逐渐形成，研发实力提升。市场监管和品种保护制度逐步完善，高产、优质新品种大量涌现。2021 年 12 月，《种子法》进行了第四次修订，规定了新时代种业发展的基本制度，为我国种业发展提供了更强有力的保证，全面开放的种业新格局正在形成。

1. 种子产业结构

计划经济时期，我国形成了条块分割的种子系统。1978年中央农林部成立了行政、技术和经营三位一体的中国种子企业，各省、市、县级种子公司（站）也相继成立，种业国有垄断市场格局基本形成。

2000年底，全国有县级以上种子公司2200家、500多家地区种子公司、31家省级种子公司以及国家种子公司，平均总资产1240万元，职工约4.7万人；注册登记的种子经营点32500多家；国有原种场、育种场2300多处，职工约40万人，原种、良种生产基地3000多万亩，形成了世界上最为庞大的种子生产与供应体系（佟屏亚，2009）。当时的县级种子公司主要与农户签订种子生产合同，向农民提供商品种子，或依靠调运种子从事经营活动；地区级种子公司利用省、地市级农业科研单位或农业高校提供的育种者种子（或原原种）生产原种，提供给县级种子公司，一些地市级种子公司也生产和经销商品种子；省级和国家种子公司主要负责制定种子生产经营计划，调剂市场种子供求，而种子国际贸易由隶属原国家经济贸易委员会的中国种业集团公司承担。

2006年，《国务院办公厅关于推进种子管理体制改革加强市场监管的意见》颁布，依靠垄断经营的种子公司脱离行政部门，种子产业市场化、商业化改革基本完成（胡瑞法等，2010）。种子市场打破了国有公司垄断的局面，种子产业在很大程度摆脱了行政干预，基本实现种子生产经营与行政管理分开，农民用种质量显著改善。2010年底，我国按统一标准正式注册的种子公司发展到8700多家，其中具有研发能力的、注册资本1000万元以上的种子公司不到500家，种子企业数量多、规模小、研发能力弱、产业集中度低。

随着种子产业法律法规体系、市场投资环境的完善，种子企业"多、小、散、弱"的市场格局逐渐改观。图3.3显示了2012～2020年我国各类种子企业数量变化趋势：全国种子企业总数量（右纵坐标轴）先大幅度减少，2017年后又逐年递增，净资产亿元以上种子企业和育繁推一体化种子企业数量持续增加，种子企业规模和一体化程度不断提升。

与此同时，中国种子企业竞争力不断增强，种业市场集中度逐步提高。根据农业农村部种业管理司、科技发展中心和全国农业技术推广服务中心2021年公布的统计数据，2020年全国种子企业共获得种子销售收入777.10亿元，实现利润总额69.57亿元，其中种子销售利润49.34亿元，种子行业平均利润率为6.35%。种业前五强种子销售收入76.63亿元，占全部种子企业销售收入的9.86%；种子销售利润前五位企业实现利润6.18亿元，占全行业销售利润的比例为12.53%。种业前十强的研发投入达到8.11亿元，占本企业商品种子销售收入的8.38%，正快速接近国际种业的研发投入水平。全国种子企业职工135324

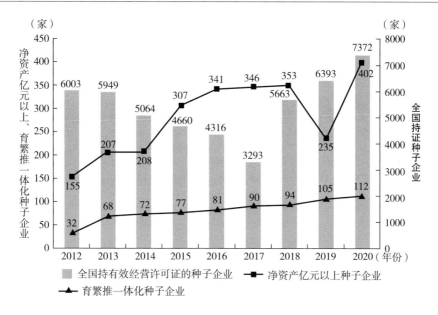

图 3.3　2012~2020 年全国种子企业数量变化

注：2019 年育繁推一体化种子企业数量为估计数。

资料来源：根据 2013~2021 年中国（农作物）种业发展报告数据整理。

人，其中具有本科及以上学历的人员 36889 人，占 27.26%；从事科研工作的人员 29608 人，占 21.88%。除组建自有科研团队外，大型种子企业还聘用公共部门的科研人员 5749 人，增强企业科研实力。

种子企业育种研发能力提升，科研产出成果显著。2020 年，种子企业申请植物新品种权 4307 件，占全年申请量的 54.4%，获得 1340 件植物新品种权，占全年授权量的 52.56%。种子企业获得专利授权 3309 件，位居公开的种业专利授权量首位，占全部授权专利数量的 41.85%。种子企业选育国审作物（水稻、玉米、小麦、棉花、大豆）品种 1208 个（次），占国审品种总量的 75.55%；选育省审作物品种 2224 个（次），占 61.71%。种子企业不仅是种业市场主体，现已成为育种创新的主体，种子企业"多、小、散、弱"的状况得到明显改善。

2. 中国种业并购

1997 年 4 月 22 日，合肥丰乐种业股份有限公司在深圳证券交易所上市，成为中国种业上市公司的第一股。截至 2020 年 12 月 31 日，共有 69 家种子企业上市或在新三板挂牌，其中境内上市公司及其股票代码为丰乐种业（000713）、隆平高科（000998）、登海种业（002041）、荃银高科（300087）、神农基因（300189）、农发种业（600313）、敦煌种业（600354）、万向德农（600371）、北大荒（600598）等 10 家公司，新三板挂牌交易公司 59 家，上市种子企业总市值超过千亿元。

并购是做大做强种子企业的重要途径。全球种子市场的兼并收购浪潮催生了拜耳、陶氏杜邦、先正达、利马格兰等大型跨国种子企业，行业规模迅速扩大，产业集中度大幅提高，规模经济优势显著。中国种子企业要走向育繁推一体化，除了内源增长，还须整合种业资源，向优势种子企业集中，提高我国种业整体发展水平。2000年以来，我国骨干种子企业利用资本市场转型升级，投资、兼并重组步伐加快。以2011年国务院发布《关于加快推进现代农作物种业发展的意见》（国发〔2011〕8号文件）为分水岭，我国种业兼并重组进程大致可以分为三个阶段：

（1）2000~2010年，种业零星并购阶段。进入21世纪以来，我国农作物种业发展实现了由计划供种向市场化经营的根本性转变。《种子法》实施之前，我国农作物种子生产经营与管理一体化，大部分种子公司为国有企业，民营种子公司只能生产经营常规种子。《种子法》确立了种子市场化发展的方向，国家要求种子生产经营与管理分离，国有种子企业纷纷改制，民营种子公司快速发展，全国种子企业由2001年的2700多家发展到2010年的8700多家。这一阶段，总体上为种子产业化发展的初期，种子企业设立门槛较低，市场化进程快速推进，种子企业数量猛增，兼并重组事件较少。

（2）2011~2016年，种业兼并重组持续活跃阶段。经过近十年的高速发展，我国种子市场出现企业"多、散、小、弱"，品种"多、乱、杂"等问题。《关于加快推进现代农作物种业发展的意见》提出"推动种子企业兼并重组"，尤其是鼓励大型优势种子企业整合农作物种业资源，培育具有核心竞争力和较强国际竞争力的育繁推一体化种子企业。国家出台了提高种子企业设立门槛、加强种子市场监管等一系列政策，鼓励种子企业间的兼并重组，强强联合，实现优势互补、资源聚集；鼓励具备条件的种子企业上市募集资金；支持大型企业通过并购和参股等方式进入农作物种业；支持国内优势种子企业开拓海外市场。通过市场机制优化和调整企业布局，种业兼并重组持续活跃发展，全国种子企业数量同步减少。据现代种业发展基金统计，2010~2016年，全国公开披露的种业并购事件88起，年均发生12起；交易总金额101.52亿元，平均每起并购案交易金额1.15亿元。

（3）2017年至今，海外并购起步阶段。《全国现代农作物种业发展规划（2012~2020年）》（国办发〔2012〕59号）提出到2020年，前50强种子企业的市场占有率达到60%以上的目标，做大做强种子企业；《国务院办公厅关于深化种业体制改革提高创新能力的意见》（国办发〔2013〕109号）鼓励种子企业"走出去"，开展国际合作。2014年2月，中粮集团收购了荷兰粮食与种子巨头尼德拉（Nidera Seeds）51%的股权，2017年2月完成全资收购。2016年2月，中国化工集团斥资440亿美元，历时16个月收购了全球最大的农化公司、全球第三大的瑞士种业公司——先正达。2017年10月，中信农业基金以11亿美元收购陶氏在巴西的玉米种子业务，隆平高科出资4亿美元参与了交易。2018年2月，中粮国际将先前全资收购的尼德拉出售给中国化工旗下的先正达。中国种业正通过海外并购实现"走出去"战略，提升全球资源整合能力，拓展海外种子市场。

种业公众公司（A股和新三板）是种业投资、并购最为活跃的主体。2010～2020年公开披露的种业资本市场股权融资事件为135起，涉及投资金额132.85亿元；种业并购事件多达181起，涉及交易金额184.54亿元。

以袁隆平农业高科技股份有限公司（以下简称"隆平高科"）为例，该公司成立于1999年6月30日，是以水稻、玉米、蔬菜为主的高科技农作物种子、种苗的生产、加工、包装、培育、繁殖、推广和销售的种业上市公司。根据隆平高科的公司年报，2015年10月，中信集团旗下中信兴业投资、中信建设和信农投资出资30亿元认购隆平高科21.36%股权，中信集团成为隆平高科实际控制人。隆平高科借助中信集团的全球化业务布局，把握行业内的并购重组机会，发挥资本优势，开展了一系列兼并重组，实现内生增长与外延式扩展并举的战略举措。2016年，隆平高科出资2.11亿元收购广西恒茂，广西首家国家级"育繁推一体化"企业51%的股权，在水稻品种培育、生产和营销等领域展开合作；与黑龙江广源种业合作设立粳稻合资公司，利用双方优质资源和产业优势，联合开发东北种业市场，弥补东北粳稻市场的空白，实现水稻种业全产业链覆盖。

继2015年收购了国内黄瓜种子龙头企业天津德瑞特、绿丰园艺后，隆平高科与安徽江淮园艺签订收购协议，加快在西瓜、南瓜、甜瓜、辣椒等瓜果蔬菜种子上的发展。2017年，隆平高科收购湖南优至、湖北惠民80%股权，与南京农业大学合资设立南方粳稻研究院，完善水稻细分市场布局；收购河北巡天农业、三瑞农科控股权，加速推进"3+X"经营品类战略，进入小米、食葵领域，完善产业和区域布局。2017年，隆平高科出资4亿美元，与中信农业产业基金管理有限公司设立的境外基金等主体共同投资陶氏在巴西的特定玉米种子业务，拓展了美洲等全球重要种业市场，获得了国际先进、成体系的育种研发资源与经验，也为加快国内玉米种业升级，进一步强化公司的境内主营业务增添了又一项战略性优势。自2011年以来，隆平高科累计投入12.6亿元，整合区域龙头企业11家，通过并购优质企业，隆平高科在短时期内实现了规模快速扩张。

山东登海种业股份有限公司（以下简称"登海种业"）也是通过股权投资、并购重组实现不断扩张的。登海种业是由莱州市登海种业（集团）有限公司于

2000 年整体变更设立的。直到 2011 年，登海种业仅有登海先锋、登海良玉 2 个子公司。2015 年，登海种业投资 4530 万元，相继成立了内蒙古登海辽河种业有限公司、陕西登海迪兴种业有限公司、河南登海正粮种业有限公司 3 个控股子公司莱州登海西星种业有限公司。这些子公司将根据自身的发展状况逐步改组成合资合作性质的育繁推一体化的种子公司。同时，登海种业出资 500 万元增持山东登海华玉种业有限公司 16.67% 的股权。子公司北京登海种业有限公司投资 510 万元与河北省宽城种业有限责任公司合作成立河北登海华诚农业科技有限公司。

2016 年，登海种业投资成立宁夏登海万连种业有限公司和黑龙江登海九科种业有限公司 2 个控股子公司，并投资 220 万元受让黑龙江登海九科种业有限公司、宁夏登海万连种业有限公司、内蒙古登海辽河种业有限公司、河南登海正粮种业有限公司、陕西登海迪兴种业有限公司 5 个控股子公司的部分股权，同时向内蒙古登海辽河种业有限公司增资 280 万元。2017 年，登海种业投资成立登海圣丰、登海宇玉、登海中研、登海润农、登海鲁西 5 个控股子公司、1 个孙公司登海德瑞，并购莱州市鲁丰种业有限公司 65% 股权，成立登海鲁丰，同时转让黑龙江登海、辽宁登海、吉林登海、山西登海 4 个全资子公司的部分股权并增资，注销莱州登海西玉种业有限公司和莱州登海西星种业有限公司 2 个全资子公司。登海种业累计投资 3.5 亿元，共拥有 3 个全资子公司、22 个控股子公司，公司资源及资产结构得到了进一步地整合和优化。新设立的子公司多数为纯经营销售型企业，经营的品种由母公司提供，专注于市场开拓和售后服务，通过控股公司，突破空间限制，实现销售渠道拓展。

此外，其他上市公司并购活动也非常活跃。农发种业从 2011 年开始，累计投入 6.24 亿元，陆续收购了河南地神、广西格霖、湖北种子集团、山东天泰种业、中垦锦绣华农、山西潞玉、武汉庆发禾盛、江苏金土地种业、河南颖泰农化、内蒙古拓普瑞、河南枣花粮油、武汉湖广农科种业等公司，形成以种业为核心的"种子—化肥—农药"农资一体化企业。荃银高科先后并购四川竹丰、安徽荃银欣隆、安徽华安、安徽省皖农、辽宁铁研等种子企业，筹划收购四川同路农业科技有限责任公司股权。

未来中国种业并购活动将更为活跃。一方面，种业作物品种覆盖广、地域性特征明显，种子公司仅靠募集资金通过内生增长很难达到快速发展；另一方面，大量未上市的种子公司为种业兼并收购提供了优质标的，种业转型期优质种子企业价值低估，并购成本较低。同时，新三板市场为具有发展潜力的中小种子企业提供了相对适宜的融资平台。2018 年版《外商投资准入特别管理措施（负面清单）》放宽了种业领域的准入，取消了小麦、玉米之外农作物种子生产的外资限制，对于自贸区，小麦和玉米外商投资比例可提高到 66%，外资种业的并购活动将更加活跃。但是，无论是国内兼并重组，还是海外收购，并购后的战略、财务、人员、技术、管理以及文化整合仍是种子企业绕不开的问题，决定着并购是否成功。

第二节　中国种子产业创新体系

虽然与农业产业链上的农化企业、农机企业、食品加工和销售企业相比，种子企业的规模偏小，但种子却是农作物生产中最重要和最关键的投入品，这些作物可用于生产食物、饲料和其他生物产品，如生物燃料等；农民提高生产力、发现市场机会的大部分创新都来自于种子，并且种子产业位于农业产业链的前端，是农业生产的前提和基础，种子企业是农业食品、纺织、药品价值链中至关重要的参与者。

一、种业创新价值链

种子产业具有内部异质性，在很多方面都非常不同，如种子种类、种子企业的性质和规模。从纵向看，种子产业链是由新品种培育、种子生产、加工、经销和服务等环节构成的纵向链条，具有"育、繁、推"等基本功能，既是种子价值创造和实现的价值链，也是种业研究、发明、创新和采纳的创新链（见图3.4）。

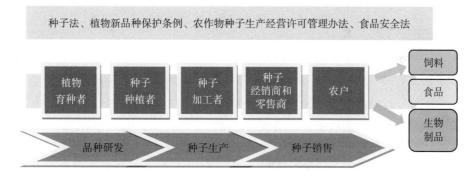

图 3.4　种子产业创新价值链

种子产业链可以通过五个基本链接来描述：植物育种者、种子种植者、种子加工者、种子经销商和零售商，以及种子最终使用者——农户。在种子市场开放的情况下，种子进出口商将种子供应给世界各地的最终用户。以上种子产业创新价值链各环节的分析是基于一个非常简化的线性创新模型：经过努力工作和某种程度的幸运，研究活动会产生"发明"（或新发现），这仅仅是创新的开始，新发现转化为商业上切实可行的创新之前，还需要很多开发和培育工作，实际上大量的新品种停留在这一阶段，仅有少数新品种得到商业化应用，这时的品种创新才真正符合"创新"的本意。

我国种子产业发展虽然起步较晚，但颇具活力，初步形成了科研、生产、加工、销售、推广应用相衔接的产业体系及相应的种业监督管理体系。

1. 品种研发环节

品种研发，即新品种的选育，由种质资源收集和植物育种两个环节构成。丰富、多样的种质资源是植物育种的基础，植物育种是对种质资源的开发、利用，而科学的育种理论、方法和手段是选育优良品种的必要条件（见图 3.5）。

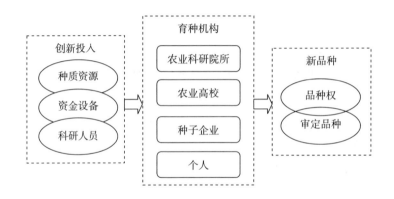

图 3.5　种子产业链新品种选育环节

从种质资源来看，我国物种资源丰富，但许多古老的地方品种、野生近源品种正在迅速消失，例如，南方曾经广泛种植的、具有抗洪能力的深水稻品种逐渐消失。为了抢救种质资源，发掘有价值的特色资源，"十三五"期间，全面实施第三次全国农作物种质资源普查与收集行动，完成全国 1616 个县、大约 10 万份资源的调查、收集任务，基本查清了我国种质资源状况。《2021 年中国农作物种业发展报告》显示，截至 2020 年 12 月底，我国长期保存的种质资源总计 52.5 万份，其中 85.17% 由国家种质库保存，其他的由 43 个种质圃和圃位保存，这些种质资源在育种材料创制和品种创新中发挥了重要作用。2016~2020 年，我国累计完成 9.61 万份次种质基本农艺性状的鉴定，对 3.28 万份次的国家种质库（圃）资源进行抗病虫、抗逆和品质特性评价；从中筛选出当前育种中具有重要利用价值、抗性特性突出的优异种质资源和育种中间材料近 5000 份；创制优质新种质 2874 份，通过共享平台实现种质资源信息共享 150 万人次，向国内外用户提供、分发了种质资源实物 39.6 万份次，育成优质、高产、抗逆新品种 500 多个。

种子产业的创新和技术进步主要集中于植物育种环节，如前所述，每一次育种科学突破和新技术应用都带来作物产量的大幅提升和种子产业的巨大变革。但是，由于农作物品种创新具有累积性特征，需要积累大量的基础材料，植物育种耗时长、投资大。常规植物育种要经过引入变异、选择和杂交三个主要步骤，具体育种时间取决于植物种类，平均需要 5~10 年时间，而某些植物（如树木）可能需要数十年才能创造出新的品种。现代生物技术，如序列特异性核酸酶（Sequence-specific Nuclease，SSN）技术[①]，能够更为精确地提供所需遗传性状，大大缩短了育种时间，但需要投入巨额研发费用，研发风险很高。

表 3.2 比较了 2019 年、2020 年隆平高科和登海种业两家种业上市公司、中国种业信用骨干企业、规模种子企业（注册资本 ≥3000 万元），以及全部国内种子企业的研发费用支出等情况。

表 3.2　2019~2020 年种子企业研发投入比较　　　　单位：亿元，%

种子企业	研发投入		营业收入（销售收入）		研发投入占比[a]	
	2020 年	2019 年	2020 年	2019 年	2020 年	2019 年
隆平高科	3.46	4.12	32.91	31.29	10.52	13.15
登海种业	0.73	0.82	9.00	8.23	8.14	9.90
商品种子销售收入前 5 位企业	5.59	4.47	69.04	63.09	8.10	7.09
商品种子销售收入前 10 位企业	8.11	6.17	96.82	90.49	8.38	6.82
商品种子销售收入前 50 位企业	15.64	11.10	188.5	182.59	8.30	6.08
骨干种子企业[b]	14.76	11.04	150.46	139.75	9.81	7.90
规模种子企业[c]	40.3	36.05	455.23	443.99	8.85	8.12
全部种子企业	55.78	45.68	621.44	572.78	8.98	7.98

注：a：隆平高科、登海种业的研发投入占比数据来自公司 2020 年年报，其他种子企业数据来自《2021 年中国农作物种业发展报告》。b："骨干种子企业"为 2019 年中国种子协会评定的 57 家中国种业信用骨干企业。c："规模种子企业"为注册资本 ≥3000 万元的种子企业。

资料来源：作者整理。

---

① 参见 http://european-seed.com/2016/03/new-breeding-techniques/，最后访问日期：2018-09-09。

总体来看，与 2019 年相比，2020 年我国种子企业的研发投入增加了 10.10 亿元，总额达到 55.78 亿元；全部种子企业的研发投入占比有小幅度提升，从 7.98% 提高到 8.98%。但是，隆平高科和登海种业等龙头种子企业反而由于营业收入增加、研发投入减少，研发投入占比略有下降。2019~2020 年，我国种子企业的研发强度平均在 8% 左右。

此外，根据先正达 2019~2020 财务报告公开披露的数据，其 2020 年研发费用总额为 13.24 亿美元（包含资本化研发成本 3.55 亿美元），较 2019 年的 12.62 亿美元增加 4.91%，占合并销售收入（142.87 亿美元）的 9.27%，略低于 2019 年的 9.29%。但与其他全球种业公司相比，先正达的研发资金投入仍存在一定差距。例如，孟山都公司年报披露的 2016 年和 2017 财年研发费用（净销售收入）分别为 15.12 亿美元（135.02 亿美元）、16.07 亿美元（146.40 亿美元），研发投入占比分别为 11.98% 和 10.98%。

从研发投入的资金来源结构看，种子企业 90% 以上的研发投入来自企业自有资金。2020 年，57 家种业信用骨干企业科研总投入为 14.76 亿元，其中企业自主科研投入 14.09 亿元（占科研总投入的 95.46%），财政项目投入 0.66 亿元，其余 0.01 亿元为非财政资金投入。在全部种子企业科研投入 55.78 亿元中，企业自主投入 51.18 亿元（占科研总投入的 91.75%），财政项目投入资金 4.22 亿元，非财政资金投入 0.38 亿元。种子企业的研发投入不足，主要依靠自有资金，政府补贴、金融机构投入资金非常有限，种子企业育种创新普遍存在融资约束。

2. 种子生产环节

种子生产是依据植物的生物学特性和特定繁殖方式，将选育的新品种物化为有形产品的过程，制种程序因不同作物（杂交品种和常规品种）、技术方法而存在差异，一般经过原种繁育、良种生产、种子加工（脱粒、干燥、清选、分级、包衣和包装）等环节（见图 3.6）。大多数农作物种子的自然生产历经"播种—营养生长—生殖生长—种子收获"固有的生产周期，生产过程受自然气候、田间管理、生态适应性等诸多因素影响。有别于其他产品，种子生产时间性和技术性较强，生产过程复杂、种子质量控制难度较大。

繁育的品种按繁殖阶段的先后顺序划分为不同的世代类别，形成不同的种子生产体系。经合组织种子计划（OECD Seed Schemes）、美国官方种子认证机构协会（Association of Official Seed Certifying Agencies，AOSCA）等将种子划分为四种类型：育种者种子、基础种子、注册种子、认证种子。

育种者种子（breeder seed）是育种单位或个人培育成的遗传性状稳定的品种或亲本的纯系后代，由核心种子（nucleus seed）繁殖而来，是其他世代种子繁殖的基础种源（也称前基础种子），受育种者权利（植物新品种权）的保护，

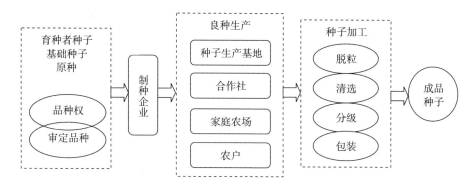

图 3.6 种子产业链种子生产环节

除作为技术转让外，育种者种子一般不作为商品销售。

基础种子（foundation seed）是利用育种者种子直接繁育并经过严格选择的第一代种子，经有关部门认证、许可，由育种者或其授权的代理人进行高倍扩繁，得到更多数量的种子，作为注册种子生产的种源。

注册种子（registered seed）是基础种子的后代，由种子种植者进行生产和控制，由认证机构批准和认证，适合生产认证种子。

认证种子（certified seed）是种子生产的最后环节，由注册种子或认证种子大量繁殖而来，保持规定标准的遗传特性和物理纯度，直接用于农业生产。

我国生产种子世代可以分为"育种者种子→原原种（基础种子）→原种→良种"四级程序（张万松等，1997；王春平等，2005），形成了因各类农作物遗传变异特点和良种繁育方式而异的应用模式，确保育种者种子成为唯一种源，保护了育种者利益；缩短了原种生产周期，有利于种子标准化生产和质量提升。

（1）种子生产环节。我国的种子生产主要由种子企业、制种农户或原良种场进行，种子企业通常选择合作模式进行制种。种子企业拥有资金和研发资源优势，开发新品种或对原有品种进行改良；而田间制种需要大量土地、人力等资源，与村社组织签订生产合同及收购协议，合作田间制种成为种子生产企业的首选策略。一些大公司拥有自己的制种基地，与农户签订制种合同进行种子生产，具体模式包括"种子企业+农户""种子企业+村委会+农户""种子企业+制种专业合作社""种子企业+土地承包大户""种子企业+土地流转"和"种子企业+制种基地+农户"等。一方面，这种分散的制种活动涉及千家万户，无法达到杂交种子规模化生产的严格隔离和单品种成片种植要求，难以实现种子生产规范化和标准化；另一方面，种子企业、村社组织与农户之间没有形成紧密的利益共同体，契约安排极不稳定，种子企业和农户均有违约行为发生，影响种子供应数量和质量的稳定性。针对上述问题，2016~2020 年，国家通过实施现代种业提升工程、制种大县奖励和制种保险政策，建设、认定了一批优势制种基地和种业产业园区，形成了以海南、甘肃、四川三个国家级育种、制种基地为核心的良种供应体系，保障全国70%以上的农业用种需求。

（2）种子加工环节。种子加工产业化是种子生产现代化的标志，我国自1960年以来种子加工才脱离手工工具，开始机械加工生产。种子机械加工包括种子收获后到播种前进行的脱粒、清选、干燥、精选分级、包衣、包装等多种环节机械化作业，旨在保证种子质量等级和发芽率，便于贮藏、运输、机械化播种、提高种子活力和使用率，最大限度地发挥良种的增产作用。由于种子种类繁多、品种形态各异，种子加工技术和机械也各有不同。我国县级种子公司因资金有限，种子加工设备主要以小型单机为主，技术落后、设备不成套、利用率低，精选分级达不到精量播种的质量要求，加工作物也仅限于小麦、玉米和水稻等粮食作物种子，蔬菜种子、林木种子的精选加工数量很少。"种子工程"实施后，农业农村部联合地方政府，利用国家财政贴息等投资建设了215个大中型种子加工中心、种子包装材料厂、种子加工机械厂等，提升了种子加工处理能力和水平，但种子加工机械的技术创新落后于种子加工生产的需求，我国种子加工水平落后于发达国家，种子质量与国际质量标准相比存在较大差距。例如，我国市场上绝大多数的玉米种子仅经过单机"清选、包衣、包装"等简单处理，进行种子精选分级的企业很少；而国外大型种子企业对玉米种子进行细致的烘干、清洁、筛选、杀虫、杀菌处理等整套加工程序以及严格的质量（纯度、发芽率、湿度等）检测和质量管理，精选分级级数可以细化到6级以上，玉米种子整体质量远高于我国玉米种子（董欢，2013）。

"十三五"期间，国家和农业行业标准进行修订完善，全国34中审定和登记作物已有种子质量标准23项，检验方法标准46项；种子质量检验指标由常规室内三项增加到纯度、真实性和转基因成分检测，主要农作物种子合格率总体稳定在98%以上，种子质量控制体系逐渐完善，保障农业用种质量安全。

（3）主要农作物种子产量。玉米和水稻是我国种植面积最大的主要农作物。图3.7显示，2003~2020年我国杂交玉米、杂交水稻（以下简称"两杂"）种子总产量变动情况。

从种子生产环节来看，2003~2020年，杂交水稻种子年均总产量稳定在2.56亿公斤，平均制种单产每亩174.94公斤；杂交玉米种子年均总产量为11.76亿公斤，平均制种单产每亩332.78公斤，但每年杂交玉米种子的总产量波动幅度较大，这种波动主要来自制种面积的变化。

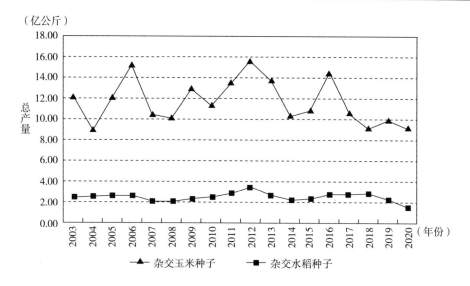

图 3.7　2003~2020 年全国两杂种子总产量变动状况

　　2007 年开始，国家在东北三省和内蒙古实施玉米临时收储政策，以保护性价格收购，调动了农民种植玉米的积极性，推动了玉米种植量的增加。2008 年，农业部加强"两杂"种子生产管理，要求制种基地所在地农业行政主管部门组织农技人员深入生产第一线，配合制种企业搞好"两杂"种子后期田间管理，加强对制种农户的技术指导，及时开展病虫害防治，搞好田间质量检验，协助种子企业做好不合格种子田的报废及后续处理工作，确保"两杂"生产种子的数量和质量。2008~2011 年，"两杂"种子总产量逐步增加。2012 年杂交玉米、杂交水稻总产量分别达到最高水平 15.70 亿公斤和 3.46 亿公斤，种子市场供过于求，库存压力高企。

　　2013 年，农业部加强农作物种子生产基地的建设、管理与保护，认定了 57 个国家"两杂"种子生产基地，包括甘肃省张掖市等 26 个市县为国家级杂交玉米种子生产基地，四川省绵阳市等 31 个市县为国家级杂交水稻种子生产基地，提高"两杂"种子生产规模化、机械化、标准化、集约化水平，提升供种保障能力。2016 年国家取消玉米临时收储政策，改为市场化收购及直接补贴政策，调整玉米种植结构、去库存、理顺国内外玉米价格。

　　2017 年杂交玉米制种面积和总产量大幅调减，全国杂交玉米制种面积为 293 万亩，比 2016 年减少 28.54%，为近 15 年来最低水平；单产 361 公斤/亩，提高 1.12%；新产种子 10.58 亿公斤，降幅达 27.75%。同期，杂交水稻制种面积 167 万亩，同比增长 2.69%；制种单产每亩 167 公斤，下降 2.34%；总产量 2.79 亿公斤，与 2016 年基本持平。

2018 年以来，"两杂"制种面积和种子总产量持续走低。2020 年，全国杂交玉米制种面积减少到 233 万亩，单产 393 公斤/亩，新产杂交玉米种子 9.14 亿公斤。同期，杂交水稻制种面积 120.44 万亩，制种单产每亩 139 公斤，种子总产量减少到 1.68 亿公斤，处于历史低位。

（4）种子质量管控。种子是各种农业技术和生产资料发挥作用的载体，对促进农业技术进步和农业生产率提高起到关键作用。同时，作为交易的商品，种子的生产加工、供应和质量关系到国家粮食安全。鉴于种子的重要战略地位，国家有关部门对种子产业实施严格的行业监管（见图 3.8），特别是在种子生产、繁育制种环节中强化种子质量管控，以确保农业生产用种安全。

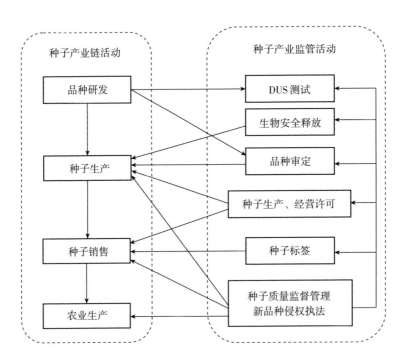

图 3.8 种子产业链与产业监管活动关系

依据《种子法》规定，我国对主要农作物（水稻、小麦、玉米、大豆、棉花、油菜、马铃薯）和主要林木实行品种审定制度，申请审定的品种应当符合特异性、一致性、稳定性要求；对部分非主要农作物实行品种登记制度，列入非主要农作物登记目录的品种在推广前应当登记。

从事种子生产、经营须取得行政许可，从事主要农作物杂交种子及其亲本种子、林木良种种子的生产经营以及实行选育生产经营相结合，符合国务院农业、林业主管部门规定条件的种子企业的种子生产经营许可证，由生产经营者所在地县级人民政府农业、林业主管部门审核，由省、自治区、直辖市人民政府农业、林业主管部门核发。从事种子进出口业务的种子生产经营许可证，由省、自治区、直辖市人民政府农业、林业主管部门审核，国务院农业、林业主管部门核发。

农业农村部修订相应的《主要农作物品种审定办法》《非主要农作物品种登记办法》《种子生产经营许可管理办法》《农作物种子标签和使用说明管理办法》《农业转基因生物安全评价管理办法》①等，完善种子供应各个环节监管制度，确保粮食生产用种安全。

3. 种子营销环节

种子营销是将生产出来的种子推向市场，获得种子商品价值，实现种子企业盈利目标的关键环节，包括种子销售和品种推广服务两类关键活动（见图3.9）。

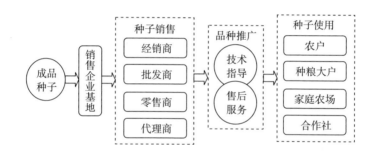

图3.9 种子产业链种子营销环节

2000年以来，种子市场化改革打破了种子企业跨区经营限制。我国大型种子公司拥有自己的销售队伍，销售渠道从省市一级下移到县一级，通过县级代理商向乡镇供货进行种子零售业务。代理商和零售商主要由国有种子公司改制的私人企业、农业部门工作人员开办的企业，以及单纯从事种子销售的私人企业构成。同时，农业技术推广机构也是重要的种子营销机构，为农户提供技术指导和科技服务。我国种子企业一般在每年3~5月开始委托制种公司进行种子生产，10月制种公司将种子运送给种子企业，经过加工处理，到次年5~6月销售，6

---

① 国家对转基因作物的试验、品种审定、制种、种子加工经营实行严格监管，未获得转基因生物安全生产应用证书的品种一律不得进行区域试验和品种审定。对西北、西南等主要制种和种子生产基地开展拉网式排查，加大种子检测力度，严查亲本来源，防止非法转基因种子下地。在种子加工和销售环节开展转基因成分抽检，严防转基因玉米、水稻、大豆和油菜种子冒充非转基因种子生产经营。

月为种子企业结算期，对年度种子销售情况进行结算，并开始下一年度的制种和
销售工作。

（1）种子商品化率。种子商品化率是评价种业市场化程度的重要指标，对
商品种子需求量、种子市场规模具有重要影响，对育种研发方向具有导向作用。
玉米、水稻、棉花等杂交作物的种子商品化率较高，因为生产上利用的以上作物
的一代杂交种具有双亲的综合优势，而从第二代开始便产生性状分离现象，一致
性减弱、杂交优势减退、产量降低，杂交种子不能继续留种，生产上种子只能用
一年，需要在市场上重复购买。而一些常规种子，农民个人可以自繁自用，剩余
的种子还可以在当地集贸市场上出售、串换，不需要办理种子生产经营许可证，
这样在正式的种子生产体系外，形成了与正式种子生产体系互补的本地种子
系统。

如表3.3所示，2013~2020年，我国7种主要农作物平均种子商品化率为
71.08%。其中，玉米、杂交稻、杂交棉和杂交油菜种子商品化率已经达到
100%。由于常规稻种子具有自交性质，农户可以自留种，其商品化率略低，并
呈缓慢下降趋势，平均商品化率为71.84%；马铃薯种子商品化率最低，平均仅
为42.26%。大豆、内陆常规棉的种子商品化率总体呈上升趋势。小麦种子商品
化率波动趋势不是十分明显，平均种子商品化率为76.03%，未来有较大上升空
间，种子市场规模将进一步扩大。

表3.3 2013~2020年全国7种主要农作物种子商品化率　　　单位：%

年份 农作物	2013	2014	2015	2016	2017	2018	2019	2020	平均
玉米	100.00	100.00	100.00	100.00	100.00	100.00	100.00	100.00	100.00
杂交稻	100.00	100.00	100.00	100.00	100.00	100.00	100.00	100.00	100.00
杂交棉	100.00	100.00	100.00	100.00	100.00	100.00	100.00	100.00	100.00
杂交油菜	100.00	100.00	100.00	100.00	100.00	100.00	100.00	100.00	100.00
新疆常规棉	100.00	100.00	100.00	100.00	100.00	100.00	98.57	100.00	99.82
内陆常规棉	76.38	84.01	84.34	88.22	89.15	79.72	81.90	84.37	83.51
小麦	75.91	76.14	73.97	77.42	77.41	78.77	75.33	73.28	76.03
大豆	63.30	70.38	70.83	72.97	75.45	75.39	81.66	80.95	73.87
常规稻	74.34	71.24	76.84	74.62	70.71	71.31	68.92	66.74	71.84
常规油菜	63.28	56.66	56.56	56.10	58.48	64.32	61.90	70.92	61.03
马铃薯	37.31	39.24	43.03	43.91	43.73	42.03	39.54	49.26	42.26
主要农作物	69.70	70.07	70.67	71.52	71.29	72.32	71.00	72.04	71.08

资料来源：根据2013~2020年中国（农作物）种业发展报告数据整理。

（2）种子企业销售收入。根据农业农村部的统计数据，种子企业销售收入由商品种子销售收入和代制（繁）种子销售收入构成。其中，商品种子销售收入包括在国内外销售本企业商品种子和销售其他企业商品种子获得的收入。

从种子企业销售收入规模和结构来看，2014年，全国5064家种子企业种子销售收入794.45亿元，89.26%来自商品种子销售，代制（繁）种子销售收入仅占10.74%。在商品种子销售收入中，种子企业销售本企业商品种子634.04亿元，绝大部分销售收入（99.21%）来自国内市场，出口本企业商品种子的销售收入仅占0.79%，海外业务规模非常小；另外，种子企业销售其他企业商品种子的收入为75.07亿元，占商品种子销售收入的10.59%。

2016年，全国4316家种子企业种子销售收入752.07亿元，86.58%来自商品种子销售，代制（繁）种子销售收入占13.42%。在商品种子销售收入中，3390家种子企业包装销售本企业商品种子，占比为79%，实现销售收入575.07亿元，98.42%来自国内市场，出口收入占1.58%，比2014年增加一倍。另外，21%的种子企业销售其他企业商品种子，实现销售收入76.08亿元，占商品种子销售收入的11.62%。

2020年，全国7372家种子企业种子销售收入777.10亿元，90.03%来自商品种子销售，代制（繁）种子销售收入占9.97%。在商品种子销售收入中，种子企业销售本企业商品种子621.44亿元，大部分销售收入（88.83%）来自国内市场，出口本企业商品种子的销售收入占9.97%，海外业务规模扩大；另外，种子企业销售其他企业商品种子的收入为78.18亿元，占商品种子销售收入的11.17%。

2014~2020年，全部种子企业的种子销售收入平均每年753.45亿元，但商品种子销售收入呈下降趋势，代制（繁）种子销售收入相对增加，本企业商品种子出口增长速度较快。

种子企业的销售收入受种子价格和市场需求量的双重影响。一方面，种子是农业生产必需的投入品，需求价格弹性接近于0，种子价格波动对农户用种需求量的影响很小，农户更注重种子的内在品质、丰产性和高收益等因素。但是，同一作物不同品种之间具有较强的替代性，需求价格弹性很高，当市场中充斥了大量替代品种时，种子价格很小的变化就会带来农户用种需求量的很大变化，引起销售类似品种的种子企业的销售收入波动。另一方面，种子是有生命的商品，市场销售具有很强的季节性，以年为单位，每年只能安排一次生产和一段时间的集中销售，当年销售的种子需要提前一年安排生产，产量已经确定，但需求量不确定。生产和销售不同期，气候条件、市场需求及竞争状态的不确定容易造成种子市场销量的剧烈波动，给不同种子企业销售收入带来不稳定影响。

（3）种子市场规模。过去十年，我国种子市场规模不断扩大且维持稳定增长趋势。根据农业农村部统计，2011 年国内种子市场价值 990 亿元，2020 年种子市场规模接近 1200 亿元，已成为仅次于美国的全球第二大种子市场且发展潜力巨大。

2020 年全国主要农作物商品种子市值达到 854.89 亿元（见表 3.4）。根据专家估计，花生、瓜类、蔬菜、花卉类作物的种子市值约 290 亿元，其他种子（杂粮、甘蔗、水果苗木等）市值约 55 亿元，合计全国种子市场规模为 1199.89 亿元。

表 3.4　2020 年中国主要农作物种子使用量、种子价格和种子市值

种子	商品种子使用量（万千克）	加权单价（元/千克）	市值（亿元）	市值比重（%）
玉米	107635	25.49	274.38	32.10
小麦	345310	4.62	159.44	18.65
杂交稻	24570	59.05	145.08	16.97
马铃薯	100231	2.83	141.83	16.59
常规稻	62265	8.86	55.16	6.45
大豆	55758	7.57	42.21	4.94
新疆常规棉	6300	25	15.75	1.84
杂交油菜	1394	100.63	14.02	1.64
杂交棉	490	74.79	3.66	0.43
常规油菜	577	33.4	1.93	0.23
内陆常规棉	603	23.68	1.43	0.17
主要农作物	—	—	854.89	100.00

资料来源：根据《2021 年中国农作物种业发展报告》数据整理。

从种子品种结构来看，由于种子使用量大、商品化率高或单价较高，玉米、小麦和杂交稻种子成为我国种子市场的重要组成部分，2020 年这三种作物种子市值合计占主要农作物商品种子市值的 67.72%。马铃薯种子商品化率虽然较低，但种子使用量大，市场规模为 141.83 亿元，占主要农作物商品种子市值的 16.59%。

从种子商品化率角度估计，目前我国主要农作物种子平均商品化率为 70%，如果种子商品化率达到 80%，主要农作物种子市场规模将达到 1320 亿元。因此，未来随着种子产业发展和技术进步，种子商品化率的提高，我国主要农作物种子

市场规模将达到 1300 亿元至 1500 亿元。

（4）种子企业盈利能力。根据《2021 年中国农作物种业发展报告》的相关数据，通常以种子行业利润率（种子销售利润/种子销售收入）、种子企业净资产收益率（种子企业净利润/种子企业净资产）、种子销售利润前 5 名企业利润占比等指标，来反映种子企业盈利能力和经营绩效。2011~2020 年我国种子企业盈利状况及变动趋势如图 3.10 所示。

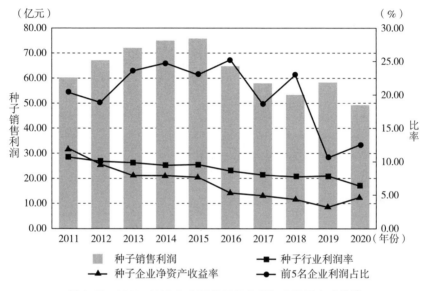

图 3.10 2011~2020 年中国种子行业利润水平及变动趋势

2011~2015 年，我国种子企业销售利润稳步增长，2015 年种子企业销售利润为 75.91 亿元，达到最高水平，随后逐步回落，2011~2020 年平均销售利润为 63.43 亿元。种子行业利润率和种子企业净资产收益率呈现下滑趋势，十年平均水平分别为 8.82% 和 6.76%。种子行业利润率一直小幅下滑，2011 年种子行业利润率为 10.70%，2020 年下降至 6.35%；种子企业净资产收益率较低，从 2011 年的 11.99% 下降到 2019 年的 3.18%，尽管 2020 年略有回升，但仍不足 5%。盈利最多的 5 家种子企业的利润占比平均为 20.06%，但 2019 年大幅减少，仅为 10.59%。

尽管种子产业市场规模不断扩大、种子企业销售收入连续增加，但种子销售利润不升反降，整个种子行业利润率和企业净资产收益率较低且持续下调，种子企业的盈利能力降低且明显两极分化。2020 年，全国 7372 家种子企业，实现保本盈利的有 5764 家，同比增加 72 家，实现利润 90.52 亿元；其中，利润前 5 名企业实现利润 6.18 亿元，占种子销售利润（49.34 亿元）的比重为 12.53%；前

10 名企业实现利润 9.18 亿元，利润占比 18.61%；前 50 名企业实现利润 23.65 亿元，利润占比 47.93%。亏损种子企业 1608 家，同比增加 907 家，占种子企业总数的 21.81%，亏损额 20.95 亿元。

种子企业盈利水平的下降受多重因素影响，主要原因是由于种子企业数量激增，市场竞争加剧，种子销售利润的增长远远低于销售收入或企业净资产的增加。虽然国内种子市场规模扩张、市场准入门槛提高、种子企业兼并重组频繁，企业规模相应发展壮大，但是种子企业盈利能力减弱，以利润占比衡量的种子产业市场集中度并没有相应提高。种子企业虽然做大，但还没有做强做优。

种子企业盈利能力下降不但对育种创新积极性具有负面影响，还可能危及整个种子产业和粮食安全。除了少数大企业，种子销售、推广环节还存在数量众多的种子经销商。尽管种子产业监管活动严密，但由于资金有限，种子企业经营的品种以没有经过品种权保护的常规品种为主，产品同质化严重，缺乏品牌意识，竞争以价格手段为主。而打价格战的后果导致利润空间进一步压缩，种子质量难以保证，无法维持必要的售后服务，最终损害种子产业链上所有利益相关者的利益，甚至对粮食安全和社会稳定造成不利影响。

总体来看，我国种子产业起步较晚、发展迅速，种子市场规模快速扩大，但种子产业链尚未形成一体化模式，种业技术创新链与产业链融合度低。种子企业在种子产业链上选择不同的价值环节，分散从事种子研发、种子生产、种子推广销售等不同活动，形成了不同的运营模式。只做代销的种子企业受上游研发企业的控制，盈利能力有限；育繁推一体化运营模式的种子企业，如先正达、隆平高科、登海种业、北大荒等，获得的收益较大，而拥有更多技术积累及研发实力的种子企业，如荃银高科、万向德农等，以净资产收益率表示的盈利能力更强。随着大型种子企业实力增强、数量增加，资金、科研资源、专业的工作团队、种子生产加工设备、销售网络正在逐步整合，种子产业链和创新链不断融合，向一体化方向发展。

二、种子企业创新问题及能力提升

经过 20 多年的快速发展，国内种子企业已成为种子产业最重要的市场主体，股份公司、农科院所自办企业、民营企业、合资公司、外商独资公司等各类种子企业纷纷涌现。种子企业的研发能力、资产实力、生产加工能力、销售收入等指标不断改善，企业竞争力提升。随着种子产业政策法规逐步完善，种子市场规模扩大、产业结构优化，种子企业经营绩效提升，但还存在一些问题。

第一，种子企业新品种研发环节投入不足，严重制约自主创新能力提升。长期以来，种子行业价值链上的科研、生产、推广和销售是条块分割的，科研经费完全依靠国家投入，农科院所将培育的新品种无偿交付给种子企业生产、推广。与农业原子式的分散生产相适应，种子企业经营规模小，资金有限，种子产业集中度低。全国97%的种子企业根本不具备科技创新能力，虽然少数育繁推一体化企业从事科研育种，其研发费用仅占销售收入的8%左右，与发达国家种子公司相比存在明显差距。我国种子企业的研发投入主要来自内部资金，在企业盈利能力下降时，育种科研条件、科研人员数量和科研成果推广都因资金不足而落后于其他产业。国内种子企业科技创新投入严重不足，生物种质资源研究与创新利用滞后，自主创新能力弱，突破性品种少，在全球种业竞争中处于不利地位，难以同国外高技术、大通量、流水线、工厂化的商业育种模式抗衡，商业化育种体系尚未形成。

新品种培育环节的育种科研水平高低直接决定了整个种子产业链的价值大小，如果种子企业无法形成商业化育种创新的良性循环，仅靠种子生产、销售将难以维持现有的市场地位，同质化竞争使大量种子企业陷于价值链"微笑曲线"的最低端。

第二，种子生产、加工环节技术和设备落后，产品质量标准低，种子繁育质量难以保障。种子质量关系重大，对农业生产安全、农民收入保障、农村社会稳定都具有重要影响。

国外亲本的扩繁和防杂保纯严格采用四级重复繁殖体系，而我国仍在使用落后的亲本提纯复壮技术；国外杂交种生产不育化制种的比例高、去雄也全部为机械作业、隔离区划合理，播种、收获、烘干、加工全程机械化，而我国不育化制种罕见，以山地、村庄等自然隔离为主，生产过程基本上靠自然日晒降水、人工作业，使用粮食设备加工种子，控制干预能力非常有限；国外大多依托现代化农场实现大规模繁种，我国主要是以村屯为基层单位，千家万户分散制种，难以实现专业化、区域化、机械化和标准化制种及加工模式。我国种子行业质量标准比较低，检测项目少。例如，根据粮食作物种子国家标准，玉米（单交种）大田用单粒播种的种子发芽率不低于93%，而先锋公司的企业标准为95%，实际种子发芽率接近100%。在生产加工环节精选高质量种子，播种时采用单粒播种技术，可以避免播种后大量种子因质量问题而被间苗剔除，大大降低了农户的种植成本，完善的产前、产中和产后服务消除了农户顾虑，满足农户节约劳动力的需求，提高农户种植收益，新品种得到快速、大面积推广应用。

第三，在种子销售环节，企业对自身品牌推广重视不够。种业市场化机制虽已经建立，但种子企业商品种子的营销手段仍处于推销阶段，依靠价格策略竞争，缺乏客户服务意识和观念，难以树立良好的企业品牌形象。

虽然政府一直致力于先进农业技术的普及和推广，建立了全国农业技术推广服务体系，但运作效率低，行政成本高，许多地区因人员经费不足、管理体制不顺等因素限制，直接面向农户的基层公益性技术服务近乎名存实亡。虽然新一轮改革增加了农技人员下乡时间，政府部门为农民提供了更多的技术服务（胡瑞法、孙艺夺，2018），但农技推广服务有效供给依然不足，难以满足新型农业经营主体的生产需求，新生代农民务农经验欠缺，60%农户采用政府推介的主导品种，但新化肥、新农药、病虫害防治等新技术大多来自非政府推广机构，科技信息主要来自亲戚朋友、示范户、种子销售部门、大众媒体和广告宣传。多数种子企业的销售网点仅仅销售种子、化肥和农药，推销人员身兼专业技术人员角色，销售农资的同时向购买商品的农民提供咨询服务，但相对规模较小、商业化程度较低，特别是以老人和妇女为主要劳动力的农业经营户的售后服务体系基本没有建立。即使企业品种特征特性突出，但农户缺乏相应的新技术指导，良种良法不配套，在农产品收购销售环节难以实现优质优价、增产增收，品种创新的价值无法得到体现。

真正的育繁推一体化种子企业应整合产业链上"科研—生产—销售—服务"等各个环节，为农户直接提供产前、产中、产后全程、全套、高效的生产种植解决方案，才能实现品种创新价值全链条的提升。

第四，种子产业经营绩效处于下降态势，种子企业盈利能力减弱。中国种子产业的动态演化尚处于萌生、成长阶段，虽然产业进入门槛不断提高，但种子企业数量先减后增，而种子行业销售利润率、净资产利润率一直呈下滑趋势。种子产业内部各类企业的研发能力、生产规模、反应能力都存在很大差别。产业演化过程不仅受企业进入退出的影响，而且与企业的创新行为直接有关，而技术创新方向受市场、制度、知识的影响，正是技术创新和制度创新的交错互动和共同演化，推动产业结构转变和动态竞争，同时也决定产业演化路径（Nelson & Winter，1982）。

技术创新方向和创新扩散成败影响产业演化方向和速度。创新成功的企业会产生示范效应、技术溢出效应和先期市场开发效应，其他企业在预期高利润的驱动下，通过模仿创新进入这一领域，形成新的产业组织结构—行为—绩效。种子产业的多数商业化品种创新属于一种特殊的产品创新，即产品扩张（product pro-liferation），用许多具有轻微差异版本的同一类产品充满一个产品空间（或特征空间）。为什么种子企业选择简单的产品扩张创新呢？究其经济原因：一是企业对市场进行分割是有利可图的，以不同价格出售同一系列具有相同基本产品的细微差别的变种是分割市场的一种有效方法，通过水平产品差异来进行价格歧视；二是企业通过尽可能多地填充产品空间阻止其他企业的进入，如同"占位"一样，当产品空间非常拥挤时，任何一个新品种只能拥有较小的市场份额，市场现存厂商的产品与进入者的产品之间的交叉价格弹性非常高，这时厂商努力创造更有竞争力的空间，如引入一个新的基因特征，那么新进入者就可以预期获得更大的市场份额，降低本企业产品与其他企业产品之间需求的交叉弹性。

第五，以种子企业为创新主体的商业化育种体系亟待完善。长期以来，种业科研资源集中于公共科研机构，在种业科技创新体系的演变过程中，种子企业作为市场的微观主体，缺乏育种技术积累和资金投入。育种科研体制改革对公共科研育种机构的职能重新进行定位，恢复公共科研机构基础性、前沿性、公益性科研，取消公共科研机构商业化育种的财政资金支持，实现商业化育种与基础性、公益性研究的分离；同时鼓励种子企业建立自主知识产权创新机制，与科研单位建立合作关系，培养种子企业成为种业商业化育种创新的市场主体。

然而，产业演化具有路径依赖特性（Arthur，1994）。种子产业技术创新和制度创新都表现出明显的路径依赖特征，受计划经济体制影响，大量种子企业市场意识和科技意识低，自身没有科研人员和育种条件，主要经营科研单位育成的品种，企业依附性强，创新吸纳能力弱，一方面经营品种小而全，另一方面经营领域专而窄，企业生产要素配置极不合理，缺乏规避市场风险的能力。多数种子企业运行机制不灵活，资金规模小，盈利水平低，经营管理手段落后，知识产权运营、管理能力空白，缺乏懂技术、会经营、善管理的复合型人才，直接影响种子企业的经营绩效，摆脱这种路径依赖成为种子产业创新价值链提升的关键。

第三节　种业创新、植物新品种保护与产业增长

创新、知识产权与经济增长的关系密切而复杂。技术创新对产业增长的影响主要通过植物新品种保护制度产生作用。新品种商业化需要大量的知识积累、资本投入和较高的风险承受能力，与技术创新相适应的植物新品种保护制度帮助创新者以更低成本把握新的盈利机会，在一定时期内独占创新利润，使创新资源向有创新能力和创新意愿的主体集中，提升整个社会生产要素的配置效率。植物新品种保护制度作用于种业技术创新和扩散活动，进而以植物新品种权表征的技术创新和扩散影响产业经济增长。植物新品种权作为技术创新活动中的重要制度安排和创新成果指标，在种子产业创新活动和经济增长中具有重要影响。本部分主要对植物新品种权与品种技术创新、产业经济增长的互动关系及其微观机制进行一些理论探讨和初步实证分析。

一、植物新品种权对品种创新活动的作用机制

创新的潜在收益分为私人收益和社会收益，创新的阶段越靠近产业价值链的

前端，创新成果的社会收益越明显，即技术创新存在溢出效应，他人可以通过仿制或改进等方式使用创新品种技术，"免费"获得研发投资的收益，创新投资者的私人收益小于社会收益，削弱了新品种培育者的研发投资动机。植物新品种保护制度通过授予植物新品种权，使创新者在一定时期内拥有创新投资收益的排他性独占权，通过知识产权确权将技术创新溢出的外部性内化成市场交易，提高创新收益的私人占有性，调节创新者与模仿者、改进者、创新使用者之间的技术竞争关系，对品种创新活动产生激励作用。与专利制度类似，植物新品种保护制度调节技术竞争关系的工具主要有三个：植物新品种权的长度、宽度和高度。

1. 植物新品种权的长度

植物新品种权的长度是指植物新品种权的法定保护期限，这一制度工具调节创新者与创新使用者之间的利益关系。

植物新品种保护制度规定了植物新品种权的最低保护期限，根据 UPOV 公约 1978 年文本，藤本植物、林木、果树和观赏树木为 18 年，其他植物为 15 年；根据 UPOV 公约 1991 年文本，藤本植物、林木、果树和观赏树木为 25 年，其他植物为 20 年①。植物新品种权保护期限是否最优化与植物新品种的实际寿命有关。所谓植物新品种的实际寿命是它应有的经济寿命，取决于新品种开发成本、品种生命周期、获得收益的速度、对该品种的需求价格弹性、资金折现率等多种因素，很难给出植物新品种权最优保护期限的定量结论（见图 3.11）。

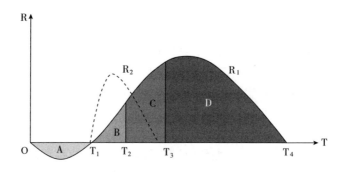

图 3.11　植物新品种权最优保护期限示意图

---

① 2014 年 7 月 29 日第二次修订的《中华人民共和国植物新品种保护条例》第六章第三十四条规定："品种权的保护期限，自授权之日起，藤本植物、林木、果树和观赏树木为 20 年，其他植物为 15 年。" 2019 年 2 月 1 日《中华人民共和国植物新品种保护条例修订草案（征求意见稿）》第六章第四十六条规定："品种权的保护期限，自授权之日起，藤本植物或者木本植物为 25 年，其他植物为 20 年。"

图 3.11 中，横轴 T 代表时间，纵轴 R 为创新收益，R_1、R_2 为不同新品种的收益曲线。曲线 R_1 新品种的研发成本为 A，新品种在 T_1 时进入市场，在 T_2 时收益 B 正好等于成本 A。T_1T_3 为植物新品种权法定保护期限，B+C 为品种权人在法定保护期限内获得的垄断收益，C 为垄断的净收益。T_1T_4 为新品种的经济寿命，D 为品种权保护期满后社会其他人从新品种中所获的收益。曲线 R_2 表示当 $T_1T_4 < T_1T_3$，即新品种的经济寿命小于品种权保护期限，D=0，社会收益仅为 C。最优保护期限应是在有效激励创新的前提下（C 足够大），社会收益（D）最大化时的品种权保护期限，此时新品种的边际社会收益等于边际社会成本。这意味着，植物新品种权最优保护期限因创新程度高低、研发竞争程度、产品市场竞争程度、研发成本大小等不同而改变。然而，法律规定的植物新品种权保护期限具有稳定性，就不同植物种类（如玉米、水稻等）规定不同品种权保护期限的做法在实践上会有很大困难，考虑到木本植物新品种研发成本、周期和风险远高于草本植物，植物新品种保护制度对木本、藤本植物的品种权规定了更长的保护期限。

2. 植物新品种权的宽度

植物新品种权的宽度指植物新品种权的保护范围和保护力度，这一制度工具调节创新者与模仿者之间的利益关系。

在 UPOV 公约 1978 年文本框架下，植物新品种权的权利保护范围分三个层次：一是申请品种权保护的植物种属须在国家植物新品种保护名录之中；二是植物新品种权的保护对象是植物"新"品种，即经过人工培育的或者对发现的野生植物加以开发，具备新颖性、特异性、一致性和稳定性并有适当命名的植物品种；三是品种权人对受保护品种的繁殖材料（种子、种苗等）拥有排他性独占权，未经品种权人许可，任何单位或者个人不得以商业为目的生产或者销售该授权品种的繁殖材料，不得以商业为目的将该授权品种的繁殖材料重复使用于生产另一品种的繁殖材料。

植物新品种权的宽度体现在植物新品种保护产生的模仿成本高低。通过加大植物新品种权保护的执法力度和对侵权者的处罚力度，可以限制竞争者对授权品种的单纯模仿行为，提高模仿者的侵权成本和风险，增加品种权人对新品种的独占获利能力，保护育种者利益不被模仿者侵蚀。

UPOV 公约 1991 年文本要求对全部植物品种实现保护，并将品种权人的权利范围延伸到收获材料，提高了植物新品种权的实际价值，增强新品种培育者获取植物新品种权保护的动力，激励种子企业品种创新行为。

3. 植物新品种权的高度

植物新品种权的高度指植物新品种权审查标准，即植物新品种授权审查中的新颖性、特异性、一致性和稳定性，以及适当命名的条件要求，满足授权条件的品种可以被授予品种权，这一制度工具调节创新者与不同技术水平改进者之间的利益关系。

与专利制度相比，植物新品种权授权中的新颖性、创造性和实用性要求较低。植物品种的新颖性以是否商业销售为标准，即如果植物品种在申请日前一定期限内其繁殖材料未被商业化销售，就可以认为该植物品种是"新"的。申请品种权的植物新品种应当明显区别于在申请日以前已知的植物品种；经过有性或无性繁殖，除可以预见的变异外，其相关的特征或者特性保持一致；经过反复繁殖后或者在特定繁殖周期结束时，其相关的特征或者特性保持相对不变。植物新品种授权的"特异性"要求很窄，只要与已有植物新品种相比较存在显著差别，即使没有实用价值的品种特性也能够获得保护。由于不同作物育种强度、遗传基础等不同，一致性和稳定性的技术门槛取决于植物种属的 DUS 测试标准，不同植物品种无法建立统一的鉴定标准，实际上植物新品种权对品种名称的保护意义更大。

由于植物新品种培育具有显著的累积性，植物新品种权高度对新品种持续改良创新激励具有重要作用。植物新品种权高度体现在改良品种与现有品种之间最小技术距离的大小，确定改良品种获得品种权的技术门槛高低，通过调节品种创新程度发挥激励创新的作用。

商业化育种的突出特征是年复一年对作物的持续改良，将植物新品种尽快应用于农业生产，那些创新程度极低的品种改良被称为"抄袭""修饰性育种"或"山寨育种"；而原始品种创新是将重要的新特性引入商业品种，创新程度更高，所需培育时间更长（一般在 15 年以上），面临的风险更大。根据 UPOV 公约 1991 年文本，由原始品种实质性派生，或者从实质性派生品种产生的，虽然保留了原始品种基因型或基因组合产生的基本特性，但与原始品种有明显区别的品种为实质派生品种（Essentially Derived Variety）。派生品种的判定方法比较复杂（褚云霞等，2017），遗传相似性阈值判断标准须由作物育种者根据不同品种设置，这不仅需要 DNA 序列或统计指数等定量技术分析，而且由于植物遗传多样性随新品种培育而发生迭代变化，派生品种鉴定技术和阈值范围也需不断调整。

派生品种与原始品种存在表型上的差异，在申请授权时不需要判定新品种是否为派生品种，只要满足授权条件，派生品种可以被授予品种权，并且无论派生品种是否获得品种权，受保护的原始品种育种者都将拥有该品种的权利。派生品种的植物新品种权实施必须获得原始品种权人的许可，向其支付许可费用，从而保护原始品种权人的利益。派生品种纠纷的处理一般由原始品种权人提供证据证明侵权品种是派生品种；如若按照鉴定标准，被指控品种的亲缘关系大于阈值，被告则需提供育种历史信息证明自己的品种并非是派生品种。为降低侵权诉讼风险，育种者会设法打破原有育种路径，引入重要的遗传特性，拉大与已有品种的遗传特性差异距离。因此，派生品种制度鼓励育种者提高创新程度，成为原始品种权人，促进植物品种实现突破性遗传改良，同时增加了作物育种的遗传多样性，达到限制创新程度极低的修饰性育种或山寨育种的目的。

二、植物新品种权对技术扩散活动的作用机制

创新的线性模型包括发明、创新和扩散三个环节。植物新品种保护制度不但可以调节技术竞争关系，从而激励育种创新，而且能够调节新品种技术交易关系。通过植物新品种权转让，获得技术研发利润；对外许可植物新品种权，获得许可费收入；利用植物新品种权提高谈判地位，同其他组织进行合作或者获得风险投资（外部资金）支持，实现植物新品种权的价值，促进新品种技术扩散，进而推动产业经济增长。

1. 植物新品种权转让机制

从产权属性角度来看，植物新品种权是由多种权利组成的权利束，具有排他性、可分割性和可交易性。植物新品种权的产权属性有助于品种权人自主拆分、组合各种权利关系，灵活地选择各种有效的品种权实施方式，促使资金、技术、人力和信息资源根据市场需求在全社会自由流动，提高创新资源的配置效率。

从法律角度来看，《植物新品种保护条例》第九条规定"植物新品种的申请权和品种权可以依法转让"，植物新品种申请权转让是指植物新品种权申请人将植物新品种保护办公室已接收但仍未授权的植物新品种依法转让给他人的行为；植物新品种权转让是指品种权人将植物新品种权全部权利转让给受让方的法律行为，通常为有偿转让，申请人或品种权人发生变更，所有权发生转移。

对于植物新品种申请人或品种权人来说，转让交易带来了直接经济收益，减少了生产成本，充分发挥新品种和品种权的商业价值，激励育种创新的积极性；对于技术落后的种子企业来说，通过植物新品种权受让以较低成本和风险获得育种创新成果，降低了育种研发的不确定性，从而增强企业经营效益。植物新品种申请权和品种权转让大大提高了植物新品种权的利用率，推动新品种技术的推广、应用。

农科院所等研究机构和不具备生产能力的小企业更倾向于转让其品种申请权或品种权。农科院所和高科技企业通常缺乏新品种产业化的互补资产，无法将新品种技术引入市场。受让方则不必建立自己的研发项目，而是通过获取已经存在的技术加速创新，即以技术引进替代内部研发，避免重复研发活动产生的成本和风险。

2. 植物新品种保护制度下的技术许可机制

在植物新品种保护制度下，新品种技术许可表现为植物新品种权许可，即为商业目的而生产或者销售授权品种的繁殖材料，或将授权品种的繁殖材料重复使用于生产另一品种的繁殖材料，必须经过品种权人许可，在约定范围内实施授权品种。对于许可方，通过技术授权可以直接获得特许权使用费收益，补偿研发投入成本，增强新品种的市场渗透力，迅速占领市场。对于被许可方而言，以较低成本引进新品种技术，获得生产、销售新品种繁殖材料的权利，降低了自主研发风险，通过吸收创新快速进入新市场。

种子产业中规模较大的企业，如跨国种业公司，拥有丰富的品种组合资源，企业自身资本实力雄厚，设有知识产权管理部门或技术许可部门，主动对外许可新品种技术和知识产权，在种子市场扩张过程中，为获得对方拥有的新品种技术，避免支付不必要的诉讼费和许可费而进行交叉许可。例如，孟山都、杜邦、陶氏、拜耳、巴斯夫、先正达曾经就转基因种子特性达成了复杂的交叉许可协议（Howard，2009），彼时孟山都几乎垄断了转基因性状，与其他5家公司均有许可交易，它在交叉许可网络中占据中心地位。随着单个种子内多种转基因性状的出现，交叉许可协议不断增加，技术许可已经成为种子企业知识产权管理的重要策略。交叉许可与企业合并类似，错综复杂的权利和协议网络会形成产业进入壁垒，阻碍新进入者开发替代技术，这种竞争破坏效应使得交叉许可交易容易受到反垄断政策的规制。但是，在连续和累积创新情形下，交叉许可使相关企业分享各自一部分技术，避免相互屏蔽，是解决"反公地悲剧"的一个可能方法，因为它促进了技术的获取。

在植物新品种保护制度下，知识产权联盟可以促进知识产权所有者之间的有序合作，减少交易成本。联盟成员同意将专利、植物新品种权等知识产权放到一起，以交叉许可或者作为一个整体许可给第三方。这些必要且互补的知识产权"打包"出售，价格比不同公司单独技术许可收取的特许权使用费总和要低得多，确保被许可方的总成本不会太高而导致技术需求受挫。因此，知识产权联盟提供的技术创新和转移谈判平台既符合许可方最大化联合收益的目标，也符合社会的利益，减弱知识产权的排他性，降低交易成本，加强技术扩散。

基于维护国家利益或者公共利益目的，植物新品种保护制度规定了植物新品种权强制许可原则，在一定情况下（竞争原因或政治原因）植物新品种权审批机关可以作出实施植物新品种强制许可的决定，允许使用人未经品种权人同意使用受植物新品种权保护的新品种，但使用人应向品种权人支付报酬。植物新品种权强制许可使用的主要原因涉及保护人类、动植物的生命或健康，向市场提供特定功能材料的需要，以及维护持续品种培育和改良激励的需要。为了防止意见分歧导致的许可谈判失败或由此花费高昂的交易成本，需要强有力的第三方强制实施该权利，防止知识产权滥用。然而，植物新品种权强制许可非常少见，全球首例植物新品种权强制许可申请出现在 2017 年 3 月 16 日，皮克斯利（Pixley Berries）果汁有限公司（申请人）向欧盟植物品种局（Community Plant Variety Office，CPOV）提交了关于卢克扎德（Lucozade Ribena Suntory）有限公司一件名为"Ben Starav"的黑加仑植物新品种权强制许可的申请，以便申请人可以传播受品种权保护的该黑加仑品种，并在 100%非浓缩（NFC）黑加仑果汁生产中使用该品种。由于申请理由不符合 1994 年 7 月 27 日欧盟理事会条例（EC）第 2100/94 号第 29 条有关公共利益的条件，即"这个受品种权保护的黑加仑品种并没有提供在其他品种中无法找到的独特品质"等原因，欧盟植物品种局（2018 年 3 月 16 日 NCL001 号）决定不对该植物新品种权实施强制许可。植物新品种权强制许可是调整植物新品种权人个人利益与社会公共利益冲突的限制性制度，体现了公共利益优先原则，这一判例对其他国家植物新品种权强制许可实施具有重要示范意义。

植物新品种权许可带来了更加密集的垂直专业化分工，种子产业链上育种与生产、销售相分离，具有研发优势的种子企业对外许可新品种技术，擅长生产销售的企业快速扩大产品范围，从而进入其他市场。植物新品种权许可交易改进了创新效率，形成有效的技术市场，而技术市场的发展反过来增加了植物新品种权的需求和供给，更多的新品种技术被公开，使得技术扩散更加有效。

3. 植物新品种保护制度下的技术转移机制

2015 年施行的《中华人民共和国促进科技成果转化法》鼓励研发机构、高等院校采取转让、许可或者作价投资（折算股份或者出资比例）等方式，向企业或者其他组织转移科技成果；鼓励、支持银行业金融机构开展知识产权质押贷款、股权质押贷款等贷款业务；鼓励保险机构开发符合科技成果转化特点的保险品种，加大对科技成果转化的金融支持。植物新品种保护制度为品种权人提供了多种获益方式，除了技术市场交易，品种权人还可以通过植物新品种权质押融资、投资入股、资产证券化等方式解决资金短缺问题，实现多方合作共赢。例如，植物新品种权许可交易能为许可方带来特许权使用费收益，在此基础上，植物新品种权人可以将能产生现金流量的植物新品种权及其衍生的特许使用权作为基础资产，组合成资产池，面向投资者发行有价证券实现资金融通，即实现植物新品种权证券化融资。

种子市场供求受农业生产周期、自然气候条件等多种因素影响，种子产销不同期，常年库存储备高，资金占压时间长，企业自筹资金和银行贷款往往难以满足生产经营的需要。但由于植物新品种权在资产评估、价值分析、质押担保、流通交易、及时变现等方面均存在较多的制约性条件和不确定风险，银行或保险企业通常对其质押融资或保险采取非常审慎的态度，因而植物新品种权资本化运营尚处于构想探索阶段。植物新品种权的价值利用还需要种子企业、知识产权代理机构、技术产权交易机构、资产评估机构、金融机构、担保机构以及行业监管机构的紧密合作，构建知识产权出资和评估法律法规及技术路径。

植物新品种权质押、入股、证券化融资可以建立技术要素参与创新收益分配的有效机制，不仅能改善创新主体的融资环境，有效拓宽种子企业融资渠道，缓解企业资金短缺压力，提高种子企业科技创新投入的积极性；有助于建立基于植物新品种权价值实现的多元资本投入机制，通过增值的专业化金融服务扩散种业技术创新成果，实现创新资源的良性循环，全面促进植物新品种权转移转化；还有利于引导金融资本向种子产业转移，促进种子产业链向上、下游延伸，推进种子产业与其他产业融合发展。

育种创新活动产生的新品种可以申请植物新品种权，植物新品种保护制度从品种权创造、保护、运用和管理等方面影响种业创新的育种研发和技术扩散。在育种研发阶段，植物新品种保护制度利用长度、宽度和高度调节植物新品种权的创造和保护，强化创新成果的排他独占权利，通过司法和行政保护提高创新收益的占有性，激励新品种创制；在技术扩散阶段，植物新品种权的有效运用（转让和许可）促进新品种技术交易，提高科技成果转化效率，技术合作有助于创新主体之间优势互补、降低新品种产业化风险，加快新品种的开发、运用。植物新品种保护制度融入植物新品种研究、开发和扩散的整个创新过程，平衡利益相关者的私人利益和公共利益，促进经济增长，增进社会福利。

三、植物新品种权、种业创新与产业增长的实证分析

植物新品种权在种业创新驱动发展中扮演着关键角色。植物新品种权创造、保护、运用和管理水平是育种创新能力转化为技术进步动力的重要度量。为更科学地确定植物新品种保护制度下种子企业品种创新行为与产业经济增长的关系，本部分以植物新品种权表征农作物品种创新，量化分析农作物品种创新对中国粮食产量增长的贡献程度。

1. 模型、变量与数据来源

依据经济增长理论中测算技术进步对经济增长的贡献的方法，采用修正的C-D生产函数（引入植物新品种权动态变量）、向量误差修正模型（VECM）研究植物新品种保护制度下品种创新与农业经济增长之间的关系，以及植物新品种保护制度对农业经济增长的影响。

索洛余值法（Solow，1957）将技术进步纳入经济增长模型，技术进步是经济增长中扣除资本和劳动投入贡献后的剩余部分，技术进步贡献率用技术进步与

经济增长的比值来表示的新古典生产函数。C-D 生产函数的一般形式为：

$$Y = F(X) = A\sum_{i=1}^{n} X_i^{a_i}$$

其中，Y 代表产出量；A 代表全要素生产率，即技术进步作用的系数；X 代表要素投入量；a_i 为与第 i 个要素相对应的弹性系数。特别地，引入了假设规模报酬不变、希克斯技术中性、市场完全竞争且利润最大化的前提条件，仅考虑资本和劳动力两个投入要素时，C-D 生产函数的形式为：

$$Y_t = AK_t^\alpha L_t^\beta \tag{3.1}$$

其中，Y_t、K_t、L_t 分别表示第 t 期的总产出、资本投入和劳动投入，α 和 β 分别表示资本和劳动的产出弹性（规模报酬不变和生产者均衡条件下，$\alpha+\beta=1$）。对该方程两边取自然对数，得到回归方程：

$$\ln Y_t = \ln A + \alpha\ln K_t + \beta\ln L_t + \mu_t \tag{3.2}$$

可观察的生产函数并非是一种纯粹的工程关系，而是一种经济关系，由于每种投入资源的使用程度取决于经济主体的决策，而这些决策是劳动者和管理者对获利机会、制度安排等做出的反应，生产的技术效率可能通过制度变革而改变。现代农业生产资料投入主要包括土地、劳动、种子、农药、化肥、农业机械等常规投入，由于耕地面积资料可信性较低，未将土地纳入计量模型。种子作为特殊的、不可替代的最基本生产资料，决定作物产量和品质，其增值作用主要体现了品种创新带来的技术效率变化，为了测算品种创新对农业经济增长的贡献份额，本书在方程式（3.2）中引入农作物品种创新（植物新品种权）变量，将传统 C-D 生产函数回归方程扩展为：

$$\ln Y_t = \ln A + \beta_1\ln M_t + \beta_2\ln H_t + \beta_3\ln F_t + \beta_4\ln PV_t + \mu_t \tag{3.3}$$

其中，M_t、H_t、F_t、PV_t 分别代表第 t 年的农业机械总动力、农业从业人员数量[①]、农用化肥施用折纯量和农业植物新品种权数量。衡量一国农业经济增长的指标很多，由于农业植物品种创新主要影响农作物产量，本书选取粮食总产量作为农业经济增长的度量，消除物价波动因素的影响。粮食总产量、农业机械总动力、农业从业人员、农用化肥施用折纯量数据来自国家统计局网站的 1997~2016 年年度统计数据。分别以植物新品种权申请量（PVP）、授权量（PVR）作为植物新品种保护制度下农业品种创新产出的度量，数据来自农业植物新品种保护办公室 1999~2017 年公告。粮食总产量和农业植物新品种权申请量的地区范围包括全国 31 个省、自治区和直辖市，香港、澳门、台湾地区植物新品种权申请量极少，因而未纳入样本分析。经过处理后的各相关变量数据资料如表 3.5 所示。

---

① 农业从业人员指大农业的农林牧渔业从业人员，数量大于种植业从业人员，因无法获得相关数据，以农林牧渔业从业人员数量为替代变量，且以 2013~2016 年数据为估计数。

表 3.5 修正后 C-D 生产函数相关变量数据

年份	lnY	lnM	lnH	lnF	lnPVP	lnPVR
1999	10.84	10.80	10.40	8.32	4.74	0
2000	10.74	10.87	10.40	8.33	4.71	2.12
2001	10.72	10.92	10.39	8.36	5.39	2.12
2002	10.73	10.97	10.37	8.38	5.63	2.13
2003	10.67	11.01	10.35	8.39	6.34	2.13
2004	10.76	11.07	10.33	8.44	6.58	2.13
2005	10.79	11.13	10.31	8.47	6.83	2.14
2006	10.82	11.19	10.29	8.50	6.76	2.14
2007	10.82	11.25	10.26	8.54	6.68	2.14
2008	10.88	11.32	10.25	8.56	6.73	2.15
2009	10.88	11.38	10.24	8.59	6.88	2.15
2010	10.91	11.44	10.23	8.62	7.06	2.15
2011	10.95	11.49	10.22	8.65	7.11	2.16
2012	10.98	11.54	10.20	8.67	7.18	2.16
2013	11.01	11.55	10.20	8.68	7.16	2.16
2014	11.01	11.59	10.20	8.70	7.43	2.16
2015	11.04	11.62	10.19	8.70	7.60	2.16
2016	11.03	11.49	10.18	8.70	7.77	2.16

2. 模型分析

在回归分析前,对变量 lnY、lnM、lnH、lnF、lnPVP 以及 lnPVR 进行单位根检验,以避免伪相关或伪回归。利用 Stata12.0 进行包含时间趋势项和不带漂移项的 ADF 单位根检验,具体检验结果见表 3.6。

表 3.6 各变量序列单位根检验结果

变量及其差分	ADF 值	临界值	P 值
lnY (0)	-0.008	-3.000	0.9579
lnM (0)	-2.127	-3.000	0.2338
lnH (0)	-1.460	-3.000	0.5532
lnF (0)	-1.523	-3.000	0.5221
lnPVP (0)	-2.040	-3.000	0.2694

续表

变量及其差分	ADF 值	临界值	P 值
lnPVR（0）	−143.563**	−3.750	0.0000
lnY（1）	−4.860**	−3.750	0.0000
lnM（1）	0.548	−3.000	0.9863
lnH（1）	−2.501	−3.000	0.1153
lnF（1）	−1.855	−3.000	0.3533
lnPVP（1）	−3.421*	−3.000	0.0103
lnPVR（1）	−1281.450**	−3.750	0.0000
lnY（2）	−7.157**	−3.750	0.0000
lnM（2）	−1.382	−3.000	0.5908
lnH（2）	−4.741**	−3.750	0.0001
lnF（2）	−6.294**	−3.750	0.0000
lnPVP（2）	−10.252**	−3.750	0.0000
lnPVR（2）	−1360.964**	−3.750	0.0000

注：*代表在 5%水平显著；**代表在 1%水平显著。

进一步检验各变量的一阶差分和二阶差分是否为平稳过程，ADF 统计量小于临界值（左边单侧检验），故可在 1%的水平上拒绝存在单位根的原假设，即认为 lnY、lnH、lnF、lnPVP、lnPVR 为平稳过程，而 lnM 为非平稳过程，变量 lnY、lnH、lnF、lnPVP 及变量 lnY、lnH、lnF、lnPVR 之间可能存在长期均衡关系，即为协整系统。

首先，选择 lnY、lnH、lnF 和 lnPVP 4 个变量构建向量误差修正模型。先确定该系统的协整秩，即究竟有多少个线性无关的协整关系。4 个变量可能的协整秩为 0、1、2 或 3。经检验该系统对应的 VAR 模型的滞后阶数为 2，迹统计量（trace statistic）检验和最大特征值检验表明，有 2 个线性无关的协整向量，因此选择协整秩为 2。运用 Johansen 的 MLE 方法估计该系统的向量误差修正模型，得到协整向量为（1，−0.60，0.03），其中 lnY 的系数被标准化为 1，故其标准误缺失；lnH 与其他变量线性无关，其他两个变量 lnF 和 lnPVP 的协整系数均在 5%水平上显著（见表 3.7）。

表 3.7　修正后 C-D 生产函数协整方程一

beta	Coef.	Std. Err.	z	P 值	［95%Conf. Interval］	
_ ce1						
lnY	1					
lnH	-2. 78e-17					
lnF	-0. 5974	0. 0924	-6. 47	0. 000	-0. 7785	-0. 4165
lnPVR	0. 0317	0. 0153	2. 08	0. 037	0. 0019	0. 0617
_ cons	-6. 1573					

将协整向量移项，得到估计的以植物新品种权申请量修正后 C-D 生产函数如下：

$$lnY = 6.1573 + 0.60lnF - 0.03lnPVP \qquad (3.4)$$

其中，农业化肥施用量的弹性系数为 0.60，说明化肥投入每增加 1%，可以使粮食产量增长 0.60%。植物新品种权申请量的弹性系数为 -0.03，说明植物新品种权申请数量增加不但没有提高粮食总产量，反而申请量每增加 1%，粮食总产量会下降 0.03%，虽然下降幅度很小，但滞后 2 年的植物新品种权申请量对主要农作物（粮食作物）产量提升具有负向效应。

其次，选择 lnY、lnH、lnF 和 lnPVR 4 个变量构建向量误差修正模型，得到协整方程。首先需要确定该系统的协整秩，即究竟有多少个线性无关的协整关系。4 个变量可能的协整秩为 0、1、2 或 3。然后，经检验该系统对应的 VAR 模型的滞后阶数为 2，迹检验结果和最大特征值检验表明，有 2 个线性无关的协整向量，因此选择协整秩为 2。运用 Johansen 的 MLE 方法估计该系统的向量误差修正模型，得到协整向量为（1，46.52，-400.62），其中 lnY 的系数被标准化为 1，故其标准误缺失；lnH 与其他变量线性无关，其他两个变量 lnF 和 lnPVP 的协整系数均在 5% 水平上显著，部分结果见表 3.8。

表 3.8　修正后 C-D 生产函数协整方程二

beta	Coef.	Std. Err.	z	P 值	［95%Conf. Interval］	
_ ce1						
lnY	1					
lnH	0	（omitted）				
lnF	46. 51817	12. 54626	3. 71	0. 000	21. 92795	71. 10838
lnPVR	-400. 6155	106. 8115	-3. 75	0. 000	-609. 9622	-191. 2688
_ cons	450. 876					

注：变量 lnH 被剔除。

将协整向量移项，得到估计的以植物新品种权授权量修正后 C-D 生产函数如下：

$$\ln Y = -450.88 - 46.52\ln F + 400.62\ln PVR \tag{3.5}$$

其中，植物新品种权授权量的弹性系数为 400.62，说明植物新品种权授权数量每增加 1%，粮食总产量大幅度提高 400.62%，且系数为正，滞后 2 年的植物新品种权授权数量对主要农作物（粮食作物）产量提升具有显著正向效应。

检验 VECM 模型的残差是否存在自相关，结果显示除了 VECM 模型本身所假设的单位根之外，伴随矩阵的所有特征值均落在单位圆之内（见图 3.12），因而 lnY、lnH、lnF 和 lnPVR 构成的系统是稳定系统。

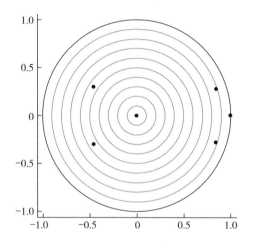

图 3.12 VECM 模型系统稳定性判别图

作为对比，直接用 OLS 估计此长期均衡关系（即 EG-ADF 两步法），结果见表 3.9。

表 3.9 修正后 C-D 生产函数模型 OLS 估计结果

	lnY
lnH	2.092[*]
	(0.853)
lnF	2.057[***]
	(0.475)

续表

	lnY
lnPVR	-0.0719^{***}
	(0.0144)
_ cons	-28.05^{*}
	(12.81)
N	18
R^2	0.957
adj. R^2	0.948

注：＊表示在 5% 水平显著，＊＊表示在 1% 水平显著，＊＊＊表示在 10% 水平显著。

3. 结果讨论

现代农业以创新驱动发展。为测度植物新品种权对农业经济增长的影响，本书采用 C-D 生产函数，以 1999 ~ 2016 年粮食总产量表示产出，以农业机械总动力表示资本投入，以农业从业人员表示劳动投入，以农用化肥施用量表示其他投入，分别以植物新品种权申请量、授权量表示农作物新品种研发活动的产出。

相关时间序列变量的单位根检验表明，lnM（农业机械总动力）是非平稳过程，从生产函数中剔除；lnY、lnH、lnF、lnPVP、lnPVR 存在长期的、动态的协整关系。分别对 lnY、lnH、lnF、lnPVP（植物新品种权申请量）和 lnY、lnH、lnF、lnPVR（植物新品种权授权量）构成的协整系统进行分析，得到了截然不同的向量误差修正模型。lnY、lnH、lnF 和 lnPVP 协整系统中，lnH 与其他变量线性无关，植物新品种权申请量对粮食总产量具有负向效应；lnY、lnH、lnF 和 lnPVR 协整系统中，lnH 与其他变量线性无关，植物新品种权授权量对粮食总产量的提升具有很强的正向效应。

以植物新品种权授权量修正的 C-D 生产函数 OLS 估计表明，人力资本投入对农业产出的弹性系数为 2.092，农用化肥投入对粮食总产量的弹性系数为 2.057，而植物新品种权授权量的弹性系数为 0.0719，符号为负。方程的 R^2 达到 0.957，调整后 R^2 为 0.948，说明模型的拟合优度很高。但是，OLS 估计与 MLE 方法估计的结果相反，可能的原因是样本容量小（N = 18），由于植物新品种保护制度建立时间较短，而新品种一旦产生便需要一定时间进行扩散并影响生产力发展，农作物新品种对生产的影响需要经过很长时间才得以显现，农业品种研发产出的滞后效应明显。考虑到新品种培育需要花费 5 ~ 10 年，甚至更长时间，品种研发投资需要经过数年才能真正提高生产力，而滞后长度增加需要更多的样本、更长的时间序列，导致回归分析的方法不同、结果不同。

4. 主要结论

对 1999~2016 年表征品种创新数据的定量分析表明，植物新品种权数量对农业产出具有重要影响，但作用方向不明确。植物新品种权申请数量对粮食总产量作用为负，申请数量的增加并不能带来粮食产量的增长；植物新品种权授权量对粮食产量增长作用的滞后阶数为 2，即滞后 2 期的植物新品种权授权数量对农作物产出增长具有较强的增产效应。自 1999 年《中华人民共和国植物新品种保护条例》颁布实施以来，植物新品种权申请量快速增长，出现"品种井喷"现象。但是，在数量猛增的同时，品种创新程度并没有相应提升，商业化育种体系效率较低，大量新品种申请品种权时未必进行了新品种审定，获得授权的新品种未必能进行产业化应用，农业科技成果转化受阻，制约了植物新品种保护制度对经济增长的促进作用。

修正的 C-D 生产函数回归分析表明，农业产出受多种因素影响。从劳动力投入来看，劳动力数量变化对农业产出的增长影响甚微。改革开放以来，中国农村劳动力大量向城镇转移，农户兼业化、农村人口老龄化现象凸显，农业劳动力结构性不足的问题日渐严重，新生代农民工基本没有参加过农业生产，不会也不愿种地，"谁来种地"成为农业发展面临的巨大挑战。

从资本投入来看，农业机械的产出效应有待提高。大中型农业机械的增长推动了农业机械化进程，有利于解决农村劳动力转移后"谁来种地、如何种地"的难题，但农业生产经营规模小、细碎化、分散化，化肥、农药、农膜的过量使用导致农业面源污染，地力损失严重，通过增加大中型农机具数量提高农业生产力、降低人工成本的空间变小。

从技术进步角度来看，提高粮食产量的根本出路在于技术进步，以创新驱动种业发展需要植物新品种保护制度为种子产业品种技术创新提供激励。种子产业链既是种子价值形成的链条，也是品种技术创新、扩散的链条。植物新品种保护制度的经济增长效应是通过植物新品种权的创造、运营、保护和管理作用于技术创新过程，进而影响经济增长，作用过程时间漫长，涉及影响因素众多。植物新品种保护制度经过近 20 年的运行，促进了植物品种创新，但目前中国植物新品种保护实施的 UPOV 公约 1978 年文本，保护范围较窄、保护力度较弱、效率较低，原始创新不足，影响育种者投资品种创新的动力，植物新品种权对农业经济增长的动态效应还需更长时间的实证研究。

长期来看，品种创新的社会收益要远远大于给创新者带来的私人收益。植物新品种保护制度赋予新品种知识产权，决定了品种创新的私人收益和社会收益的比例。植物新品种保护制度不仅可以提高技术创新的私人收益占有比例，而且通过植物新品种权交易市场的运作以及品种权人的相互合作，从整体上提高创新者的获利能力和选择机会，降低创新成本和风险，因而对品种技术创新活动具有多方面激励作用。中国种业创新取得了显著成效，未来面对全球科技革命与市场格局的新变化，一个有效的植物新品种保护制度设计在于合理地设定品种创新的私人收益在社会收益中的比例，使其能够最大限度地促进经济增长，增进社会福利。

第四章 种子企业植物新品种权创造行为分析

在植物新品种保护制度下，种子企业的育种创新活动表现为植物新品种权创造、运用、保护和管理行为。植物新品种权创造是将育种研发投入转换为植物新品种权产出的过程，是种子企业创新行为的首要环节，包括植物新品种权的申请和授权。本章对1999~2017年种子企业植物新品种权申请和授权数量、结构进行详尽的统计量化分析，总结国内种子企业植物新品种权地区和品种布局的特点，并分析了跨国种子企业在我国植物新品种权申请和授权状况，描述种子企业育种创新的发展方向和市场动向。

第一节 种子企业植物新品种权申请与授权数量变化

植物新品种权"申请量"和"授权量"是反映育种创新活动最为基本的统计指标。申请量体现了育种者申请植物新品种权的积极性，申请量越大表示育种者对拥有植物新品种知识产权的预期程度越高，对创新成果的知识产权保护意识越强。植物新品种权授权量是衡量育种创新活动中植物新品种权产出水平的通用指标，直接衡量育种成果：授权量越大，品种创新产出数量越多。植物新品种权授权量受审查标准的影响，在某种程度上体现植物新品种权的质量。由于申请量中仅有一部分可以获得植物新品种权授权证书，植物新品种权的授权率（植物新品种权授权量占申请量的比值）代表育种者植物新品种权申请成功率，反映了育种者的技术能力，但申请失败的影响因素众多，申请者需要做好充分准备提高授权率。

1999年植物新品种保护制度初步建立，当年申请植物新品种权114件，有88件授权，其中种子企业申请17件，授权28件（包括共同品种权人），分别占总申请量和总授权量的 14.91%、31.82%；2016 年全国总计申请植物新品种权 2523 件，其中种子企业申请 1291 件，占总申请量的 51.17%。1999~2016 年，累计申请农业植物新品种权 18075 件，授权 8195 件，其中种子企业占申请总量的 45.21%，占授权总量的 38.64%（见图 4.1）。

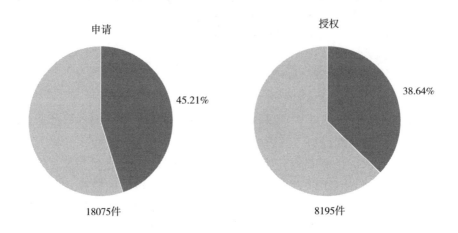

图 4.1　1999~2016 年种子企业植物新品种权申请、授权量占总申请、授权量的比例

注：根据原农业部植物新品种权申请主体的分类，其他主体包括国内外科研单位、教学单位和个人。

从植物新品种权申请、授权数量角度来看，种子企业的植物新品种保护意识不断增强，商业化育种创新行为活跃，创新能力不断提高。

一、种子企业植物新品种权申请量

植物新品种权申请量反映了育种者利用植物新品种保护制度的意愿，图 4.2 为 1999~2017 年国内外各主体植物新品种权的年度申请情况。中国植物新品种权申请量复合年均增长率 14.45%，而种子企业植物新品种权申请数量复合年均增长率为 23.47%，申请量增速远高于其他农业科研机构等部门。除了 2006 年、2007 年增幅略有下调外，种子企业植物新品种权申请量一直保持增长态势。2005 年以前，植物新品种保护制度对种子企业品种研发的新增投入并没有产生很大影响（黄颉等，2005）。由于育成一个品种至少需要 5~6 年时间，1999~2005 年种子企业申请量的增加主要来自新品种存量，2006 年之后申请的植物新品种权量更能反映出种子企业植物新品种保护意识的增强。2017 年植物新品种权的申请量下调是由于统计公告具有滞后性。根据 2017 年 11 月 1 日农业植物新品种权申请公告（总第 110 期），植物新品种权申请日期截至 2017

年4月1日，图4.2中2017年数据代表该年第一季度的申请量，因而申请数量较少。

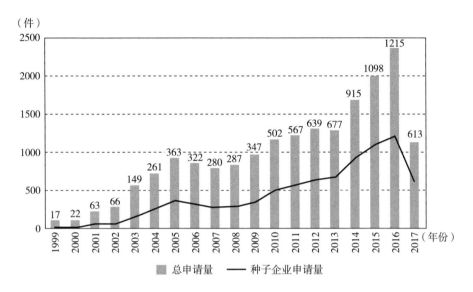

图4.2　1999~2017年植物新品种权申请量

二、种子企业植物新品种权授权量

植物新品种授权量变化在一定程度上反映了新品种研发技术实力的发展，图4.3为1999~2016年植物新品种权授权情况。2006~2008年种子企业植物新品种权授权量有所回落，但其波动幅度基本与总体植物新品种权授权量变化保持一致，原因可能出于外部因素冲击，如审查标准的提高，而非种子企业育种研发能力的改变。植物品种创新具有特殊性，从育种者提交植物新品种权申请到获得植物新品种权授权，除了经过审查机关的书面审查，还必须经过DUS测试等程序，一般需要3~5年时间，审查周期比专利权的时间要长。由此推断，2013年以来提交的植物新品种权申请大部分处于审查阶段，因而2013年后植物新品种权总授权量和种子企业授权量均大幅度下滑。种子企业的平均授权率为44.52%，比总体平均授权率低7.56%。换言之，种子企业申请植物新品种权的总体成功率不到一半，申请失败的风险比较高，申请前应做好充分的准备工作。

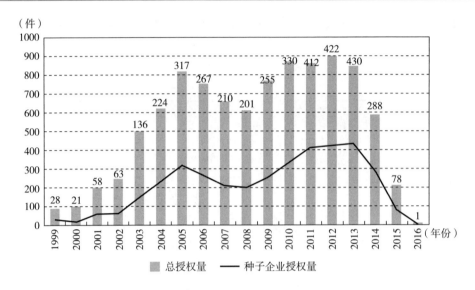

图 4.3 1999~2016 年植物新品种权授权量

种子企业植物新品种权申请、授权量变化表明，自植物新品种保护制度实施以来，种子企业等育种机构从事商业化育种的积极性得到极大的调动，申请量在 18 年里以年均 23.47% 的速率快速增长，种子企业对植物新品种保护持有积极态度，在知识产权保护方面的内在驱动力比农业院所等事业单位强烈。但是，种子企业植物新品种权授权率低于科研院所同期授权率，可能的原因包括育种研发投入少、研发能力较弱、创新水平较低、育种技术落后等，具体原因还有待进一步分析。

下面分别对国内种子企业植物新品种权申请和授权量的地区分布、植物种类分布和外国种子企业在中国的植物新品种权申请、授权量及其策略进行详细的描述性统计分析，从实证角度分析种子企业植物新品种权申请行为特点。

第二节　国内种子企业植物新品种权地区分布

每一种农作物种植都有其适宜的生态环境条件要求，须在农作物品种适宜生态区域内推广品种，而生态区域和行政区域并不完全吻合。例如，玉米主要种植区划分为 5 个明显不同的生态区：北方春播玉米区（黑龙江、吉林、辽宁、宁夏和内蒙古全部，山西大部分，河北、陕西和甘肃小部分）、黄淮海夏播玉米区

（山东、河南全部，河北大部分，山西中南部、陕西关中和江苏徐淮地区）、西南山地玉米区（四川、云南、贵州全部，陕西南部，广西、湖南、湖北的西部丘陵山区和甘肃小部分）、南方丘陵玉米区（广东、海南、福建、浙江、江西、台湾全部），以及西北灌溉玉米区（新疆、甘肃的河西走廊和宁夏的河套灌区）。

育种者在市场需求拉动下，针对品种适宜的生态区域开发作物新品种，进行区域试验和品种审定。种子企业的生产经营许可证由不同行政区域的农业主管部门发放，种子经营须在发证机关确定的有效区域内由种子企业或其分支机构进行，也可以在有效区域内书面委托其他种子经营者代销，或者将种子销售给有效区域（外）其他经营不再分装的经营者销售。因此，作物品种的适宜种植区域与种子企业经营的有效区域以及行政区域未必一致，植物新品种权申请、授权量的地区分布并不一定代表品种的适宜种植区分布，而仅仅是行政区域内各个种子企业植物品种创新行为的总和，代表该地区种子企业的商业化育种的创新活力。

种子企业品种权申请量（授权量）占该地区总申请量（授权量）的比重代表了种子企业品种创新的相对实力，反映该地区商业化育种机制的完善程度，种子企业占比越高，种子企业在该地区商业化育种中的作用越重要，当地育种创新市场化程度越高。类似"产业集中度"指标，本书以某地区种子企业植物新品种权申请量（授权量）占国内品种权总申请量（授权量）的比重衡量"地区集中度"，计算申请量（授权量）排名前4位（或前8位）种子企业植物新品种权的地区集中度，反映我国种子企业品种研发的市场导向性。地区集中度越大，说明种子企业研发实力越强，育繁推一体化程度越高。

为了便于比较，表4.1统计了1999~2017年来自国内31个省、自治区、直辖市以及我国台湾（香港、澳门地区除外）的植物新品种权申请、授权量，种子企业同期申请数量、授权数量及其所占比例。

表 4.1　1999~2017 年国内植物新品种权申请、授权量各地区分布

地区	种子企业申请量（件）	总申请量（件）	种子企业占比（％）	地区	种子企业授权量（件）	总授权量（件）	种子企业占比（％）
北京	1350	2137	63.17	北京	403	688	58.58
山东	674	1342	50.22	山东	304	652	46.63
安徽	581	1033	56.24	吉林	216	459	47.06
河南	539	1465	36.79	四川	180	671	26.83
吉林	446	860	51.86	河南	160	615	26.02
湖南	364	707	51.49	河北	143	363	39.39
黑龙江	356	1157	30.77	辽宁	142	371	38.27

地区	种子企业申请量（件）	总申请量（件）	种子企业占比（%）	地区	种子企业授权量（件）	总授权量（件）	种子企业占比（%）
江苏	346	1226	28.22	安徽	140	311	45.02
四川	337	1053	32.00	云南	138	351	39.32
河北	314	777	40.41	江苏	119	615	19.35
云南	277	667	41.53	湖南	113	301	37.54
辽宁	266	653	40.74	黑龙江	98	509	19.25
广东	196	523	37.48	内蒙古	65	120	54.17
内蒙古	186	288	64.58	广西	53	147	36.05
浙江	128	513	24.95	山西	50	86	58.14
山西	116	191	60.73	上海	45	167	26.95
天津	113	189	59.79	湖北	44	198	22.22
广西	109	280	38.93	江西	44	92	47.83
湖北	98	387	25.32	浙江	42	220	19.09
福建	96	434	22.12	广东	39	202	19.31
上海	93	324	28.70	新疆	37	101	36.63
陕西	86	207	41.55	陕西	34	90	37.78
甘肃	78	155	50.32	天津	34	68	50.00
江西	73	155	47.10	福建	26	184	14.13
新疆	70	178	39.33	甘肃	25	57	43.86
重庆	35	166	21.08	重庆	19	81	23.46
海南	32	60	53.33	海南	17	30	56.67
贵州	23	191	12.04	贵州	16	125	12.80
台湾	19	40	47.50	宁夏	4	15	26.67
宁夏	15	44	34.09	青海	0	7	0.00
西藏	4	5	80.00	台湾	0	4	0.00
青海	0	11	0.00	西藏	0	0	0.00
合计	7420	17418	42.60	合计	2750	7900	34.81

　　从申请量来看，1999~2017 年，国内植物新品种权总申请量 17418 件，其中种子企业申请 7420 件，占国内品种权总申请量的 42.60%。各地区种子企业植物新品种权申请量相差悬殊，北京的种子企业品种创新活动最为活跃，植物新品种权申请量高达 1350 件，种子企业占比 63.17%；山东、安徽、河南的种子企业品

种权申请量均超过 500 件，但河南的种子企业与其他科研机构相比，商业化育种能力相对较弱，种子企业占比没有达到平均水平（42.6%）。植物新品种权申请量排名前 4 位的地区——北京、山东、安徽、河南的种子企业申请量占种子企业总申请量的 42.37%；前 8 位地区的种子企业申请量占种子企业总申请量的 62.75%。

从授权量来看，1999~2017 年，国内植物新品种权总授权量 7900 件，其中种子企业授权 2750 件①，占国内品种权总授权量的 34.81%。各地区种子企业植物新品种权授权量也存在较大差异，北京的种子企业创新实力最强，植物新品种权授权量为 403 件，占总授权量的 58.58%；山东、吉林的种子企业品种权授权量超过 200 件，授权量占比接近 50%，这两省的种子企业品种创新能力较强，与本地其他育种机构相比，商业化育种实力大体相当。四川、河南、河北、辽宁、安徽、云南、江苏、湖南 8 个省份的种子企业品种权授权量超过 100 件，种子企业占比最高的是安徽（45.02%），最低的是江苏，仅为 19.35%。种子企业品种权授权量在 10~100 件的地区有 17 个，包括黑龙江、内蒙古、广西、陕西、上海、湖北、江西、浙江、广东、新疆、陕西、天津、福建、甘肃、重庆、海南和贵州。宁夏、青海、西藏和台湾地区的种子企业植物新品种权申请量和授权量非常少，基本可以忽略不计。植物新品种权授权量排名前 4 位的地区，北京、山东、吉林、四川的种子企业授权量占种子企业总授权量的 40.11%；前 8 位地区的种子企业授权量占种子企业总授权量的 61.38%。

从商业化育种程度来看，北京、山西、内蒙古、天津、海南等地的种子企业申请量（授权量）占本地区总申请量（授权量）的比重较高，说明种子企业已成为当地育种创新的中坚力量，在当地新品种培育中发挥着重要作用，这些地区育种创新的市场化程度较高。相反，贵州、福建、浙江等地的商业化育种程度较低，农科院所等科研机构在当地新品种培育中发挥重要作用。

从地区集中度来看，北京、山东、河南的种子企业品种权申请量和授权量占全国比重较大，是育种创新行为活跃的地区。根据农业农村部种子管理局的统计，2016 年甘肃、河南的种子企业数量排在全国前两位，分别为 464 家、409 家，分别占到种子企业总量的 10.24%、9.02%。北京、山东的种子企业数量分别为 192 家、286 家，分别占到种子企业总量的 4.24%、6.31%。这说明在种子产业链上，北京、山东、河南的种子企业研发实力强，育种优势显著，育繁推一体化程度较高；而甘肃是全国重要的种子繁育基地，种子企业大部分集中在生产、加工环节，制种优势显著，形成了种子产业链的地区特色结构。

---

① 仅统计种子企业为品种权人的授权量，不包括其他主体为品种权人、种子企业为共同品种权人的授权量。

北京是国际化大都市，农业产值在国民经济中的比重很小，种子企业数量少于河南、山东，但种子企业的植物新品种权申请量和授权量均居全国首位，其主要原因在于：一是首都区位优势显著，北京拥有全国现代种业示范区、种业交易中心、国际合作交流中心，具有金融和人才优势；二是北京市政府积极发展现代种业，打造"种业之都"，拥有涉农科研院所 24 所、种业研发机构 80 多家，聚集了约 50% 的两院院士，专业育种人员 1000 多人、农业科技人员近 2 万人，积累了雄厚的科研创新实力；三是中国种子集团、万向德农、奥瑞金、金色农华等龙头种子企业、跨国种业巨头多将公司总部设在北京，或在北京设立分公司，带动了植物育种创新的发展，对全国种子企业发展具有示范、引领作用。

值得一提的是，除了独立申请植物新品种权外，种子企业还会与农科院所等其他育种科研机构或个人合作，共同申请植物新品种权，获得授权后成为共同品种权人。这种合作申请行为可以大幅度提高种子企业植物新品种权的申请量和授权量。1999~2017 年国内以种子企业为品种权人和共同品种权人的植物新品种权授权量为 3511 件，其中，国内种子企业授权 3204 件，国外种子企业获得植物新品种权授权 307 件。种子企业与其他研发主体共同申请植物新品种权，成为共同品种权人，可以弥补自身研发能力的不足，或借助已有渠道快速进入当地的种子市场。

第三节　国内种子企业植物新品种权植物种类分布

农业植物新品种保护办公室将植物新品种权的作物种类划分为六大类：大田作物、蔬菜、花卉、果树、牧草和其他品种。其中，大田作物主要包括水稻、玉米、小麦、大豆、甘蓝型油菜、花生、甘薯、谷子、高粱、大麦属、苎麻属、棉属、亚麻、芥兰型油菜、蚕豆、绿豆、芝麻、甘蔗属、小豆和燕麦等；蔬菜包括大白菜、马铃薯①、普通番茄、黄瓜、辣椒属、普通西瓜、普通结球甘蓝、食用萝卜、茄子、豌豆、菜豆、豇豆、大葱、西葫芦、花椰菜、芹菜、胡萝卜、白灵侧耳、甜瓜、草莓、大蒜、不结球白菜、苦瓜、芥菜、芥蓝、莴苣、冬瓜、南瓜等；花卉包括春兰、菊属、石竹属、唐菖蒲属、兰属、百合属、鹤望兰属、补血草属、非洲菊、花毛茛、雁来红、花烛属、果子蔓属、莲、蝴蝶兰、秋海棠属、

---

① 国家统计局农业统计资料将马铃薯划归薯类作物，以鲜薯 20% 重量折算产量，属于"粮食"，而不属于蔬菜。参见 http://www.stats.gov.cn/tjzs/cjwtjd/201308/t20130829_ 74323.html，最后访问日期：2018-09-09。

凤仙花、非洲凤仙花、新几内亚凤仙花、万寿菊属、郁金香属等；果树包括梨属、桃、荔枝、苹果属、柑橘属、香蕉、猕猴桃属、葡萄属、李、桑属、龙眼、枇杷、樱桃、芒果等；牧草包括紫花苜蓿、草地早熟禾、酸模属、柱花草属等；其他品种包括橡胶树、茶组、木薯、人参、三七、烟草等。

植物新品种权的植物种类分布体现植物新品种的技术比较优势。图 4.4 为 1999~2017 年我国各主体植物新品种权总申请量的植物种类分布，农业品种创制主要集中在大田作物，蔬菜、花卉和果树比例较小；大田作物品种创制主要集中在玉米、水稻和普通小麦，合计占大田作物品种权申请量的 84%，大豆、棉花等其他大田作物品种相对较少。

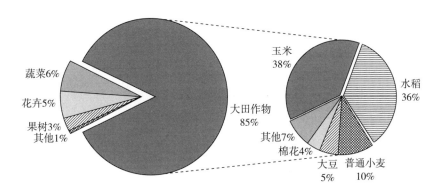

图 4.4　1999~2017 年中国植物新品种权申请量植物种类分布

中华人民共和国成立以来，种业一直被视为保障国家粮食安全的根本，农作物新品种培育资源投入主要集中在水稻、玉米、小麦等粮食作物以及大豆、油菜等作物的优良品种选育上，例如，杂交稻（汕优 63、两优培九、扬两优 6 号、Y 两优 1 号等）、优质高产小麦（扬麦 158、郑麦 9023、济麦 22、矮抗 58 等）、杂交玉米（中单 2 号、丹玉 13、掖单 13、农大 108、浚单 20、郑单 958 等）、高产广适大豆（中黄 13 等）、双低油菜（中双 11 号、华油杂 62 等）等优良品种。农作物新品种对确保粮食产量持续增长做出了重大贡献，新品种基本实现了 5~6 次大规模更新换代，良种供应能力显著提高，良种覆盖率达到 96%，品种对提高单产的贡献率达 43%。我国农作物育种技术先后经历了优良农家品种筛选、矮化育种、杂种优势利用、分子育种等发展阶段。水稻、玉米、油菜、棉花、蔬菜等主要作物杂种优势利用技术不断创新并得到有效应用。进入 21 世纪以来，以分子标记和转基因育种为代表的分子育种技术开始用于育种实践，利用基于分子标记选择与常规技术结合的分子标记育种技术体系，创制了一批大面积推广的农作物新品种，例如，中棉 29、中棉所 41、鲁棉研 15 等转基因抗虫棉。总体来看，我国杂交水稻、转基因抗虫棉、杂交油菜、杂交小麦、杂交大豆等品种技术处于国际领先水平，杂交玉米、优质小麦、蔬菜等研究处于国际先进水平。

表 4.2 为 1999~2017 年国内种子企业植物新品种权申请量在六大植物种类中的分布。国内种子企业植物新品种权申请量占国内总申请量的 42.60%，但作物种类分布不均衡，主要集中在大田作物、蔬菜和花卉，分别占总申请量的 43.30%、54.51% 和 52.70%；果树、牧草和其他品种的申请量非常少。与其他品种创新主体相比，种子企业申请了更多的蔬菜、花卉和大田作物品种。从种子企业品种权申请结构来看，植物新品种权申请的植物种类比例结构：大田作物，84.78%；蔬菜，7.97%；花卉，6.19%；果树、牧草和其他品种仅占种子企业植物新品种权申请量的 1.06%，大部分种子企业都将大田作物作为品种创制的主要方向。种子企业申请的大田作物和蔬菜品种占比总体呈增长趋势，花卉品种占比波动较大。可见，植物新品种保护制度对种子企业培育的农作物新品种种类具有不同影响，激励了种子企业对大田作物、蔬菜和花卉的品种创新，改变了品种创新市场的技术结构。随着植物新品种保护程度的提高，种子企业将发挥自身技术比较优势，将研发资源投向更能获得创新收益的作物种类。

表 4.2　1999~2017 年国内种子企业植物新品种权申请植物种类分布

年份	大田作物（件）	占比（%）	蔬菜（件）	占比（%）	花卉（件）	占比（%）	果树（件）	占比（%）	牧草（件）	其他（件）
1999	16	16.49	2	11.76	0	0.00	0	0.00	0	0
2000	20	20.00	0	0.00	0	0.00	0	0.00	1	0
2001	66	32.20	2	33.33	1	100.00	0	0.00	0	0
2002	75	30.12	1	6.67	0	0.00	0	0.00	0	0
2003	216	40.30	1	6.25	0	0.00	0	0.00	0	0
2004	255	38.17	2	15.38	2	40.00	0	0.00	0	0
2005	303	37.41	7	26.92	3	33.33	0	0.00	0	0
2006	297	38.17	2	10.53	3	25.00	2	14.29	0	0
2007	234	32.91	5	35.71	4	28.57	1	7.69	0	0
2008	191	29.70	6	14.63	18	45.00	0	0.00	0	0
2009	211	29.59	11	27.50	40	45.98	2	9.52	0	1
2010	351	38.66	16	25.40	38	67.86	1	7.69	0	0
2011	396	41.04	44	53.66	76	80.00	1	5.56	0	0
2012	499	47.61	57	63.33	25	40.98	2	4.26	0	2
2013	475	48.17	37	60.66	62	70.45	5	14.29	0	0

续表

年份	大田作物（件）	占比（%）	蔬菜（件）	占比（%）	花卉（件）	占比（%）	果树（件）	占比（%）	牧草（件）	其他（件）
2014	748	54.68	83	72.81	31	39.74	5	9.62	0	0
2015	810	52.46	96	62.75	30	41.10	19	27.54	0	3
2016	851	49.13	134	66.67	110	57.89	18	21.95	0	4
2017	407	52.93	98	75.38	26	34.67	11	25.58	0	2
总计	6421	43.30	604	54.51	469	52.70	67	14.08	1	12

一、大田作物品种权申请、授权状况

大田作物多为谷类、豆类、薯类等粮食作物、油料作物和棉花，主要用于直接供给粮食、油料和衣物原料，种植面积广大。2016 年粮食作物播种面积为 113034.48 千公顷，占我国农作物总播种面积的 67.83%，其中谷物播种面积为 94393.99 千公顷，占粮食作物播种面积的 83.51%；豆类播种面积 9699.87 千公顷，占粮食作物播种面积的 8.58%；薯类播种面积 8940.61 千公顷，占粮食作物播种面积的 7.91%。油料播种面积 14138.4 千公顷，占农作物总播种面积的 8.48%；棉花播种面积 3344.74 千公顷，占农作物总播种面积的 2.01%。"民以食为天"，粮食作物作为人类的主食，无论从播种面积还是所占比重来看都是我国最主要的农作物，其中粮食作物种植面积从大到小依次为玉米、水稻、小麦、大豆和马铃薯。

我国农业农村部将水稻、小麦、玉米、大豆、棉花、油菜和马铃薯 7 种作物确定为主要农作物。2018 年，全国 7 种主要农作物的商品种子使用总量为 71.82 亿千克，种子市场价值总额为 856.67 亿元，市场规模从大到小依次为玉米、水稻、小麦、马铃薯、油菜、棉花和大豆。其中，玉米商品种子使用量最多，玉米种子市场规模达到 277.77 亿元，其次是水稻（杂交稻和常规稻）194.41 亿元，再次是小麦 170.69 亿元。玉米、水稻和小麦三种作物的种子市场份额为 75.04%。国内市场对玉米、水稻和小麦的种子需求较大，种子企业的育种创新也主要围绕这三种农作物展开。

表 4.3 显示，1999~2017 年国内种子企业累计申请大田作物植物新品种权 6421 件，玉米、水稻和小麦三种谷类作物的申请量 5940 件，占大田作物总申请量的 92.51%；大豆植物新品种权申请量 136 件，占大田作物总申请量的 2.12%；甘蓝型油菜和白菜型油菜申请量 71 件，占大田作物总申请量的 1.11%；棉属申请量 176 件，占大田作物总申请量的 2.74%。高粱、谷子、大麦属、燕麦、芝麻、花生、绿豆、甘蔗属等申请量非常少，甘薯、蚕豆、小豆、亚麻、薏苡属、

苎麻属的品种权申请量为0。

表4.3　1999~2017年国内种子企业大田作物植物新品种权申请量

单位：件

年份	玉米	水稻	普通小麦	棉属	大豆	甘蓝型油菜	花生	高粱	谷子	大麦属	甘蔗属	绿豆	白菜型油菜	燕麦	芝麻	总计
1999	15	1														16
2000	15	3	1			1										20
2001	51	10	2			3										66
2002	50	16	5			4										75
2003	98	99	14		1	4										216
2004	166	67	20		1	4										255
2005	182	75	15	24	5	1		1								303
2006	171	91	12	9	3	3		2	3			3				297
2007	137	48	18	25	2	2		1		1						234
2008	124	38	13	11	1	2		1		1						191
2009	135	42	11	10	4	1	1	5	1	1						211
2010	168	140	16	17	6	3						1				351
2011	192	130	34	22	2	10	2	2		1					1	396
2012	280	158	33	11	6	4	3	2	1		1					499
2013	215	170	25	29	13	10	2			6	5					475
2014	378	266	44	6	28	7	12	4		2	1					748
2015	454	249	61	2	23	3	8	2	7	1						810
2016	391	332	71	9	26	11	2	3	2			3	1			851
2017	221	147	20	1	15		2							1		407
总计	3443	2082	415	176	136	70	32	23	14	13	7	7	1	1	1	6421

显然，植物新品种保护制度激励了国内种子企业对玉米、水稻、小麦、棉花、大豆、油菜的品种创制，国内种子企业植物新品种权申请与种子市场需求吻合。随着播种面积、种子市场规模的改变，种子企业对玉米、水稻和小麦品种创制的积极性逐年提高，这三个品种的植物新品种权申请量总体呈递增趋势；棉属植物新品种权申请量波动较大，近年来申请量逐渐减少。

1. 玉米品种权申请、授权状况

1999~2017年，国内种子企业玉米品种权申请数量3443件，占玉米品种权总申请量的 61.07%，种子企业在玉米育种创新中具有相对比较优势，是玉米品种创新的主体。

玉米一直是我国粮食生产的关键作物，玉米种植面积保持快速发展（见图4.5）。2007 年玉米播种面积首次超过水稻，成为我国第一大粮食作物。2016 年以前，玉米种植面积和总产量都持续增长。2015 年 11 月，农业部制定下发了《"镰刀弯"地区玉米结构调整的指导意见》，明确提出调减玉米种植面积。随着农业供给侧改革和农产品结构调整的不断推进、深化，2016 年玉米播种面积下调至 36767.69 千公顷，同比减少 1351.62 千公顷；玉米总产量随之下降到21955.15 万吨，比 2015 年减少 508.01 万吨；杂交玉米种子市值 278.50 亿元，比 2015 年下降了 8.63 亿元。国家对玉米种植面积的结构性调整、去库存在一定程度上影响了国内玉米种子的需求，但也为选育开发优质玉米新品种（机收玉米、特用玉米、抗虫玉米）带来发展机遇。当前，中国正在实现由单纯追求产量为主向适宜机械化作业的早熟、抗倒伏、抗逆、籽粒含水量低的新品种转变。

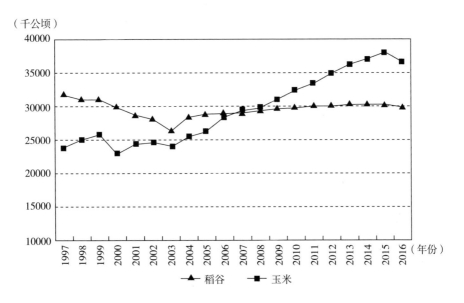

图 4.5　1997~2016 年中国玉米、稻谷种植面积

图 4.6（a）显示，1999~2017 年，国内种子企业玉米品种权申请量 3443件，申请量前 8 位省份为北京、山东、吉林、河南、辽宁、河北、黑龙江和内蒙古，这 8 个地区种子企业玉米品种权申请量占全部种子企业申请量的 78.30%，占全国玉米品种权总申请量的 47.83%；前 4 位的省份种子企业玉米品种权申请量占全部种子企业申请量的 53.82%，占全国玉米品种权总申请量的 32.87%。研

发玉米品种的种子企业主要在我国东北、华北玉米主产区，开发适宜当地种植的优良玉米品种，且地区集中度较高。

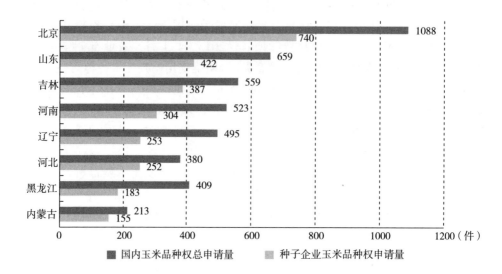

图4.6（a）　国内种子企业玉米植物新品种权申请量前8位省份

图4.6（b）显示，1999～2015年，国内种子企业玉米品种权授权量1584件，授权量前8位省份为北京、山东、吉林、辽宁、河北、河南、四川和黑龙江，这8个省份的种子企业玉米品种权授权量占全部种子企业授权量的79.42%，占国内玉米品种权总授权量的46.54%；前4位省份的种子企业玉米品种权授权量占全部种子企业授权量的55.81%，占国内玉米品种权总授权量的32.70%，地区集中度较高。前8位省份的种子企业玉米品种权授权量占比从高到低依次为北京、河北、吉林、山东、辽宁、四川、河南和黑龙江，相对于当地公共研究机构，种子企业玉米品种研发实力依次减弱。但是，从授权率角度来看，授权量前8位地区的种子企业玉米品种权授权率分别为北京39.46%、山东55.69%、吉林49.10%、辽宁66.01%、河北51.59%、河南32.24%、四川84.78%，以及黑龙江37.16%。可见，四川、辽宁、山东、河北等地种子企业申请成功的可能性大于50%，玉米品种创新能力较强。

根据农业农村部种子管理局统计资料显示，2013～2016年，玉米品种权申请中，杂交玉米和常规玉米（亲本）的比重大体相当，但杂交玉米比其他玉米获得的植物新品种权更多，大体为后者的2倍。种子企业申请的杂交玉米品种权较多，杂交品种因子代分离的特点而无法留种，具有天然的产权保护，除少数山区仍采用农家品种外，市场上销售的玉米种子几乎全部是杂交种。在植物新品种保

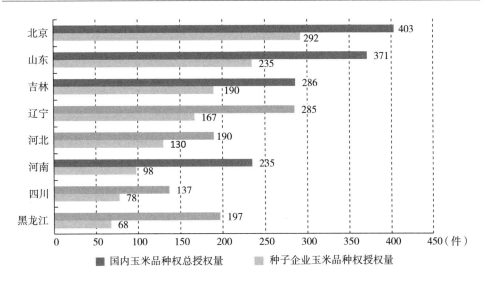

图 4.6（b）　国内种子企业玉米植物新品种权授权量前 8 位省份

护制度建立之前或制度不完善的情况下，种子企业需要通过这种天然产权保护提高创新收益的可占有性，获得品种创新回报。

2. 水稻品种权申请、授权状况

1999~2017 年，国内种子企业水稻品种权申请数量 2082 件，占水稻品种权总申请量的 39.46%，水稻品种创制主要集中在农科院所、农业大学等公共部门，种子企业水稻品种技术创新能力相对较弱。

中国是世界最大的稻谷生产和消费国，同时也是水稻科技强国。水稻在我国有悠久历史，7000 年前在长江流域就有种植。我国水稻生产集中分布在热带或亚热带的高温多雨地区，如长江流域、珠江三角洲和四川盆地等六大主产区：华南双季稻作带、华东华中单双季稻作带、西北干燥稻作带、华北单季稻作带、东北早熟稻作带以及西南高原稻作带。水稻是中国最主要的粮食作物，播种面积和总产量仅次于玉米，虽然种植面积位于印度之后，居世界第二位，但总产量位列世界第一。如图 4.7 所示，近 20 年来，我国水稻单位面积产量一直高于玉米，2003 年以来保持稳定上升状态，平均单位面积产量 6472.32 公斤/公顷。

中国发明了水稻杂交育种技术，并在全世界共享。20 世纪 50 年代广东省农业科学院黄跃祥等首先选育出水稻"矮脚南特"，通过杂交途径开展矮化育种，培育了 50 多个不同成熟期、不同类型的矮秆良种，实现了不同品种熟期类型配套，掀起了水稻矮秆育种的绿色革命。

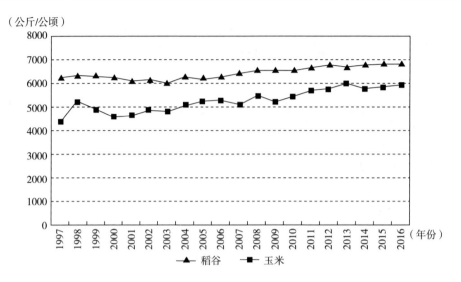

（公斤/公顷）

图 4.7　1997～2016 年中国玉米、稻谷单位面积产量

1972 年，中国农业科学院和湖南省农业科学院共同组织全国杂交水稻科研协作，袁隆平等利用雄性不育的普通野生稻作试验材料，与栽培籼稻测交筛选回交转育，1973 年实现了"三系"配套的重大突破，不仅为推动世界水稻单产提升做出了巨大贡献，而且为自花授粉作物利用杂种优势创出了新路，极大地丰富了遗传育种理论，由此 1981 年全国籼型杂交水稻科研协作组袁隆平等人获国家技术发明奖特等奖。1976～2000 年，这一重大科技成果在全国累计推广面积 34 亿亩，增产稻谷 2400 亿公斤。1980 年，杂交水稻技术作为我国第一项农业技术转让给美国，美国、柬埔寨等国家先后引种试验杂交稻成功，增产效果显著。

20 世纪 90 年代以来，超级稻育种研究取得了重大进展，培育出一批新品种、新组合，包括两优培九、准两优 527、两优 1128、Y 两优 2 号等籼型二系超级杂交稻；协优 9308、Ⅱ优明 86、Ⅱ优航 1 号、Ⅱ优 162、D 优 527、Ⅱ优 7 号、Ⅱ优 602、Ⅲ优 98、中浙优 1 号、天优华占等籼型三系超级杂交稻；甬优 12 号等籼粳杂交超级稻；沈农 265、沈农 606、吉粳 88、辽星 1 号、淮稻 9 号等粳型超级常规稻，以及胜泰Ⅰ号、桂农占、黄华占等籼型超级常规稻。以上列举的 23 个超级水稻品种多数为农业科研机构、教学机构培育，有 13 个超级水稻品种申请了植物新品种权，11 件获得授权（两优 1128、Y 两优 2 号、D 优 527、Ⅲ优 98、中浙优 1 号、天优华占、沈农 606、吉粳 88、辽星 1 号、淮稻 9 号、黄华占），其中 5 件品种权已经终止。在 13 件超级水稻植物新品种权申请中，种子企业申请的植物新品种权只有 3 件：两优 1128 由湖南杂交水稻研究中心和湖南隆平种业有限公司于 2011 年 10 月 14 日共同申请，2016 年 5 月 1 日因申请人未按

期缴纳第 1 年的年费而视为放弃取得品种权的权利；D 优 527 由四川农业大学
2001 年 6 月 4 日提出申请，并于 2003 年 1 月 1 日获得植物新品种权，品种权人
为四川农大高科农业有限责任公司，2015 年 1 月 1 日因品种权人未按时缴纳年费
而在其保护期限届满前终止；Ⅲ 优 98 由中国种子集团和三井化学株式会社共同
申请，2003 年 3 月 1 日获得植物新品种权授权，而后品种权几经终止、恢复，
2018 年 3 月 1 日因保护期限届满而终止。

图 4.8（a）显示，1999~2017 年，国内水稻品种权总申请量 5276 件，国内
种子企业水稻品种权申请量 2082 件，申请量前 8 位的省份为北京、湖南、安徽、
四川、江苏、广东、黑龙江和广西，这 8 个地区种子企业水稻品种权申请量占全
部种子企业申请量的 81.27%，占全国水稻品种权总申请量的 32.07%；前 4 位的
省份种子企业水稻品种权申请量占全部种子企业申请量的 59.89%，占全国水稻
品种权总申请量的 23.64%。除北京外，研发水稻品种的种子企业主要分布在我
国长江流域及东北水稻主产区，开发适宜当地种植的优良水稻品种，且地区集中
度较高。

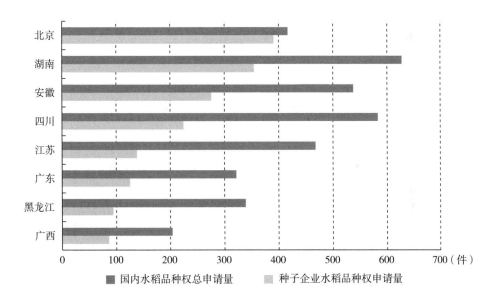

图 4.8（a）　1999~2017 年国内种子企业水稻品种权申请前 8 位省份

图 4.8（b）显示，1999~2015 年，国内水稻品种权总授权量 2485 件，国内
种子企业水稻品种权授权量 872 件，授权量前 8 位的省份为四川、湖南、北京、
安徽、江苏、广西、江西和浙江，这 8 个地区种子企业水稻品种权授权量占全部
种子企业授权量的 77.64%，占国内水稻品种权总授权量的 27.24%；前 4 位省份

的种子企业水稻品种权授权量占全部种子企业授权量的 52.98%，占国内水稻品种权总授权量的 18.59%，地区集中度低于申请量。前 8 位省份种子企业水稻品种权授权量占比从高到低依次为北京、江西、湖南、安徽、广西、四川、浙江和江苏，相对于当地公共研究机构，种子企业水稻品种研发实力依次减弱。但是，从授权率角度来看，授权量前 8 位省份的种子企业水稻品种权授权率分别为四川 74.22%、湖南 36.90%、北京 22.51%、安徽 27.54%、江苏 48.20%、广西 62.79%、江西 65.79% 和浙江 93.18%。可见，浙江、四川、江西、广西、江苏等地种子企业水稻品种权的申请成功率较高，水稻品种创新能力较强。

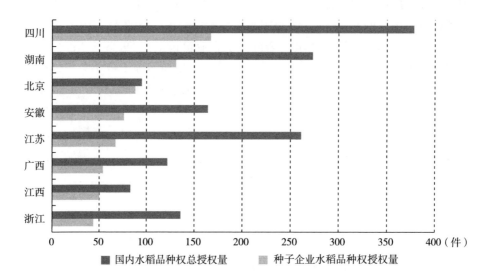

图 4.8（b）　1999~2015 年国内种子企业水稻品种权授权前 8 位省份

表 4.4 显示，2013 ~ 2016 年，水稻品种权申请中，杂交水稻平均占比 22.25%、常规水稻平均占比 34.85%，其他水稻平均占 42.90%；水稻品种权授权中，杂交水稻平均占 22.87%、常规水稻平均占 35.60%，其他水稻平均占 41.53%。水稻品种权申请、授权中，杂交品种约占 1/5，比例远低于杂交玉米，还有很多常规品种、恢复系和不育系品种申请植物新品种权保护。虽然杂交品种具有天然的产权保护，但种子企业水稻品种创新能力相对于公共研发部门较弱，需要植物新品种保护制度加强对常规水稻和其他水稻品种的保护，以提高创新收益的可占有性，获得更多的品种创新回报，激励种子企业水稻品种创新的积极性。

表 4.4 2013~2016 年水稻品种权申请和授权情况

	杂交水稻（件）	占比（%）	常规水稻（件）	占比（%）	其他水稻（件）	占比（%）	合计（件）
2013 年申请	89	24.72	119	33.06	152	42.22	360
2013 年授权	7	21.88	12	37.50	13	40.63	32
2014 年申请	139	24.56	185	32.69	242	42.76	566
2014 年授权	45	22.28	54	26.73	103	50.99	202
2015 年申请	103	20.28	179	35.24	226	44.49	508
2015 年授权	98	25.19	160	41.13	131	33.68	389
2016 年申请	130	19.43	257	38.42	282	42.15	669
2016 年授权	122	22.14	204	37.02	225	40.83	551

资料来源：农业农村部种子管理局统计资料。

3. 小麦品种权申请、授权状况

1999~2017 年，国内种子企业小麦品种权申请量 415 件，占国内小麦品种权总申请量的 27.95%，在三大粮食作物中植物新品种权申请量占比最低，农科院所、农业高校等公共部门的小麦品种技术创新能力远远超过种子企业。

1999~2017 年，国内种子企业小麦品种权申请来自河南、江苏、安徽、山东、河北、陕西、北京、四川、黑龙江、湖南、山西和新疆 12 个地区，申请量前 4 位的省份种子企业小麦品种权申请量占全部种子企业申请量的 83.61%，占全国小麦品种权总申请量的 23.37%［见图 4.9（a）］。2016 年小麦种子市场规模排名前 10 位省份：河南（41.24 亿元）、山东（23.30 亿元）、安徽（22.30 亿元）、江苏（15.33 亿元）、河北（14.33 亿元）、新疆（12.22 亿元）、甘肃（5.8 亿元）、陕西（5.72 亿元）、内蒙古（4.95 亿元）和四川（4.13 亿元）。研发小麦品种的种子企业主要分布在人口众多、小麦种子市场价值高的地区。

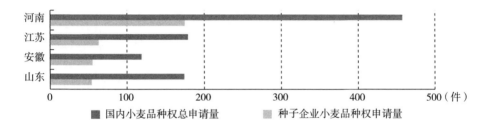

图 4.9（a） 1999~2017 年国内种子企业小麦品种权申请前 4 位省份

1999～2015 年，国内种子企业小麦品种权授权量 144 件，获得授权的有河南、四川、山东、江苏、安徽、河北、陕西、北京、新疆、上海、山西和宁夏 12 个地区。授权量前 4 位的省份为河南、四川、山东和江苏，这 4 个省份的种子企业小麦品种权授权量占全部种子企业授权量的 79.86%，占国内小麦品种权总授权量的 18.76%，地区集中度较低。前 4 位省份的种子企业小麦品种权授权量占比从高到低依次为河南、四川、山东和江苏［见图 4.9（b）］，与授权量排名一致，说明种子企业小麦品种创新依托于实力强大的公共研究机构，研发能力同步提升。但是，从授权率角度来看，授权量前 4 位省份的种子企业小麦品种权授权率分别为河南 35.43%、四川 47.36%、山东 31.48%、江苏 26.98%。可见，国内种子企业小麦品种权的申请成功率较低，小麦品种创新能力有待提高。

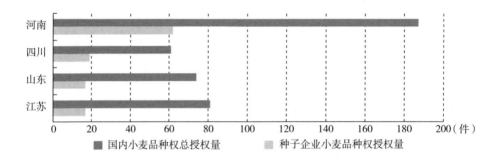

图 4.9（b）　1999～2015 年国内种子企业小麦品种权授权前 4 位省份

河南是全国人口大省，2016 年小麦种子市场规模为 41.24 亿元，居全国首位；种子企业数量仅次于甘肃省，位列全国第二；种子企业人员数为 9393 人，种子销售收入 69.63 亿元，位列全国第三，种子企业科研投入强度 2.43%，位列全国第四。综合以上数据，从小麦品种权申请、授权情况来看，河南种子企业的小麦品种研发能力在国内处于领先地位。

二、蔬菜品种权申请、授权状况

蔬菜是人们日常饮食中不可或缺的食物之一，中国是全球最大的蔬菜生产国和消费国。20 世纪 80 年代以来，政府逐步退出蔬菜计划管理，由农户和企业按市场需求组织蔬菜生产销售，人们的菜篮子不断得到充实，极大地推动了蔬菜种子产业化发展。2014 年蔬菜种植面积达到 2128.9 万公顷，仅次于粮食种植面积，蔬菜总产量 76005.48 万吨，面积和产值增长速度居农业首位。1978 年以来主要蔬菜作物新品种已经更新换代 3～4 次。1978～2013 年，主要蔬菜作物审（认）定或登记的品种数量前 10 位依次是辣椒 803 个、西瓜 787 个、大白菜 563 个、番茄 498 个、黄瓜 331 个、甘蓝 211 个，茄子 204 个、甜瓜 171 个、萝卜 124 个、食用菌 123 个（张扬勇等，2013），表明我国蔬菜育种的主要力量和优势集中在茄科、葫芦科和十字花科作物上。2015 年国内蔬菜市场规模为 30187 亿元，蔬菜总产量 76918.4 万吨，对外出口 752.99 万吨，进口蔬菜 1040.76 万吨。但蔬菜品种自主创新能力不强，产学研部门相互衔接不紧，种子企业的国际竞争力偏弱。

国内种子企业蔬菜品种创新虽然起步较晚，但发展迅速。1999~2017 年，我国蔬菜品种权总申请量 1265 件，其中国外申请 157 件，国内申请 1108 件（占87.59%）；蔬菜品种权总授权量只有 434 件，其中国外授权件 50 件，国内授权384 件（占 88.48%）。1999~2017 年，国内拥有蔬菜品种创新能力的种子企业122 家，共申请蔬菜品种权 633 件，平均每家企业申请 5.2 件，占国内蔬菜品种权申请量的 57.13%，种子企业蔬菜品种权申请积极性较高；共获得蔬菜品种权142 件，平均每家种子企业 1.2 件，占国内蔬菜品种权授权量的 36.98%，授权率仅有 22.43%，种子企业蔬菜品种自主创新能力相对农科院所等公共部门较弱。蔬菜品种权申请量增长迅猛，1999 年仅有中国种子集团承德长城种子有限公司提出了 2 件大白菜品种（廊玉 6 号、农大 2493）申请；1999~2011 年，国内种子企业申请的蔬菜品种权数量有限，只有 106 件；2012~2017 年，国内种子企业蔬菜品种权申请量快速增长，共申请了 527 件，占 83.25%。

国内种子企业申请的蔬菜品种权分布在 28 个植物种属，总申请件数在 10 件以上的蔬菜植物种类分布见表 4.5。种子企业申请的蔬菜品种权主要集中在辣椒、马铃薯、普通番茄、甜瓜、黄瓜、普通西瓜、大白菜、西葫芦、普通结球甘蓝和不结球白菜等蔬菜品种，多属于适宜设施栽培、耐贮运、适于加工的蔬菜品种，排名前 10 名蔬菜品种权申请量共计 554 件，占种子企业蔬菜品种权申请量的 87.52%，其他蔬菜品种（茄子、苦瓜、菜豆、豇豆、芹菜、白灵侧耳、菠菜、草莓、芥蓝、丝瓜属、大葱、青花菜、豌豆、莴苣、洋葱等）44 件，仅占种子企业蔬菜品种权申请量的 6.95%。

表 4.5　1999~2017 年国内种子企业蔬菜品种权申请植物种类分布　单位：件

年份	辣椒	马铃薯	普通番茄	甜瓜	黄瓜	普通西瓜	大白菜	西葫芦	普通结球甘蓝	不结球白菜	南瓜	食用萝卜	花椰菜
1999							2						
2000													
2001	1						1						
2002												1	

续表

年份	辣椒	马铃薯	普通番茄	甜瓜	黄瓜	普通西瓜	大白菜	西葫芦	普通结球甘蓝	不结球白菜	南瓜	食用萝卜	花椰菜
2003						1							
2004		1										1	
2005		3			2								
2006				2									
2007	3			1		1							
2008	1				4								
2009	6	3		1	2								
2010	13	3		4	2								
2011	8	4	4	6	5	4	1	9	1				
2012	7	8	3	4	14	6	3		3	2			3
2013	8		8	3	5	2	4		1	2		1	
2014	12	3	6	5	7	8	7	6	4	8		2	5
2015	21	5	21	4	3	11	7	9	7	7		2	1
2016	26	12	24	11	3	9	10	3	16	4	12	1	2
2017	35	25		12	1		6	10	3			4	
总计	141	67	66	53	48	42	41	38	35	23	12	12	11

大部分蔬菜作物使用的是杂交种，农民无法自己留种，但马铃薯是无性繁殖蔬菜作物，UPOV78 文本的保护力度有限，农户对受保护品种可以留种自用，而不必向品种权人支付许可使用费。马铃薯不仅可以作为蔬菜，还可以作为主粮、饲料以及工业原料，加工成薯片、淀粉、乙醇、茄碱等产品，在我国得到广泛种植，因而种子企业申请马铃薯品种权保护的积极性较高。国内种子企业的 67 件马铃薯品种权申请中半数来自寿光南澳绿亨农业有限公司（10 件）、乐陵希森马铃薯产业集团有限公司（9 件）、山东省寿光市三木种苗有限公司（8 件）、寿光市宏伟种业有限公司（7 件）、百事食品中国有限公司（7 件）和雪川农业发展股份有限公司（7 件）等种业公司。

国内种子企业获得的蔬菜品种权分布在 14 个植物种属，见表 4.6。种子企业的蔬菜品种权主要集中在黄瓜、辣椒、普通西瓜、马铃薯、甜瓜、大白菜、花椰菜和普通番茄等蔬菜品种，占全部种子企业蔬菜品种权的 84.62%。种子企业蔬菜品种研发资源的配置与农科院所既有重叠又有所不同，在黄瓜、西瓜、马铃薯、甜瓜和大白菜等蔬菜品种创新领域，种子企业商业化育种有更大的发展空间。种子企业没有申请冬瓜、大蒜、芥菜品种权；虽然申请了白灵侧耳、菠菜、不结球白菜、草莓、大葱、芥蓝、苦瓜、南瓜、芹菜、青花菜、丝瓜、莴苣、洋葱等品种权，但没有获得授权，国内种子企业在这些蔬菜品种上的自主创新能力还有待提升。

表4.6　1999~2017年国内种子企业蔬菜品种权授权植物种类分布　　单位：件

年份	黄瓜	辣椒	普通西瓜	马铃薯	甜瓜	大白菜	花椰菜	普通番茄	普通结球甘蓝	西葫芦	豇豆	茄子	食用萝卜	菜豆
1999						3								
2000		1												
2002			1										1	
2005	2			3										
2006				1	2						1			
2007		4												
2008	4								1					1
2009	2	2	4		1	1		1						
2010	1	4	5	3	4	1		1	1					
2011	1	5	4	4	2	1	5	2	2	5	1	1		
2012	13	6	6	8	4	2	2	2	2	1	2	1		
2013						3							1	
总计	23	22	20	19	13	11	7	6	6	6	3	3	2	1

　　国内蔬菜品种权申请分布在全国23个地区，总申请量在10件以上的地区有12个，见表4.7。排名前4位地区北京、山东、安徽和天津的种子企业申请蔬菜品种权425件，占国内种子企业蔬菜品种权总申请量的67.14%；前8位地区种子企业申请蔬菜品种权536件，占国内种子企业蔬菜品种权总申请量的84.58%，地区集中度较高。北京、天津、上海、安徽、浙江、四川等地蔬菜种业研发条件较好、人才集聚、品种资源丰富；山东、河北、江苏、河南等省份蔬菜种子市场需求大，适宜开发、栽培地方特色蔬菜品种；甘肃是主要蔬菜制种基地，种子亲

本流失严重，因此对蔬菜品种进行植物新品种权保护有利于制种基地规范发展，避免无序竞争。

表 4.7 1999~2017 年国内种子企业蔬菜品种权申请地区分布

单位：件

年份	北京	山东	安徽	天津	河北	江苏	福建	上海	浙江	四川	甘肃	河南
1999					2							
2000												
2001		1	1									
2002												1
2003			1									
2004		2										
2005	2			2					3			
2006												
2007		2							1			
2008	1			4	1							
2009	6			1		2		2				
2010	2	1	12	1		3					3	
2011	15	10	5	4	2		5		1			
2012	4	10	9	15	1	2		9		8		
2013	1	3	7	11			6	2	2	6		
2014	13	5	5	16		16	7		11	2		5
2015	39	13	14	5	6		4	6	5			5
2016	53	22	26	4	12	4		1	5		5	1
2017	9	56	12		10		3	2			4	
总计	145	125	92	63	34	27	25	25	25	16	12	12

国内蔬菜品种权授权分布在全国 16 个地区，总申请量在 3 件以上的地区有 10 个（见表 4.8）。排名前 4 位地区天津、山东、北京和安徽的种子企业获得蔬菜品种权 97 件，占国内种子企业蔬菜品种权授权量的 68.31%；前 8 位地区种子企业获得蔬菜品种权 124 件，占国内种子企业蔬菜品种权总授权量的 87.32%，地区集中度较高。广东、贵州、湖南、吉林、陕西、新疆、云南 7 个地区的种子

企业虽然申请了蔬菜品种权，但没有获得授权，这些地区的种子企业的蔬菜品种创新实力薄弱，需要整合现有育种资源，充分利用公益性研究成果，加大育种科研投入，或与科研院所建立联合育种平台，提高蔬菜品种创制能力。

表 4.8　1999~2017 年国内种子企业蔬菜品种权授权地区分布

单位：件

年份	天津	山东	北京	安徽	上海	福建	四川	河北	甘肃	江苏	浙江
1999		3									
2000											
2001											1
2002	2				3						
2003									2		
2004		2									1
2005	4		1					1			
2006	1	1	7		1						
2007	2		3	10				1	2	2	
2008	3	10	8	3		5		2			1
2009	14	10	3	8	5		6	1		2	
2010	2				2						
总计	28	26	22	21	9	7	6	5	4	4	3

表 4.9 为 1999~2017 年前 10 位种子企业蔬菜品种权申请、授权情况。这期间共有 122 家种子企业申请蔬菜品种权，申请量排名前 10 位的种子企业分别是天津科润农业科技股份有限公司、北京华耐农业发展有限公司、中国种子集团有限公司、北京博收种子有限公司、青岛金妈妈农业科技有限公司、安徽江淮园艺种业股份有限公司、宁波微萌种业有限公司、山东省华盛农业股份有限公司、合肥丰乐种业股份有限公司、山东省寿光市三木种苗有限公司，申请蔬菜品种权 239 件，占国内种子企业蔬菜品种权申请量的（CR10）37.76%，从蔬菜品种权申请量集中度来看，种子企业蔬菜品种创新能力偏弱且较为分散。122 家种子企业中仅有 19 家蔬菜品种权申请量累计超过 10 件，有 68 家种子企业仅仅申请了 1~2 件蔬菜品种权。

表4.9   1999~2017年蔬菜品种权申请、授权前10位种子企业

序号	公司名称	申请量（件）	公司名称	授权量（件）
1	天津科润农业科技股份有限公司	43	天津科润农业科技股份有限公司	20
2	北京华耐农业发展有限公司	34	北京华耐农业发展有限公司	11
3	中国种子集团有限公司	32	先正达种苗北京有限公司	8
4	北京博收种子有限公司	21	百事食品中国有限公司	7
5	青岛金妈妈农业科技有限公司	21	乐陵希森马铃薯产业集团有限公司	7
6	安徽江淮园艺种业股份有限公司	19	合肥丰乐种业股份有限公司	6
7	宁波微萌种业有限公司	18	山东省华盛农业股份有限公司	6
8	山东省华盛农业股份有限公司	18	天津德瑞特种业有限公司	6
9	合肥丰乐种业股份有限公司	17	安徽全新种业有限公司	5
10	山东省寿光市三木种苗有限公司	16	农友种苗中国有限公司	5

1999~2017年仅有45家种子公司获得蔬菜品种权，72家种子公司的262件蔬菜品种权申请没有获得授权。授权量排名前10位的种子公司分别是天津科润农业科技股份有限公司、北京华耐农业发展有限公司、先正达种苗北京有限公司、百事食品中国有限公司、乐陵希森马铃薯产业集团有限公司、合肥丰乐种业股份有限公司、山东省华盛农业股份有限公司、天津德瑞特种业有限公司、安徽全新种业有限公司、农友种苗中国有限公司。其中，先正达种苗北京有限公司、百事食品中国有限公司、天津德瑞特种业有限公司、农友种苗中国有限公司4家种子公司均为中外合资企业，共获得26件蔬菜品种授权。排名前10位种子公司蔬菜品种权授权81件，占国内种子企业蔬菜品种权授权量的（CR10）57.04%，从蔬菜品种授权量集中度来看，种子公司蔬菜品种创新能力比较分散，平均每家种子公司仅拥有3.2件蔬菜品种权。

在图4.10中，横坐标表示各申请人的申请总量，纵坐标表示各申请人的授权量，气泡大小表示各申请人申请量占申请总量的比例，数据标签代表公司的名称。从图中可以看出，蔬菜品种育种创新的主要申请人，如天津科润农业科技股份有限公司、北京华耐农业发展有限公司处于领先地位，而其他种子公司相对创新规模较小，实力较弱，也说明蔬菜育种创新实力比较分散。

从植物新品种权申请、授权角度来看，蔬菜种子公司大致可以分为三种类型：一是育繁推一体化种子公司。如中国种子集团有限公司，是1978年在农林部种子局基础上成立的我国第一家种子企业，共申请普通番茄、西葫芦品种权32件，获得授权1件；天津科润农业科技股份公司的蔬菜品种申请量最多，为43件，获得授权20件，其品种研发依靠天津农科院蔬菜研究所和黄瓜研究所，

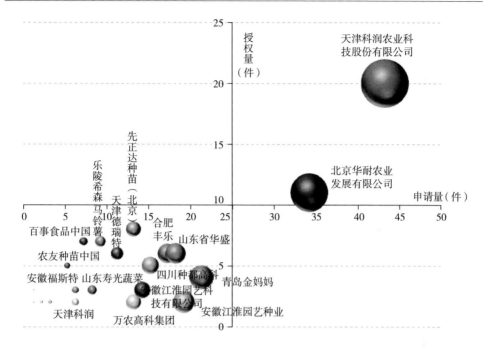

图 4.10　国内蔬菜种子公司主要申请人实力比较

2008 年之前以天津科润农业科技有限公司黄瓜研究所（2001 年由天津市黄瓜研究所改制而来）为申请人申请了 6 件蔬菜品种权，全部获得授权；京研益农北京种业科技有限公司 2015 年由原"北京京研益农科技发展中心"改制成立，其品种研发主要依托国家蔬菜工程技术研究中心（即北京农林科学院蔬菜中心），与之共同申请蔬菜品种权 15 件，获得授权 0 件；山东寿光蔬菜种业集团，依托中国农业大学、中国农科院、国家蔬菜工程技术中心，产学研相结合，申请 8 件普通番茄、西瓜和黄瓜品种权，获得授权 3 件；上海科园种子有限公司，与上海市农业科学院共同申请蔬菜品种权 5 件，获得授权 0 件。这类种子企业拥有国家农科院所背景，由于农科院所具有丰富的国家科研项目、研发经费、土地支持，能够吸引大量人才，科技创新能力强，容易获得地方政府给予的相关配套政策支持，实现新品种研发、种子生产加工和市场销售纵向整合，与农业科研院所合作申请植物新品种权的积极性较高。但一些种子企业长期依靠国家支持，市场竞争意识较弱，商业化育种水平相对滞后。

　　二是民营科技创新型种子公司。如天津德瑞特种业有限公司（2015 年被隆平高科收购），由原天津市黄瓜研究所所长马德华博士创立，主要开展黄瓜、番茄、甜椒、茄子、甜瓜等蔬菜品种的研究和推广工作，申请了 11 件黄瓜品种权，6 件获得授权；安徽江淮园艺科技有限公司，2007 年由瓜菜育种专家戴祖云研究员领头创办，主要从事瓜类蔬菜新品种培育，申请了 14 件蔬菜品种权，获得 3 件授权；安徽江淮园艺种业股份有限公司申请了 19 件西瓜、甜瓜、南瓜、辣椒品种权，获得 2 件授权，其"高产优质抗病辣椒系列新品种新技术的研究及产业化"项目获 2011 年安徽省科技项目一等奖；青岛金妈妈农业科技有限公司，2015 年开始进行贯彻实施《企业知识产权管理规范》国家标准认证，申请辣椒、普通番茄、西甜瓜和苦瓜品种权 21 件，获得 4 件授权；乐陵希森马铃薯产业集团有限公司，专门从事马铃薯种薯培育，申请马铃薯品种权 9 件，获得 7 件授权。这类种子公司拥有育种专家带领的专业育种团队，专门从事某类特色蔬菜品种研发，并注重研发成果的知识产权保护，管理机制灵活，新品种研发投入较大，科技创新能力较强，商业化育种效率比较高。

三是品牌蔬菜种子生产经营型种子公司。如北京华耐农业发展有限公司、寿光德瑞特种业有限公司、寿光先正达种子有限公司、先正达种苗（北京）有限公司、纽内姆（北京）种子有限公司、山东华盛农业股份有限公司、济南鲁青种苗有限公司、宁波微萌种业有限公司等，这类种子公司主要批发、零售不再分装原包装种子，代理国内外品牌种子，营销能力强，基本不从事新品种研发，申请的蔬菜品种权数量较少。

此外，一些全球著名的（蔬菜）种子企业如圣尼斯（孟山都）、先正达、荷兰瑞克斯旺、纽内姆、德瑞特、日本农友种苗等在中国设立的独资企业或合资企业，这些具有外资背景的蔬菜种子公司在国内蔬菜品种权申请量中占比较少，但蔬菜品种授权率较高，也是蔬菜品种创新的重要力量。

三、花卉品种权申请、授权状况

随着社会经济发展，花卉产品越来越受到人们的喜爱，鲜切花、盆栽花等正逐渐成为人们装饰、美化环境的重要组成部分，花卉产业发展迅速，成为调整农业结构、发展农村经济，增加农民收入的新增长点。花卉品种是花卉产业发展的基础，也是衡量花卉创新能力的重要标志。长期以来，我国花卉品种研发不受重视，花卉育种技术以引种驯化、选择育种、杂交育种为主，分子育种正处于起步阶段，科研滞后已成为推进花卉产业化的主要障碍。

我国农业部门受理的花卉品种权申请都是草本花卉，在植物新品种保护目录中以菊属、蝴蝶兰属、石竹属、非洲菊、百合属、向日葵等为主，总体来看花卉品种申请量较少，但呈逐年上升趋势①。1999~2017 年，农业部共受理 19 个种属

---

① 由于资料所限，本书没有统计林业花卉品种权申请、授权情况。国家林业和草原局受理的花卉新品种主要是木本花卉和园艺绿化属种，如蔷薇属、芍药属、杜鹃花属、木兰属、含笑属、丁香属、山茶属、梅花、桃花、连翘、槭树、女贞、卫矛属、石楠属、刚竹属、枫香属、木樨属、拟单性木兰等。

花卉品种权申请，共计 1376 件，其数量不到总申请量的 1%。其中，国外申请 486 件，国内申请 890 件，国内申请占全部花卉品种权申请的 64.68%。国内种子企业申请了 15 个花卉种属的品种权 491 件（见图 4.11），占国内花卉品种权申请的 55.17%，占全部花卉申请的 35.68%。国内种子公司虽然成为花卉品种权申请主体，但很难与欧美花卉育种公司抗衡。从种属申请量来看，蝴蝶兰属、菊属、非洲菊属、向日葵属、石竹属和百合属 6 个种属花卉品种的申请量占国内种子公司总申请量的 81.26%，补血草属、凤仙花属、唐菖蒲属和秋海棠属共仅有 8 件，而花毛茛、石斛属、萱草属尚未有花卉公司提交申请，反映了花卉种苗公司商业化育种的主要方向相对较为集中。

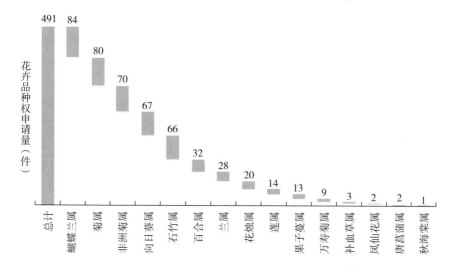

图 4.11　1999~2017 年国内种子企业花卉品种权申请植物种属分布

花卉的培育周期较长，即使是草本花卉，没有 10 年时间也很难培育出一个好品种。我国花卉育种公司成立时间不长，育种历史较短，直到 2009 年花卉品种权申请量才突破 40 件。从年度申请状况来看，花卉品种权申请量呈缓慢上升趋势，花卉公司在百合属、兰属、菊属、蝴蝶兰属等花卉品种上的持续创新能力较强，但 2013 年之后这些品种的申请量也呈下降趋势，而非洲菊、花烛属基本停止了申请。2016 年国内种子公司申请了 118 件花卉品种权，这个突破性增长主要来自 64 件向日葵的申请，其中北京天葵立德种子科技有限公司申请了 27 件向日葵品种权，占向日葵总申请量的 42.19%。2016 年农业部将向日葵列入第十批农业植物品种保护名录，大大激发了种子公司向日葵品种权申请的积极性。

一方面，花卉新品种保护的属种范围有限，进入保护名录的花卉品种不一定能满足育种者的需要；另一方面，花卉品种测试技术不完善制约了花卉品种权的申请量增长，申请人因无法按要求期限提供申请品种的田间观测数据导致申请失败（有 1 件石竹属申请，因申请人缺乏 DUS 测试技术，未能按期提供申请材料而使该品种权申请视为撤回）。因而，扩大植物新品种保护名录、增加 DUS 测试指南研制的花卉属种范围，有利于种子公司发挥育种优势，面向市场需求培育商业化花卉品种；花卉种苗公司还需加大投入，提高 DUS 测试技术水平和栽培技术，使花卉品种权申请更加专业化，提高申请效率。

1999~2017 年，农业部共授权 13 个种属花卉品种权 531 件，其中国外授权 202 件，国内授权 332 件，国内授权占全部花卉品种权授权的 62.52%。国内种子企业获得 10 个花卉种属的品种权 202 件授权（见图 4.12），占国内花卉品种权授权的 60.84%，占全部花卉授权的 38.04%。国内花卉公司的育种能力相对农科院所等部门较强。从种属授权量来看，非洲菊、菊属、蝴蝶兰属、花烛属、石竹属、兰属 6 个种属花卉品种的授权量占国内种子公司总授权量的 90.10%，反映了花卉种苗公司在这些花卉品种培育方面有较强的实力，但突破性品种仍然较少，与我国作为花卉资源大国的地位极不相称。我国花卉种质资源极为丰富，是很多名贵花卉的起源地和野生花卉资源宝库。以兰科植物为例，我国是兰科植物的主要产地，有 180 余属 1200 余种，其中特有种达 500 种左右。全球 48 个野生兰属种中，有 30 个种和 4 个变种在中国（杨旭红等，2004）。在 20 多年的花卉栽培过程中，我国培育出了数千个花卉品种，大量品种没有列入保护名录、没有申请保护。

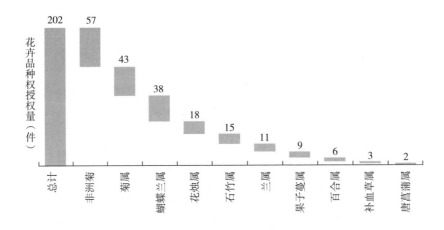

图 4.12 1999~2017 年国内种子企业花卉品种权授权植物种属分布

如图 4.13 所示，从花卉品种权申请量、授权地区分布来看，云南、北京、浙江、福建、江苏等地的花卉种苗公司品种权授权量较大，但北京、福建的授权率较低，内蒙古、台湾、广东、山东等地区的种子企业尚未取得花卉品种权授权。云南有着得天独厚的花卉种质资源，申请量和授权量在全国居于首位。北京、浙江、福建和江苏均为东部经济发达地区，与大田作物申请地区分布明显不同。从花卉种类来看，云南、辽宁、广东等省份为鲜切花（切花、切叶、切枝）主产区，广东、福建、云南等省份为盆栽植物主产区，江苏、浙江、河南、山东、四川、湖南、安徽等省份为观赏苗木主产区，广东、福建、四川、浙江、江苏等省份为盆景主产区。从花卉种苗生产来看，上海、云南、广东等地区主产花卉种苗，辽宁、云南、福建等地区主产花卉种球，内蒙古、甘肃、山西等地区主产花卉种子。从花卉用途来看，湖南、四川、河南、河北、山东、重庆、广西、安徽等省份为食用药用花卉主产区，黑龙江、云南、新疆等省份为工业及其他用途花卉主产区，北京、上海、广东等省份为设施花卉主产区。种子公司花卉品种权申请地区分布与花卉主产区分布并不一致，可能的原因是花卉产品的市场需求集中在经济较为发达地区，便利的交通运输条件缩短了花卉产地与销地的时间距离，私人资本将花卉品种研发活动集中在吸引力更大的花卉产业高利润率地区。近年来，一些花卉企业在云南、广东、北京等省市建立了自己的育种团队，投入大量花卉育种资源，每年培育的新品种有 80~100 个，未来将会有更多的花卉品种推向市场，花卉品种权申请、授权数量也会不断提升。

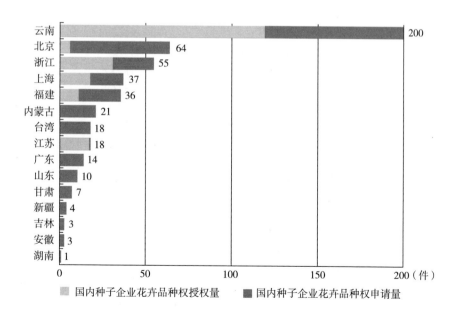

图 4.13　1999~2017 年国内种子企业花卉品种权申请、授权地区分布

1999~2017 年，国内有 68 家种子公司提交了花卉品种权申请，但只有 19 家企业获得授权，种企名称及花卉申请量、授权量详见图 4.14。排名前 4 位种子公司，昆明虹之华园艺有限公司、昆明缤纷园艺有限公司、浙江森禾种业股份有限公司、昆明煜辉花卉园艺有限公司，花卉品种权申请量、授权量占比分别为 30.35% 和 61.88%，申请量占比（CR4）说明种子公司花卉品种研发力量比较分散，但授权花卉品种集中度较高，且授权率均在 80% 以上，反映出这 4 家花卉公司在非洲菊、菊属、石竹属、蝴蝶兰属等花卉品种培育方面具有相对比较优势，育种创新处于国内领先水平。瑞恩上海花卉有限公司的申请量虽然较少，但授权率达到 90%，上海鲜花港企业发展有限公司与南京农业大学共同申请的 8 件菊属品种权、漳州钜宝生物科技有限公司申请的 8 件蝴蝶兰属品种权授权率达到 100%。花卉种业公司普遍规模较小，资金有限，但集中研发资源于某个花卉品种，有稳定的育种方向，育种创新效率较高。鉴于花卉品种研发周期长，要保持、提升育种能力还需加大科研投入，建立育种创新团队，加强花卉产业技术联盟中的产学研合作。

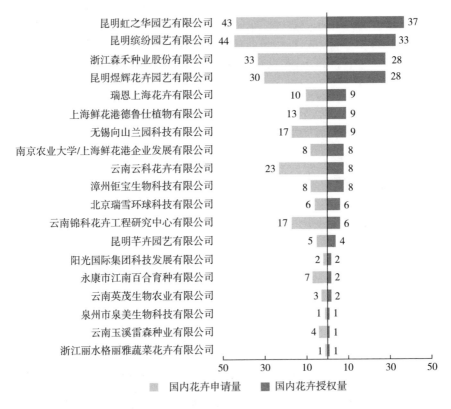

图 4.14 1999~2017 年国内种子公司花卉品种权申请量、授权量

在图4.15中，横坐标表示各申请人的申请总量，纵坐标表示各申请人的授权量，气泡大小表示各申请人申请量占申请总量的比例，数据标签代表公司的名称。从图中可以看出，国内花卉品种的主要申请人，如昆明虹之华园艺有限公司、昆明缤纷园艺有限公司、浙江森禾种业股份有限公司、昆明煜辉花卉园艺有限公司的花卉育种创新能力较强，在国内花卉种子产业处于领先地位，但其他花卉公司花卉品种研发能力很弱，花卉育种研发实力比较分散。

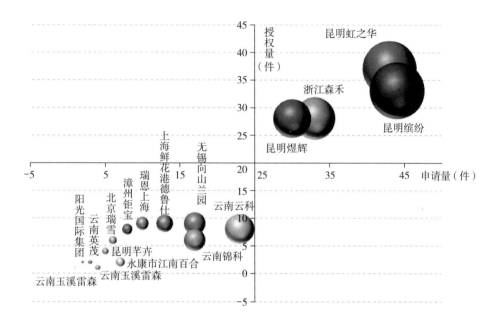

图4.15 国内花卉种子公司主要申请人实力比较

从花卉品种权申请、授权情况来看，植物新品种保护制度激发了花卉种子企业的申请积极性。附加值大、利润率高的兰花、菊花、向日葵等花卉品种对私人资本投资吸引力更大，种子公司将花卉品种研发活动集中在种质资源丰富的云南和经济发达的沿海地区。国内种子企业花卉品种创新活动主要集中在昆明虹之华园艺有限公司、昆明缤纷园艺有限公司、浙江森禾种业股份有限公司、昆明煜辉花卉园艺有限公司，这4家种子企业在国内花卉种子产业链上游处于领先地位，但花卉育种创新资源配置比较分散，其他花卉公司花卉品种研发能力很弱。国外花卉种子企业育种创新能力强，凭借长期累积的技术研发实力，占据了花卉品种权申请的很大份额。国内花卉种子公司还需增强知识产权保护意识，集中资源提高花卉育种水平和栽培技术，合理开发和利用我国丰富的花卉资源，培育出市场欢迎的、受植物新品种权保护的花卉新品种。

第四节　外国种子企业在我国植物新品种权
申请及授权分析

　　截至 2017 年，我国已累计受理国外农业植物新品种权申请 1169 件、授权 411 件，分别占植物新品种权总申请量、总授权量的 6.29% 和 4.95%①。外国在我国农业植物新品种权申请、授权的情况详见表 4.10。其中，外国种子企业植物新品种权申请 990 件、授权 331 件，分别占外国在我国农业植物新品种权申请量、授权量的 84.69% 和 80.54%，这表明外国在我国农业植物新品种权申请、授权的总量规模很小，种子企业跨国公司是外国在我国植物新品种权申请的主体，占据重要地位。

表 4.10　外国在我国植物新品种权申请、授权情况　　　　单位：件

国家	植物种类									
	大田作物		蔬菜		花卉		果树		其他	
	申请	授权	申请	授权	申请	授权	申请	授权	申请	授权
澳大利亚	2	2					13	1		
比利时					14	8	4	2		
德国	32	4	5		6	5	6	2		
法国	49		6				2			
韩国	11	5	8	3	27	4	45	32	4	
荷兰	2	1	58	20	369	159	1	1		
美国	225	81	53	16			39	12		
南非							1	1		
日本	14	6	6	4	54	18	6	3		
瑞士	23		9	2						
西班牙			2	2	9	3	4	4		

---

　　①　数据统计范围仅限中国大陆，不包括香港、澳门和台湾地区数据。

续表

国家	植物种类									
	大田作物		蔬菜		花卉		果树		其他	
	申请	授权	申请	授权	申请	授权	申请	授权	申请	授权
希腊							1			
新加坡							1			
新西兰							18	4		
以色列	5		2		4		3			
意大利			6	3	3	2	13			
英国			2				1	1		
智利							1			
合计	363	99	157	50	486	199	159	63	4	0

一、外国种子企业在我国植物新品种权申请情况分析

　　1995 年以来，中国颁布实施了一系列鼓励外商投资的法律法规和政策规定，跨国种业公司在我国设立合资、合作研发机构逐步增多。1997 年植物新品种保护条例颁布实施，中国植物新品种知识产权保护制度确立。1999 年中国加入国际植物新品种保护联盟，开始接受国内外植物新品种权申请。如图 4.16 所示，总体上外国在我的植物新品种权申请的年度波动幅度较大，植物新品种权态势大体可以分为尝试期（2000～2005 年）、发展期（2006～2010 年）、调整期（2011 年至今）三个发展阶段。2000 年《中华人民共和国种子法》的颁布标志着我国种子行业真正走向市场化发展阶段，国内种子市场，尤其是蔬菜、花卉市场逐步对外资开放，跨国种子企业试水植物新品种在我国的受保护情况，由于对植物新品种保护申请、审批情况还不是很了解，对植物新品种保护制度缺乏足够的信心，所以以跨国种子企业公司在我国申请的植物新品种权数量较少，每年不足 5 件。经过 2000~2004 年的试探性发展，2005 年美国、荷兰、韩国在我国植物新品种权申请数量达到 65 件，种子公司申请数量为 51 件。随后 5 年，各国在我国植物新品种权申请数量快速增长，2011~2014 年虽然申请量有所回落，但 2015 年和 2016 年的申请量均超过 140 件。需要说明的是，植物新品种权申请公告时间滞后于植物新品种权的申请日期，2017 年的申请量减少主要是由于公开数据不完整而造成的。

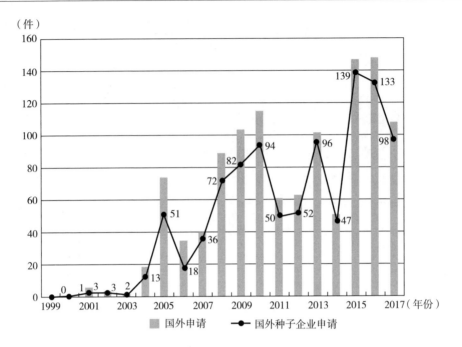

图 4.16　1999~2017 年外国在我国的植物新品种权申请数量变化

二、外国在我国植物新品种权申请的国别差异

表 4.11 统计了 2000~2017 年在我国申请植物新品种权的主要国家（植物新品种权申请量大于 10 件）。荷兰、美国在我国植物新品种权申请量分别为 430 件和 317 件，占我国受理外国植物新品种权申请总量的 36.78% 和 27.12%，我国受理的荷兰、美国两个国家植物新品种权申请量之和超过外国在我国申请总量的 60%。全球共有 18 个国家在我国申请过植物新品种权保护，排名前 10 位国家为荷兰、美国、韩国、日本、法国、德国、瑞士、意大利、比利时和新西兰，共申请植物新品种权 1118 件，占国外申请总量的 95.64%；其他 8 个国家包括澳大利亚、西班牙、以色列、英国、南非、希腊、新加坡和智利，共申请植物新品种权 51 件，占国外申请总量的 4.36%。这说明我国植物新品种保护制度建立的 20 年间，日本、韩国等地缘邻近国家，美国、荷兰、法国、德国等种子生产和贸易大国是外国在我国植物新品种权保护的主要申请来源国①。

①　除了希腊，其他国家都是 UPOV 成员国，其中澳大利亚、德国、法国、韩国、荷兰、美国、日本、瑞士、西班牙、新加坡、以色列、英国适用 UPOV 公约 1991 年文本；南非、新西兰、意大利和智利适用 UPOV 公约 1978 年文本，只有比利时适用 UPOV 公约 1961 年文本及 1972 年文本。

表 4.11　2000~2017 年外国在我国的植物新品种权申请量　　　　　单位：件

年份	荷兰	美国	韩国	日本	法国	德国	瑞士	意大利	比利时	新西兰	澳大利亚	西班牙	以色列	合计
2000				1										1
2001	2		3	1										6
2002	2		1	1										4
2003	2													2
2004	2	1	2	10						3	1			19
2005	32	20	13	5									4	74
2006	11	3	10	3		1					3	3		35
2007	18	2	1	1	1	10		2	2		2			40
2008	54	9	5	3	6			5	7					89
2009	40	34	13	7		4		1	2	1	2			104
2010	20	53	17	9		3		1		4		6	2	115
2011	32	10	9	4		2		1	2					61
2012	40	5	8	4			1	1		2	1			63
2013	34	49	1	1				7		3	5			102
2014	28	13	3	3	3					1				51
2015	36	61	2	5	28	1		7	3	2	2			147
2016	42	44	7	5	10	7	10	7	4	2	3	1	5	148
2017	35	13		17	9	21	7	2				1	3	108
总计	430	317	95	80	57	49	32	22	18	18	15	15	14	1169

　　日本与荷兰的最早申请均来自种子公司，而韩国和美国的最早申请都是政府部门提交的。日本种子公司"有限会社日本农研"于 2000 年 12 月 15 日提交了名为"卡普椒"的辣椒属品种权申请，这是我国受理的第 1 件外国植物新品种权申请，且基本保持了连续 20 年申请。随后，荷兰、韩国、美国、新西兰、澳大利亚等国品种权申请人陆续提出申请。荷兰最早的申请是由荷兰农业马铃薯集团公司于 2001 年 2 月 19 日提交的"康朵薯""阿克瑞亚薯"两件马铃薯品种权；韩国最早申请是由韩国农村振兴厅于 2001 年 8 月 21 日提交的"满丰梨""黄金梨"两件梨属品种权；美国最早申请是由美国农业部于 2004 年 2 月 18 日提交的"蜜红"（Sweet Scarlet）葡萄属品种权。德国、法国、意大利、比利时等欧洲国家在 2006 年之后才开始向中国提交植物新品种权申请，但年度申请数量的差异较大。

　　跨国植物新品种权申请涉及国家之间的合作，申请人通常期望目标国能够提供基本的植物新品种保护，预期在目标国市场构筑竞争优势，通过植物新品种权获得创新租金；目标国希望通过达到必要的植物新品种权保护水平，吸引来自国外的品种权申请，促进新品种技术扩散。随着我国植物新品种保护水平提高，种子市场规模扩大，种子产业化发展和鼓励外商投资政策的完善，吸引了更多国家的育种者以植物新品种权保护的方式进入中国种子市场，获得育种创新的预期收益。

三、外国在我国植物新品种权申请的植物种类差异

从图 4.17 可以看出，我国 80% 以上的申请品种集中在水稻、玉米和小麦等大田作物，而其他蔬菜、水果、花卉和油料等经济作物的品种权申请很少。外国在我国申请植物新品种权种类的比重次序首先集中在花卉（41.57%），其次是玉米等大田作物（31.05%），然后是果树（13.60%）和蔬菜（13.43%），其他品种申请非常少。

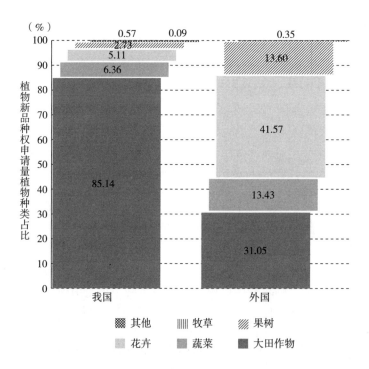

图 4.17 1999~2017 年我国、外国植物新品种权申请量植物种类结构比较

外国在我国的花卉品种权申请主要来自荷兰、日本，少量来自西班牙、德国和意大利。荷兰无疑是花卉品种最主要的申请国，2000~2017 年有 369 件申请、

159 件授权，分别占外国在我国花卉品种权申请、授权的 75.93% 和 79.90%。花烛属、菊属和百合属品种权申请居各种花卉品种申请的前三位，占花卉品种权申请总量的 63.76%。

荷兰花卉产业发达，产业链分工精细，在鲜花品种创新和生产上一直处于领先地位，是全球最大的鲜花出口国。花卉经过荷兰的家族企业多年精心培育，通过多代选择以高品质满足不同客户群的需求。以郁金香（百合属）为例，这种原产于中国西藏的花卉共有 150 个自然品种，经过花农几百年的杂交培育，现在已有 3000 多个品种。鲜花生产者向花卉育种者支付许可使用费，专门种植某种作物，甚至一种作物的一个品种，温室、栽培用土都由专门公司负责。鲜花的收割、评级和包装一般都是手工完成，销售由高效的拍卖市场负责。一旦经过采摘，鲜花非常容易腐烂，在运输过程中有各种不同尺寸的包装盒能保证鲜花不受损伤。此外，荷兰高度发达的物流管理系统能控制运输时的温度、湿度，让鲜花经过拍卖行、仓库、零售商或者超市最终呈现到消费者面前时依然光鲜亮丽。

在我国进行花卉品种权申请的排名前 10 位公司及其品种权种属分布见表 4.12，荷兰的花卉企业几乎垄断了主要花卉种属的品种权申请。2000~2017 年，40 多家荷兰花卉公司共申请了 366 件花卉品种权，占全部国外花卉品种权申请总量的 75.31%，申请的花卉品种种属包括花烛属（100 件）、菊属（84 件）、百合属（70 件）、石竹属（31 件）、果子蔓属（25 件）、蝴蝶兰属（22 件）、秋海棠属（18 件）、非洲菊（10 件）和萱草属（6 件）等。日本坂田种苗株式会社申请的花卉品种权涉及花烛属、秋海棠属和萱草属等 5 个花卉种属，但申请数量远不及荷兰安祖公司，仅为后者的 17.65%。

表 4.12　2000~2017 年在我国进行花卉品种权申请的排名前 10 位公司

排名	种子公司	花卉种属	总计（件）
1	荷兰安祖公司	花烛属 70 件、蝴蝶兰属 22 件、百合属 18 件、石竹属 9 件	119
2	荷兰德丽品种权公司	菊属 33 件	33
3	荷兰瑞恩育种公司	花烛属 29 件	29
4	荷兰科贝克公司	果子蔓属 24 件	24
5	荷兰菲德斯金砧育种公司	菊属 23 件	23
6	日本坂田种苗株式会社	花烛属 7 件、秋海棠属 7 件、萱草属 4 件、石竹属 2 件、非洲菊 1 件	21
7	荷兰希维达科易记花卉公司	石竹属 17 件	17
8	荷兰科比品种权公司	秋海棠属 13 件	13

续表

排名	种子公司	花卉种属	总计（件）
9	荷兰佛劳瑞泰克育种公司	菊属9件	9
10	荷兰彼得西昌厄斯控股公司	非洲菊8件	8
	荷兰观赏植物测试中心有限公司	百合属8件	8
	荷兰马克赞德公司	百合属8件	8

大田作物品种权申请主要来自美国、德国、法国和瑞士，国外种子公司在我国申请的品种主要集中在玉米326件、水稻14件、蓖麻5件、棉属3件，以及甘薯1件。美国无疑是大田作物最主要的申请国，2000~2017年有225件申请、81件授权，分别占外国在我国大田作物品种权申请、授权的61.98%和81.82%。而在美国申请的225件大田作物品种权中，有224件为玉米，仅有1件是棉花。美国玉米种业发达，在系统化育种、分子技术、转基因、资讯处理，以及化学杀虫、杀草剂等方面领先世界其他国家。孟山都、先锋国际等少数几家大型种子公司垄断了美国玉米市场，以一年四季连续栽培方法加速选育自交系，并以雄厚的资金投资生物技术工程育种，应用分子标记辅助选择（Marker Assisted Selection）方法促进转基因育种成功概率，降低育种失败风险。美国的种子加工技术完善，化学包衣处理先进，可以有效控制土壤细菌及昆虫，保障种子发芽及早期幼苗的生育良好，玉米产量及农艺性状获得不断改善。从1996年到2009年，仅用14年时间，美国转基因玉米种植面积达到全国玉米种植面积的80%以上。

根据美国农业部植物品种保护办公室的统计数据①，1974年4月17日至2017年11月9日共有59家种子公司申请了2432件玉米（大田玉米、F1大田玉米、甜玉米、F1甜玉米）育种者权利，占全部申请量的16.83%。其中，有1055件来自先锋国际，占玉米品种保护申请的43.38%；有689件来自孟山都，占玉米品种保护申请的28.33%；先正达植保、先正达参股、先正达种子三家公司共申请233件。以上这5家公司合计申请1977件，占美国玉米育种者权利申请总量的81.29%，申请数量高度集中。

如图4.18所示，2000~2017年来自美国、法国、德国、瑞士的11家种子公司在我国共申请326件玉米品种权，其中先锋国际、孟山都、利马格兰、先正达、科沃施5家跨国种业巨头共申请285件玉米品种权，占87.42%，而先锋国际、孟山都和先正达3家种子公司占73.01%，特别是先锋国际申请的先玉系列玉米品种，在中国玉米种子市场上占有较大市场份额。

---

① 参见 https://www.ams.usda.gov/services/plant-variety-protection/application-status，US PVP Application Status Report（xlsx），最后访问日期：2018-09-09。

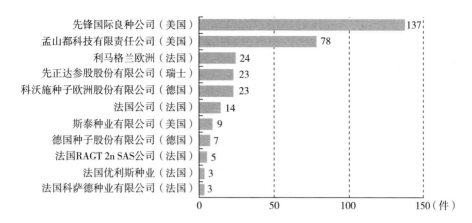

图 4.18　2000~2017 年外国种子公司在我国的玉米植物新品种权申请量

果树品种的申请具有普遍性，除了瑞士，其他国家在我国均有果树品种权申请，数量排名前三位的是韩国、美国和新西兰。但是外国种子公司申请的果树品种较少，仅有 66 件（占外国在我国的果树品种申请的 41.51%），且极为分散，32 家公司共申请了苹果属 22 件、葡萄属 16 件、猕猴桃属 10 件、梨属 10 件、柑橘属 4 件、李属 3 件，以及凤梨属 1 件。外国种子公司在我国的果树品种申请每年不超过 10 件，最早申请来自新西兰园艺与粮食研究所有限公司，其在 2004 年 3 月 3 日提交了 3 件猕猴桃属申请；申请量最大的种子公司是美国太阳世界国际有限公司，申请了 8 件葡萄属品种权。果树品种创新周期长、投资大，国外大部分果树新品种培育主要由公共投资的研发机构完成，私人投资主要集中在苹果、葡萄、猕猴桃和梨等高产、优质、低耗、枝型短、抗性强、耐贮运、适于不同加工用途和机械采收的品种。

蔬菜品种申请主要来自荷兰、美国和瑞士，外国种子公司在我国蔬菜品种申请中非常活跃，共申请马铃薯、辣椒属、草莓、普通番茄、茄子等蔬菜品种 133 件，占蔬菜总申请量的 84.71%。2000~2017 年主要（申请量在 2 件以上）外国种子公司和品种分布见表 4.13。

表 4.13　2000~2017 年外国种子公司在我国的蔬菜品种权申请　　　单位：件

种子公司	申请人所在地区	马铃薯	辣椒属	草莓	普通番茄	茄子	莴苣	其他品种
圣尼斯蔬菜种子有限公司	美国	1	10		16			
荷兰公司	荷兰	16						
瑞克斯旺种子种苗集团公司	荷兰	2	11			7		4
先正达参股股份有限公司	瑞士				1	6		2

种子公司	申请人所在地区	马铃薯	辣椒属	草莓	普通番茄	茄子	莴苣	其他品种
德瑞斯克草莓联合公司	美国			8				
麦吉尔公司	荷兰	6						
纽内姆种子公司	荷兰		2		1			3
吉美柯帕公司	法国	5						
欧洲植物栽培有限公司	德国	5						
新水果公司	意大利			4				
孟山都科技有限责任公司	美国	3						
其他种子公司	—	11	1	7				1

蔬菜品种申请量最多的是圣尼斯蔬菜种子有限公司。根据圣尼斯公司官方网站（http：//seminischina.com.cn/）介绍，该公司是世界最大的蔬菜种子公司，公司历史悠久，可以追溯到 19 世纪 60 年代。1994 年墨西哥 Asgrow 蔬菜种子公司通过收购阿斯格罗种子公司成立圣尼斯公司，之后并购美国皮托公司、皇家斯路易斯公司、韩国企业兴农种子公司和忠昂种子等公司。2001 年引入圣尼斯蔬菜种子品牌，并在印度增设了 4 个科研流动站；2004 年在中国成立运营中心，设立了第三家研究机构。2005 年圣尼斯被孟山都公司收购，成为其全资附属公司。通常蔬菜育种家需要 8~12 年的时间来开发和商业化一个新的蔬菜种子品种，圣尼斯注重植物品种的知识产权保护，不仅采用植物品种保护，还申请专利保护特有品种，如不辛辣洋葱。截至 2018 年 1 月 8 日，圣尼斯蔬菜种子有限公司在美国申请了 702 件育种者权利，涉及 29 个蔬菜品种。

四、外国种子公司在我国的植物新品种权授权情况分析

2000~2017 年外国种子企业、教学科研单位和个人共取得 411 植物新品种权，其中 56 家外国种子公司以品种权人获得 329 件授权，1 家外国种子公司以共同品种权人获得 2 件授权，平均每家外国种子公司获得 5.8 件授权，合计占外国在我国植物新品种权授权的 80%以上。荷兰的种子公司获得 179 件植物新品种权，美国的种子公司获得 94 件植物新品种权，日本的种子公司获得 24 件植物新品种权，这三个国家的种子公司植物新品种权数量占外国种子企业在我国植物新品种权授权总量的 89.73%。外国种子公司植物新品种权授权的主要植物种属为玉米、菊属、花烛属、百合属和石竹属，其次为果子蔓属、非洲菊、辣椒属、兰属、马铃薯、草莓、葡萄属、普通番茄、秋海棠属和水稻，其他授权品种均小于等于 5 件。主要（植物新品种权授权数量大于等于 5 件）种子公司及其授权品种

详见表 4.14。

表 4.14　2000~2017 年外国种子公司在我国的植物新品种权授权排名

单位：件

序号	种子公司	地区	花卉	大田作物	果树	蔬菜	总计
1	先锋国际良种公司	美国		56			56
2	荷兰安祖公司	荷兰	35				35
3	孟山都科技有限责任公司	美国		25		2	27
4	荷兰菲德斯金砧育种公司	荷兰	20				20
5	荷兰德丽品种权公司	荷兰	12				12
6	荷兰科贝克公司	荷兰	12				12
7	荷兰希维达科易记花卉公司	荷兰	11				11
8	瑞克斯旺种苗集团公司	荷兰		1		9	10
9	荷兰彼得西吕厄斯控股公司	荷兰	8				8
10	株式会社向山兰园	日本	7				7
11	荷兰公司	荷兰				6	6
12	荷兰马克赞德公司	荷兰	6				6
13	美国太阳世界国际有限公司	美国			6		6
14	本田技研工业株式会社	日本		5			5
15	布兰德坎普股份有限公司	德国	5				5
16	范赞藤花卉种球公司	荷兰	5				5
17	荷兰伏莱特与敦汉比海尔公司	荷兰	5				5
18	荷兰观赏植物测试中心有限公司	荷兰	5				5
19	荷兰科比品种权公司	荷兰	5				5
20	美国圣尼斯蔬菜种子有限公司	美国				5	5
21	其他种子公司	—	48	4	12	14	78
	合计		184	91	18	36	329

　　显然，外国种子公司的授权品种集中在花卉、大田作物和蔬菜。荷兰安祖公司、菲德斯金砧育种公司、德丽品种权公司、科贝克公司、希维达科易记花卉公司的花卉品种权；美国先锋国际良种公司、孟山都科技有限责任公司的玉米品种权；瑞克斯旺种苗集团公司、荷兰公司、美国圣尼斯蔬菜种子有限公司的蔬菜品种权，美国太阳世界国际有限公司的果树品种权，使得这些跨国种子公司在中国种业品种创新市场占据一席之地。

全球种业竞争激烈，基本形成了高度集中的寡头垄断产业结构，中国种业巨大的市场规模和发展潜力对跨国种业公司具有较强的吸引力。外国种子公司在我国申请的植物新品种权主要以植物新品种权商业许可的方式由国内种子企业或合资企业进行生产、销售，影响我国种子进口贸易和相关作物的品种创新，改变种子产业结构格局，既可以带来某些作物种子产业整体竞争力的提升，也可能因外资品种播种面积大幅增长而带来某些种子产业源头受人牵制的风险。

改革开放以来，外资通过多种途径进入中国种业市场。1996 年 7 月，泰国正大集团旗下的"襄阳正大农业开发有限公司"登记成立，成为第一家进入主要农作物种子业务的中外合资企业，随后河北冀岱棉种技术有限公司（美国岱字棉公司控股）、辽宁东亚嘉吉种子有限公司（美国嘉吉公司控股）等合资公司成立。在非粮棉油作物，如蔬菜、花卉产业，美国的圣尼斯、瑞士的先正达、韩国的世农、日本的米可多等企业先后注册了独资公司，开展蔬菜、水果种子业务。1997 年 9 月 8 日，农业部、国家计划委员会、对外贸易经济合作部、国家工商行政管理局发布《关于设立外商投资农作物种子企业审批和登记管理的有关规定》（农农发〔1997〕第 9 号），暂不允许设立外商投资经营销售型农作物种子企业和外商独资农作物种子企业，要求设立粮、棉、油作物种子企业，中方投资比例应大于 50%，即从事粮食、棉花、油料种子开发生产的合资企业必须为中方控股或占主导地位。1997 年 12 月修订的《外商投资产业指导目录》虽然限制外商粮、棉、油种子开发生产（中方控股或占主导地位），但鼓励外商投资"糖料、果树、蔬菜、花卉、牧草等农作物优质高产新品种、新技术开发"。

2000 年中国种子市场全面开放后，受有关法律政策的约束，跨国种子企业主要以合资、合作研发和贸易方式进入中国种业市场，品种业务范围由蔬菜、花卉、棉花向玉米等粮食作物拓展，规模不断扩张。2001 年泰国的正大集团与襄阳农工商公司合资创立"襄樊正大农业开发公司"。美国的孟山都与中国种子集团合资成立中种迪卡种子有限公司，其是第一家经营玉米等大田作物种子的中外合资种子企业，主攻广西、宁夏等西部地区玉米市场；2013 年再次合资成立育繁推一体化的"中种国际种子有限公司"，获得孟山都在中国的玉米种子常规育种资源与基地，经营区域遍及东华北、黄淮海、西南和西北的主要玉米产区。美国的杜邦先锋公司与登海种业、敦煌种业、三北种业建立多家合资企业，2006～2008 年先玉 335 在我国玉米种子市场快速扩张。法国的利马格兰公司与山西腾达种业公司合资创办"山西利马格兰特种谷物研发有限公司"，主要从事小麦、玉米等大田作物的育种与研发。瑞士先正达与河北三北种业公司合资，主要在内蒙古等地推广玉米品种。德国的 KSW 公司与新疆康地种业科技股份有限公司设立合资公司，玉米种子在黑龙江等地迅速推广。此外，孟山都公司和先正达公司陆续在北京设立独资研发中心（育种站），在棉花、蔬菜种子市场快速占据了大量市场份额。

2007 年 10 月修订的《外商投资产业指导目录》鼓励外商投资"糖料、果树、牧草等农作物新技术开发、生产"，"林木（竹）营造及良种培育、多倍体树木新品种和转基因树木新品种培育"，限制"农作物新品种选育和种子开发生产（中方控股）"，禁止外商投资我国稀有和特有的珍贵优良品种种植以及转基因植物种子的开发和生产。2011 年，在我国登记注册的外商投资农作物种子企业有 76 家，包括 26 家独资企业、42 家合资企业、8 家中外合作经营企业，其中有 5 家玉米种子公司获得种子生产经营许可证，在水稻、小麦种子领域尚无外商涉足。这些合资、合作种子企业拥有的植物新品种权通常以许可方式获得，虽然中方控股，但品种核心技术仍由外方掌控，对国内种子产业自主创新能力的提升作用有限。

2017 年 6 月修订的《外商投资产业指导目录》鼓励外商投资绿色、有机蔬菜（含食用菌、西甜瓜）、干鲜果品、茶叶栽培技术开发及产品生产，鼓励糖料、果树、牧草等农作物栽培新技术开发及产品生产，鼓励花卉生产与苗圃基地的建设、经营。在外商投资准入负面清单中仍限制农作物新品种选育和种子生产（中方控股），禁止外商投资我国稀有和特有的珍贵优良品种的研发、种植及相关繁殖材料的生产，禁止农作物转基因品种选育及其转基因种子（苗）生产。依据新修订的《中华人民共和国种子法》，国家对主要农作物和主要林木实行品种申请制度，对部分非主要农作物实行品种登记制度，未来随着植物新品种保护目录的拓展和外商投资限制的减少，国外种子公司对花卉、果树、蔬菜品种的培育和开发将带来更多外国种子企业在我国植物新品种权申请和授权，国内种子企业将面临更为激烈的种业市场竞争。

第五章　种子企业植物新品种权运用行为分析

在植物新品种保护制度下，种子企业的育种创新活动表现为植物新品种权创造、运用、保护和管理行为。植物新品种权运用是利用创造的植物新品种权获取创新收益、巩固市场地位，或防御竞争，实现植物新品种权价值的过程，是种子企业育种创新行为的关键环节。种子企业的植物新品种权运用表现出多种形式，如植物新品种权合作研发、转让、许可、植物新品种权联盟等，企业通常根据实际情况"组合"运用，充分发挥植物新品种权作为企业经济和战略资源的重要作用。

本章对 1999~2017 年种子企业植物新品种权共同申请、申请权转让和品种权转让行为进行详细的统计量化分析，总结种子企业植物新品种权合作创新和市场交易的特点，并对育繁推一体化种子企业的植物新品种权许可策略行为进行博弈分析，归纳种子企业植物新品种权许可对象、时机以及许可价格特点。种子企业植物新品种权的运用机制要求充分利用植物新品种保护制度的功能，不仅重视植物新品种权的创造和保护，而且重视植物新品种权带来的市场效应，增加企业财富，提高企业经济效益。

第一节　种子企业植物新品种权共同申请分析

产学研合作是企业、大学、研究机构、政府、投资机构等参与创新的各种组织机构形成的一种关系密切、相互协调的合作网络，包括不同主体之间形成的各种战略技术联盟。经合组织（OECD）将产学研合作分为研发联盟、共同研究中心、合约型研究、一般性研究项目支持、知识转移与训练计划、非正式的合作研究、参与政府资助项目的共同研究计划等多种合作创新方式。

种子企业可以利用多种产学研合作机制，以市场为导向，以资金、技术、人才和知识产权为纽带，建立风险共担、利益共享的商业化育种模式，如直接购买新品种、委托开发、协议约定任务、共同组建研发团队、共建创新平台等。2010年中国种子集团联合全国 50 多家种子企业、事业单位、社会团体组建了中国种业知识产权联盟；2011 年中化集团投资 50.6 亿元设立中国种子生命科学技术中心，依托该中心建立产学研合作平台，引进高端育种人才和先进技术设备；2012年，中国种子集团与 58 家种子企业、农业科研院所和行业协会共同成立了农作物种业产业技术创新联盟，以课题项目形式创制种质资源、申请专利和植物新品种权，培养种业人才；2016 年启动作物育种技术创新与集成国家重点实验室，47 家农业科研机构和种子企业共同设立种质资源与基因创新共享的"绿叶联盟"，衔接种子产业链的各环节，实现资源互补，将农科院所的科研优势与种子企业的市场资源有效整合，提高科研成果的市场转化水平。

合作育种研发可以使企业实现技术共享，节约研发资源，减少技术溢出，已经成为提高种子企业品种创新速度、提升种子企业市场竞争力的有效方式。特别是工程育种时代的来临，种子企业的技术研发创新越来越需要产业链的上中下游或者技术链的产学研用合作机构等不同创新主体进行集群创新，以实现在整条产业价值链上价值创造的最大化。由于育种研发合作的情况越来越普遍，研发合作产生的专利、植物新品种权等知识产权通常会由合作参与者共同所有，所以植物新品种权申请逐步出现了多个申请主体联合起来共同申请某件或某组品种权（以下统称植物新品种权共同申请行为），以及植物新品种申请权转让和品种权转让（以下统称植物新品种权转让行为）。

植物新品种权共同申请可视为创新主体间合作创新成果的直接体现，反映合作方较为紧密的关系型契约，而植物新品种权转让也可以视为创新主体间的一种合作行为，反映合作方的市场交易型契约。本章旨在通过植物新品种权共同申请行为、转让行为研究种业合作研发的特点和种子企业典型的合作研发策略。

通过分析植物新品种权共同申请的数量、时间、品种类型、申请主体等特点，不仅可以了解种子产业的合作群体之间的合作关系和研发合作趋势，而且有助于更清楚地认识种子企业品种技术研发方向与合作策略，挖掘核心申请人、寻找技术研发的合作伙伴以及探索实现创新的机制。

一、种子企业植物新品种权共同申请人分析

1999~2017 年，植物新品种权总申请量为 18588 件，其中，共同申请植物新品种权 2037 件，占总申请量的 10.96%，即有超过 1/10 的植物新品种权是由不同育种创新主体共同申请的。

如图 5.1 所示，1999~2017 年植物新品种权共同申请量总体呈上升趋势，基本与植物新品种权总申请量变化保持一致。

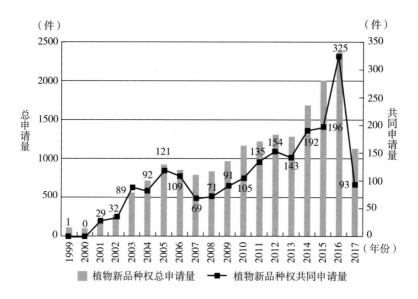

图 5.1　1999~2017 年植物新品种权共同申请量

在植物新品种保护制度实施初期，各育种主体间共同申请植物新品种权的行为较少，2001 年仅有 29 件，此后不断增加。2016 年植物新品种权共同申请量为 325 件，达到历史高点（2017 年数量大幅度减少是由于统计数据不全造成的）。这说明随着植物新品种保护制度的建立和完善，植物育种创新各主体保持良好的协作关系，合作育种研发活动比较稳定，合作创新成果产出保持稳定增长。

通过分析合作育种研发的主体，可以发现除了种子企业、科研院所、农业高校、个人 4 个主体之外，还存在各种各样的非营利性研究中心、植物园、种植专业合作社、原（良）种场、实验站、农业技术推广（服务、指导）中心（站）、县农业农村局等机构、植物新品种权代理事务所有限公司等，将这些归为第 5 类主体。在合作申请行为中，申请人与共同申请人的地位不同，申请人占主导地位、共同申请人处于从属地位，因而按申请人和共同申请人的不同类型划分，植物新品种权共同申请行为包括 5 大类 25 种类型，如种子企业之间、种子企业与农科院所、种子企业与农业高校、种子企业与个人、种子企业与其他机构等形式，科企合作仅包括种子企业与农科院所、农业高校及其他机构的合作。

图 5.2 展示了 1999~2017 年植物新品种权申请人的合作网络，圆周上的片段代表申请人和共同申请人，圆圈中连接圆周片段的色带代表不同主体共同申请的

植物新品种权的数量，色带面积越大表明其连接的两个主体之间的关联关系越密切。从图中可以看出，种子企业与农科院所之间的"弦"最粗，说明二者之间的合作最为紧密。

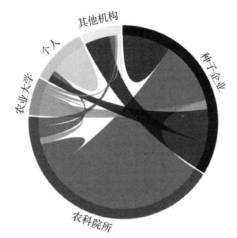

●种子企业 ●农科院所 ●农业大学 ●个人 ●其他机构

图 5.2　1999~2017 年植物新品种权共同申请合作网络

从种子企业的共同申请类型来看，以农科院所为申请人、种子企业为共同申请人的科企合作占合作研发主导地位，共计植物新品种权 689 项，占植物新品种合作育种研发植物新品种权总量的 32.42%，明显高于全部共同申请占比 10.96% 的水平。种子企业与农科院所的共同申请排在第二位（257 件，12.09%），种子企业之间的共同申请占第三位（196 件，9.22%），低于全部共同申请占比 10.96% 的水平。种子企业与个人的共同申请排在第四位（132 件，6.21%），种子企业与其他机构的共同申请占第五位（110 件，5.18%）。

从共同申请人的数量来看，植物新品种权的共同申请人超过 2 个的有 132 件，即三方、四方联合品种权申请占合作研发的 6.48%。例如，未名兴旺系统作物设计前沿实验室（北京）有限公司联合河北博农农业技术开发有限公司、兴旺投资有限公司于 2014 年共同申请普通小麦品种权 5 件；北京联创种业有限公司与河南科泰种业有限公司、河南省中科华泰玉米研究所共同申请玉米品种权 6 件；袁隆平农业高科技股份有限公司与湖南亚华种业科学研究院、湖南隆平高科种业科学研究院有限公司共同申请水稻品种权 5 件，与中国水稻研究所、湖南亚华种业科学研究院共同申请水稻品种权 2 件；浙江农林大学联合江西金信种业有限公司、江西省农业科学院水稻研究所、三亚永丰红南繁种业有限公司 3 家单位于 2013 年共同申请水稻品种权 1 件。

从以上分析可得出结论：第一，种子企业合作育种创新的方式多种多样，农科院所与种子企业的合作研发活动最为频繁，形式多为一家农科院所与几家种子企业合作。由于长期以来我国育种研发工作都集中在科研院所，种子产业在我国出现的时间并不长，绝大部分种子企业的总体研发实力非常弱，科研院所在科企合作创新关系网络中处于绝对主导地位，种子企业多处于从属地位。

第二，种子企业与其他机构联合申请植物新品种权，通过共同声誉机制实现种子产业链上下游整合。一方面种子企业更了解农户对种子的市场需求，更能培育出符合市场需求的新品种；种子企业在种子生产、销售推广环节更具有竞争力。另一方面植物新品种的培育是整合了种质资源获取、育种技术开发、品种性状研制等复杂活动的系统工程，所以规模较大的种子企业与不同地域、不同分工、不同层次的农业科研机构结盟，规模较小的种子企业专注与一家农科院所联合进行研发投资，共同获得育种创新成果的知识产权保护。

这种共同的声誉机制有利于合作育种双方协调商业育种行为，降低新品种研发成本和风险，预防、规制参与主体的机会主义行为，种子企业和研究机构为了获得共同的科技成果和创新收益都会积极规范品种研发和种子生产、销售活动，进行严格的种子质量管理，共同打击植物新品种权侵权行为，加速实现新品种技术的市场化和商业化，有利于现代种业健康发展。

第三，种子企业主导的合作育种创新行为相对较少。1999~2017 年，种子企业作为申请人共申请植物新品种权 8410 件，与其他育种主体合作申请 731 件，独立自主申请植物新品种权 7679 件；作为共同申请人，与农业院所、其他种子企业等机构和个人联合申请植物新品种权 1086 件。这说明与共同申请植物新品种权相比，品种研发技术能力较强的种子企业倾向选择独立申请植物新品种保护；而在种子企业与农科院所的合作创新中，农科院所掌握更大的话语权和事前谈判能力，公共部门科技成果评价体系改革增强了农科院所的合作意愿，而减弱了种子企业参与多期合作创新的意愿。

产学研协同创新应鼓励构建以种子企业为主体的技术联盟，增强种子企业在育种创新过程中的地位和谈判能力，充分发挥种子企业在育种创新决策、资金投入、科研成果转化中的主体地位，建立商业化育种体系。

第四，从种子企业的合作伙伴选择来看，偏好依次为农科院所（12.09%）、其他种子企业（9.22%）、个人（6.21%）、其他机构（5.18%）和农业高校（1.69%）；同时，农科院所（32.42%）、农业高校（3.25%）、其他机构（4.89%）也将种子企业作为最重要的合作对象，种子企业成为最主要的植物新品种权共同申请人。科研实力是种子企业选择植物新品种权共同申请伙伴的主要指标，农科院所积累了优良的种质资源、聚集了大量种业高级人才，并且有国家经费项目支撑，成为种子企业首选合作对象。

1999~2017 年，180 多家种子企业之间的合作研发是真正的行业资源整合，比横向并购更为迅速，且交易成本更低。例如：北京联创与河南科泰种业有限公司及河南省中科华泰玉米研究所合作研发 13 件；袁隆平农业高科技股份有限公司与湖南隆平高科种业科学研究院有限公司、湖南亚华种业科学研究院合作研发 11 件；上海虹华园艺有限公司与昆明虹之华园艺有限公司合作研发 9 件；浙江人文园林有限公司与杭州天景水生植物园有限公司合作研发 13 件等。种子企业与个人的合作对象通常为新品种主要培育人，通过共建创新团队实现骨干科研人力资源向种子企业的流动，提升了企业知名度，增强了企业的育种研发能力。

第五，随着农业生物技术产业的发展壮大，申请人主体的多元化将成为未来发展趋势之一，官、产、学、研、用、个人、金融机构在新品种研发中分别扮演不同角色，为拓展种业合作创新网络提供了更丰富的资源整合平台。例如，新兴农业生物技术公司"未名兴旺系统作物设计前沿实验室北京有限公司"在作物分子育种新技术创新和新品种培育上取得多项重要成果，水稻第三代杂交育种技术体系处于国际水稻育种前沿领域，开创新的"种子公司+种子公司+投资机构"的合作育种模式。

我国种子企业应根据商业化育种的需要更好地利用外部专家资源，拓展合作伙伴范围，在全球寻求优势资源，缩短育种周期，提高育种研发效率，扩大产品品牌影响力。

二、种子企业植物新品种权共同申请地域分析

从国内种子企业植物新品种权共同申请的地区分布来看（见图 5.3），植物新品种权的共同申请行为主要发生在四川、北京、河南、浙江和黑龙江等，合作双方大多位于同一行政区划内。

植物新品种权共同申请数量，排在第一位的是四川，为 213 件，占国内植物新品种权共同申请总量的 10.70%，其次是北京（173 件，8.69%）、河南（158 件，7.94%）、浙江（125 件，6.28%）和黑龙江（124 件，6.23%）。排名前五位的区域植物新品种权共同申请量为 793 件，占国内植物新品种权共同申请总量的 39.83%。排名前十位的区域共有植物新品种权共同申请 1370 件，占国内植物新品种权共同申请总量的 68.81%。

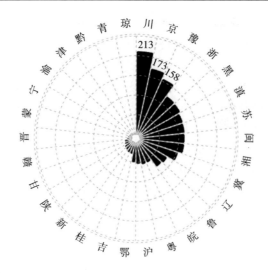

图 5.3　1999~2017 年植物新品种权共同申请数量地域分布

　　尽管产学研合作创新的动机都是获取创新收益、谋求共同发展，但具体机制有所差别：国内植物新品种培育合作研发行为主要集中在种质资源丰富的四川，经济、科技发达的北京、浙江，种子企业数量众多的河南，以及农业资源丰富的黑龙江。

　　从国内外植物新品种权共同申请情况来看，国外种子企业与国内种子企业合作共同申请植物新品种权的数量较少。1999~2017 年，外国在我国植物新品种权共同申请 46 件，分别来自 8 个不同的国家：法国（20 件）、比利时（12 件）、澳大利亚（4 件）、美国（4 件）、日本（3 件）、荷兰（1 件）、新西兰（1 件）、意大利（1 件）。法国种子企业与国内种子企业的共同申请主要集中在玉米品种权。例如，法国 RAGT 2n SAS 公司在 2015~2017 年同哈尔滨市益农种业有限公司联合申请了 19 件玉米品种权；法国优利斯种业 2017 年与中农发种业集团股份有限公司共同申请了 1 件玉米品种权。其他国外种子企业大多独立申请植物新品种权，与国内种子企业的合作申请较少。例如，新西兰唯一的植物新品种权共同申请发生在 2010 年，新西兰 BMA 信托公司与云南红梨科技开发有限公司共同申请苹果属品种权 1 件，以植物新品种权共同申请为合作研发的技术外溢极其有限。

　　随着中国农业科研体制改革的深化，育种科研投资逐步走向多元化，其科研成果的知识产权也逐步实现了归育种投资者或育种者所有。种子企业只有通过育种成果的转化来获得创新收益，收回投资成本，才能保持育种创新的持续性。与他人合作申请植物新品种权，共享育种资源，降低育种创新风险和成本是缩短育种周期、提高研发成功率、获得预期经济效益的快速有效途径，在合作申请品种权的过程中，无形地增强了种子企业资源获取能力，加强了其自身与合作方及其关联组织的合作往来，拓展了社会关系。

三、种子企业植物新品种权共同申请植物种类分析

1999~2017 年在我国 2037 件植物新品种权共同申请量中，大田作物有 1687件，占全部共同申请品种权数量的 82.82%；花卉 155 件，占 7.61%；蔬菜 94件，占 4.61%；果树 86 件，占 4.22%；其他品种 15 件，占 0.74%。

图 5.4 以桑基图展示了 1999~2017 年植物新品种权共同申请数量的地区、品种和申请人对应关系。图中三层"节点"分别代表地区、植物种类和申请人类型，延伸的"边"的宽度对应数据流量的大小，边越宽代表植物新品种权申请量数值越大。

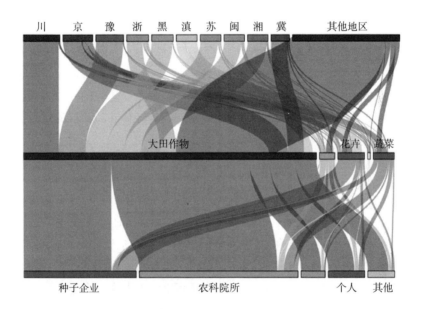

图 5.4　1999~2017 年植物新品种权共同申请地区、品种、申请人对应关系

从品种国内地区分布看，除了云南的花卉品种，其他地区共同申请的植物新品种权均以大田作物为主。大田作物中，水稻品种权共同申请 780 件，居共同申请品种首位，主要来自四川（111 件）、湖南（101 件）和福建（98 件）；玉米品种权共同申请量 475 件，主要来自辽宁（74 件）、四川（56 件）和河北（54件）；普通小麦品种权共同申请量 187 件，主要来自河南（82 件）、四川（21件）和北京（19 件）；棉花品种权共同申请量 76 件，主要来自山东（17 件）、河北（13 件）和新疆（13 件）。蔬菜品种权共同申请量 89 件，主要来自北京

（31件）和山东（10件）。花卉品种141件，主要来自云南（60件）和北京（31件）。果树品种81件，地区比较分散，浙江、江苏、福建和湖北各有8件。

从品种申请人分布看，农业科研院所无疑是大田作物品种权共同申请的领导者，以农科院所为申请人，其他主体为共同申请人，共申请大田作物792件，占全部植物新品种权共同申请量的38.88%。种子企业大田作物品种权的共同申请量远低于农科院所，但种子企业是花卉品种权共同申请的主导者，155件花卉品种权共同申请量中，有106件是以种子企业为申请人，花卉和蔬菜品种权共同申请出现在2008年以后，成为一种合作趋势。

第二节　种子企业植物新品种权转让行为分析

植物新品种权转让是植物新品种权运用、实施的一种重要形式。从法律角度看，植物新品种权转让是指植物新品种权转让方与受让方根据法律规定和签订的转让合同，将植物新品种权所有者的权利由转让方转移给受让方的法律行为，通常为有偿转让，申请人或品种权人发生变更，所有权发生转移。品种权的转让是所有权的整体转让，而品种权许可的是生产权、销售权或者使用权，二者在法律上存在根本区别。根据《中华人民共和国植物新品种保护条例》规定，植物新品种的申请权和植物新品种权均可依法转让，国有育种单位在中国境内转让申请权或植物新品种权的，应当按规定报经有关行政主管部门批准。进行申请权或品种权转让的当事人（转让方和受让方）应当订立书面合同，办理著录事项变更手续，并向植物新品种权审批机关登记，由审批机关予以公告，登记公告后才真正产生法律效力。公告的内容属于品种权事务，详细记录了申请权、品种权的转让方、受让方、转让品种（暂定）名称、植物种类、申请号、植物新品种权授权号等信息。

一、种子企业植物新品种权转让总体趋势

从经济角度看，新品种申请权和品种权的转让行为是以植物新品种权人变更为核心的植物新品种权转移（包括转让和许可）活动，比植物新品种权实施许可的技术流动性更强，大大提高了植物新品种权的利用率，也给权利人带来了转让收益，激励育种创新的积极性，推动新品种技术的推广、应用。对于技术落后的种子企业来说，通过植物新品种权受让以较低成本和风险获得育种创新成果，降低了育种研发的不确定性，从而增强企业经营效益。新品种和品种权只有经过使用、实施才能发挥其作用，实现经济价值和社会价值，至于是权利人实施还是由他人实施在

效果上并没有本质区别，如果权利人没有开发、扩散新品种技术的商业资源，由资产互补性强的其他主体利用，促进植物新品种权流动才能更充分发挥植物新品种权的经济价值。因而，植物品种申请权和品种权转让行为也被视为出让方与受让方的合作育种创新行为，以权利交易型契约形式实现创新资源的优化配置。

植物新品种权转让是植物新品种权或新品种申请权发生转移，代表以品种权人变更为核心的更强的技术流动，是植物新品种权转移的最主要形式。由于涉及重要利益转移，植物新品种权转让须由审批机关登记，比植物新品种权许可更容易获得登记数据来源，植物新品种申请权和品种权转让指标能够更为直接地测度新品种技术转移。1999~2016 年我国农业植物新品种权转让共 943 件，每年平均52 件，其中申请权转让 497 件，品种权转让 446 件，分别占全部植物新品种权转让的 52.70% 和 47.30%。

图 5.5 为 1999~2016 年（申请年份）植物新品种申请权和品种权的转让数量变化情况，两者变动方向相似，波动幅度比较剧烈。1999~2001 年申请的植物新品种权，其申请权和品种权转让数量大幅度减少，2002 年之后快速增长。2007 年之前申请并获得授权的品种权，其转让数量明显多于同期新品种申请权转让数量，但植物新品种权转让数量从 2006 年的 69 件下滑至 2007 年的 30 件，此后持续走低，2013 年以后略有回升。植物新品种申请权转让数量从 2010 年的63 件减少至 2011 年的 21 件，而后逐渐回升，2015 年达到 46 件。需要注意的是，图中年份代表新品种申请的年份，并非申请权或品种权转让发生的时间，因而究竟是什么因素影响了植物新品种权转让数量的波动还有待进一步探讨。

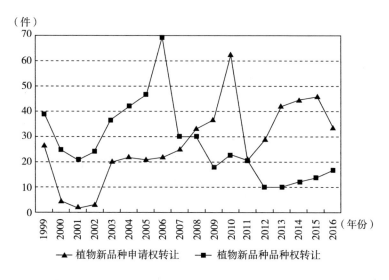

图 5.5 1999~2016 年植物新品种申请权、品种权转让数量趋势

从相对数量来看，以植物新品种申请权、品种权转让数量与各年植物新品种权申请量、授权量的比值来衡量植物新品种权的转让率。1999 年的新品种申请权和植物新品种权的转让率较高，随着时间推移转让率总体呈下降趋势（见表5.1）。虽然 2011 年的申请权和 2007 年的品种权转让绝对数量下滑幅度较大，但相对当年申请量和授权量的转让率并不是最低，说明并非因为新品种本身原因导致转让数量减少。品种权转让率平均高于申请权转让率，表明受让方更愿意购买已经授权的新品种，降低植物新品种交易的不确定性。

表 5.1　1999~2016 年植物新品种权转让数量及转让率

年份	申请权转让（件）	占当年申请量比例（%）	品种权转让（件）	占当年授权量比例（%）
1999	27	23.68	39	44.32
2000	5	4.50	25	25.51
2001	2	0.91	21	10.40
2002	3	1.08	24	9.64
2003	20	3.54	37	7.36
2004	22	3.05	42	6.73
2005	21	2.27	47	5.74
2006	22	2.56	69	9.14
2007	25	3.15	30	4.55
2008	33	3.93	30	4.89
2009	37	3.81	18	2.35
2010	63	5.40	23	2.65
2011	21	1.72	21	2.55
2012	29	2.21	10	1.23
2013	42	3.26	10	4.15
2014	45	2.66	—	—
2015	46	2.29	—	—
2016	34	1.43	—	—
合计	497	2.85	446	5.49

转让行为是指植物新品种权申请权或品种权的卖出行为，受让行为是指植物

新品种权申请权或品种权的购买行为。1999~2016 年，种子企业受让的申请权和品种权数量远高于转让的申请权和品种权数量（见表 5.2），说明种子企业自主创新能力较弱，向其他育种者购买植物新品种申请权或品种权是种子企业弥补自身创新能力不足的重要途径。从相对数量来看，种子企业转让的申请权和品种权分别占种子企业植物新品种权申请和授权总量的 3.27%、5.74%，均高于总体申请权转让和品种权转让比例，表明种子企业对植物新品种权的认识并非仅停留于"保护"层面，与农科院所等公共研发机构相比，种子企业具有更强的植物新品种权资本经营意识。

表 5.2　1999~2016 年种子企业植物新品种权转让、受让数量　　单位：件

年份	申请权转让	申请权受让	品种权转让	品种权受让
1999	1	27	6	37
2000	0	3	4	21
2001	2	2	12	16
2002	1	2	12	18
2003	7	15	17	30
2004	11	16	19	25
2005	15	16	28	42
2006	10	12	38	63
2007	9	15	14	27
2008	11	21	17	27
2009	22	24	10	16
2010	52	55	9	19
2011	8	18	11	17
2012	17	18	7	8
2013	22	35	9	9
2014	23	27	—	—
2015	22	30	—	—
2016	15	16	—	—
合计	248	352	213	375

二、种子企业申请权转让行为分析

植物新品种申请权转让是指植物新品种权申请人将植物新品种保护办公室已

接收但仍未授权的植物新品种依法转让给他人的行为。

　　需要注意的是：第一，如果转让时出让方并未向植物新品种保护办公室提出品种权申请，双方转让的并非新品种申请权，而是专有技术，受让方支付的仅仅是新品种技术转让费。第二，植物新品种申请权转让后，出让方转让的只是受让方有权针对此植物新品种继续进行申请的权利，虽然出让方将受理通知书、申请书等全套申请材料交付给受让方，但不能从根本上保证受让方未来一定成为受让新品种的品种权人，即新品种有可能被授权，也有可能被驳回；同时，无论受让方是否继续申请或实施该品种，转让方都不能再就同一品种提出植物新品种权申请，也无权再将该品种的申请权转让给第三方，在受让方申请被驳回之前，出让方不得以营利为目的实施该品种。如果申请被驳回，出让方不再返还转让费，受让方应清楚预见并承担申请失败的风险。第三，如果申请人为两个或者两个以上，新品种申请权的转让必须经全体权利人同意，一般由所有申请人共同协商、共同转让，全部在转让合同上签字或盖章，并在转让权利请求书上签字或盖章，部分申请人转让申请权是无效的。

　　图 5.6 为 1999~2016 年农业植物新品种申请权转让网络图。将申请权转让数据导入 Gephi 软件，采用 Force Atlas 算法绘制有向网络，节点代表申请权交易主体，节点间连线（边）表示各主体间发生的申请权出让和受让行为，该网络有369 个节点，229 条边。

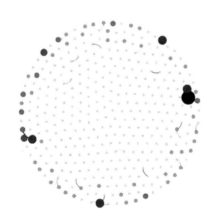

图 5.6　1999~2016 年农业植物新品种申请权转让网络图

　　进一步计算网络指标显示，1999~2016 年植物新品种申请权转让网络平均度为 0.621，平均加权度为 1.347，平均路径长度为 1.199，网络直径为 4，网络密度为 0.002。度（degree）是指与节点连接的边的总数目，所有节点度的平均值即为网络的平均度，平均度较低说明申请权转让网络规模很小，通过申请权转让进行的技术推广速度较慢。

平均路径长度（average path length）是所有节点对之间距离的平均值，即从一个节点到另一个节点的路径的平均长度，用来描述网络中节点间的分离程度。申请权转让网络的平均路径长度比较短，说明这一网络具有小世界效应，每个申请权交易主体都通过一条很短的路径与其他人相连。

网络密度（network density）为网络中实际存在的边数与可容纳的边数上限的比值，用于刻画网络中节点间相互连边的密集程度，取值范围在 0 和 1 之间（当网络中不存在连边关系时为 0，当网络为全连通时为 1）。申请权转让的网络密度较低说明育种创新主体之间交易频率较低，虽然参与申请权转让的主体较多，但转让数量还处于比较低的水平。转让方仅与一个或有限几个受让方交易，申请权转让关系较弱，网络还比较松散，多数处于游离状态，并没有形成稳定的新品种申请权转让关系。

对 1999~2016 年 497 件农业植物新品种申请权的转让主体类型进行分析发现，转让方为种子企业的 248 件（占申请权转让总量的 49.90%）、农科院所 174 件（占 35.01%）、农业高校 7 件（占 1.41%）、个人等其他主体 68 件（占 13.68%）；受让方为种子企业的 356 件（占 71.63%）、农科院所 92 件（占 18.51%）、农业高校 7 件（占 1.41%）、个人等其他主体 42 件（占 8.45%）。可见，种子企业既是植物新品种申请权转让方的主体，同时也是受让方的主体，种子企业之间的植物新品种申请权转让活动最为活跃。

从申请权转让双方的数量来看，单独转让（出让方为一个申请人）440 件，其中一对一的申请权转让 333 件，一对多的申请权转让 107 件。种子企业作为唯一出让方向唯一受让方，即种子公司转让申请权 160 件，占一对一转让的 48.05%，转让数量排在前 6 位的分别为：南通大熊种业科技有限公司向襄阳正大农业开发有限公司转让了 14 件玉米品种申请权；吉林长融高新种业有限公司向吉林吉农高新技术发展股份有限公司转让了 13 件玉米品种申请权；天津天隆种业科技有限公司向天津天隆科技有限公司转让了 10 件水稻品种申请权；深圳衡达涌金农业高科技有限公司向北京东方天骄投资顾问有限公司转让了 9 件玉米品种申请权；四川种都种业有限公司向四川种都高科种业有限公司转让了普通番茄、茄子等 9 件蔬菜品种申请权；江西省种子公司向江西先农种业有限公司转让了 8 件水稻品种申请权。

而一对多的申请权转让主要形式是"农科院所→农业院所+种子公司"，即种子公司成为农科院所培育品种的共同申请人，如 2004~2008 年，江苏里下河地区农业科学研究所以这种形式向江苏金土地种业有限公司先后转让了水稻、油菜、小麦等品种申请权 8 件；2013~2016 年，中国农业科学院郑州果树研究所向潍坊创科种苗有限公司先后转让了甜瓜、西瓜等蔬菜品种申请权 10 件。另外，种子公司作为受让方购买个人的品种申请权，例如，山东隆平华研种业有限公司于 2013 年向刘伟购买了 14 件玉米品种申请权。

植物新品种申请权共同转让（出让方为两个或两个以上）57 件，占申请权转让总量的比例为 11.47%，其中唯一受让方的 31 件，多个受让方的 26 件。申请权共同转让多发生在农科院所与种子公司作为共同申请人，将申请权转让给种子公司或增加新的共同申请人。例如，黑龙江省农业科学院佳木斯水稻研究所和黑龙江省龙粳高科有限责任公司于 2012~2014 年将共同申请的 14 件水稻品种申请权先后进行转让，受让人为该研究所和佳木斯龙粳种业有限公司。类似地，还有国家粳稻工程技术研究中心和天津天隆种业科技有限公司将 7 件水稻品种权转让给该中心和天津天隆科技有限公司。这种类型的新品种申请权转让可以归纳为"农科院所+A 种子公司→农科院所+B 种子公司"，即研发型种子公司与实力雄厚的农科院所合作培育出新品种，成为新品种的共同申请人，再将新品种申请权共同转让给第三方（种子公司）开发，实现产学研合作育种创新。

三、种子企业植物新品种权转让行为分析

植物新品种权转让是指品种权人将其获得的植物新品种权全部转让给他人的行为，转让方不再对植物新品种权拥有任何权利，受让方成为该品种权的新所有者，有权行使植物新品种权的所有权利。

植物新品种权转让过程中，根据相关法律规定：第一，转让植物新品种权的当事人（转让方和受让方）应当签订书面合同，经植物新品种权审批机关登记和公告后，才能正式生效。第二，植物新品种权转让生效后，受让人取得品种权人地位，转让人丧失品种权人地位，但品种权转让合同不影响转让方在合同成立之前与他人签订的植物新品种权实施许可合同的效力。除合同另有约定的除外，原品种权实施许可合同所约定的权利义务由品种权受让方承担。另外，订立植物新品种权转让合同前，转让方已实施品种权的，除合同另有约定以外，合同成立后，转让方应当停止实施。第三，若品种权人为两个或者两个以上，植物新品种权的转让必须经全体权利人同意，一般由所有品种权人共同协商，共同转让，全部在转让合同上签字或盖章，并在转让权利请求书上签字或盖章，部分品种权人转让品种权是无效的。

植物新品种权转让过程包含了一系列选择和行动，表现为品种权人实现创新收益独占，转让方与受让方建立联系，相互沟通，形成植物新品种技术扩散网络，影响种子企业创新行为。

图 5.7 为 1999~2016 年农业植物新品种权转让网络图。将品种权转让数据导入 Gephi 软件，采用 Force Atlas 算法绘制有向网络，节点代表品种权交易主体，节点间连线（边）表示各主体间发生的品种权出让和受让行为，该网络图有 289 个节点，189 条边。

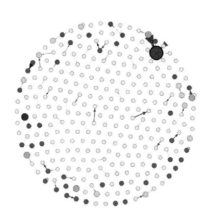

图 5.7   1999~2016 年农业植物新品种权转让网络图

进一步计算网络指标显示，1999~2016 年植物新品种权转让网络平均度为 0.654，平均加权度为 1.543，平均路径长度为 1.245，网络直径为 4，网络密度为 0.002。平均度较低说明品种权转让网络规模很小，通过品种权转让进行的技术推广速度较慢。

品种权转让网络的平均路径长度比较短，说明这一网络具有小世界效应，网络是稀疏的，总体来看植物新品种权转让的单位极少，网络是去中心化的，不存在核心点。网络密度较低说明育种创新主体之间交易频率较低，虽然参与品种权转让的主体较多，但转让数量还处于比较低的水平，转让方仅与一个或有限几个受让方交易，品种权转让关系较弱，通过植物新品种权转让进行的合作育种创新效应有限。

对 1999~2016 年 446 件农业植物新品种权的转让主体类型进行分析发现，转让方为种子公司的 214 件（占品种权转让总量的 47.98%）、农科院所的 178 件（39.91%）、农业高校的 5 件（1.12%）、个人等其他主体的 49 件（10.99%）；受让方为种子公司的 375 件（84.08%）、农科院所的 41 件（9.19%）、农业高校的 8 件（1.79%）、个人等其他主体的 22 件（4.93%）。可见，种子公司既是植物新品种权转让方的主体，同时也是受让方的主体，种子公司之间的植物新品种权转让活动最为活跃。

从品种权转让双方的数量来看，单独转让（出让方为一个申请人）417 件，其中一对一的品种权转让359件，一对多的品种权转让58件。种子公司作为唯一出让方向唯一受让方，即"种子公司→种子公司"转让品种权178件，占一对一转让的49.58%，转让数量排在前6位的分别为：吉林长融高新种业有限公司向吉林吉农高新技术发展股份有限公司出让玉米品种权20件；吉林吉农高新技术发展股份有限公司向北京奥瑞金国丰生物技术有限公司、吉林德禹种业有限责任公司、酒泉市通盈种苗有限公司等10家公司出让玉米品种权15件；山西屯玉种业科技股份有限公司向北京屯玉种业有限责任公司出让玉米品种权9件；山东汇德丰种业有限公司向山东中农汇德丰种业科技有限公司出让玉米品种权8件；山东天泰种业有限公司向山东中农天泰种业有限公司出让玉米品种权8件；山东汇德丰种业有限公司向山东中农汇德丰种业科技有限公司出让玉米品种权8件。而一对多的品种权转让主要形式是"农科院所→农业院所+种子公司"，即种子公司成为农科院所授权品种的共同品种权人。例如：2000~2007年，河南省农业科学院以这种形式向河南秋乐种业科技股份有限公司先后转让了玉米、花生、大豆、小麦、棉花等品种权13件；2001~2006年，江苏丘陵地区镇江农业科学研究向江苏丰源种业有限公司先后转让了水稻品种权9件；2008~2011年黑龙江省农业科学院佳木斯水稻研究所向佳木斯龙粳种业有限公司转让了水稻品种权9件。另外，种子公司作为受让方购买个人的品种权，例如，山东汇德丰种业有限公司于2006年向武振杰购买了8件玉米品种权，而武振杰是该公司的重要出资者之一。

植物新品种权共同转让（出让方为两个或两个以上）仅有29件，占植物新品种权转让总量的比例为6.50%，其中唯一受让方的有18件，多个受让方的有11件。品种权共同转让多发生在农科院所与种子公司作为共同品种权人，将品种权转让给种子公司或增加新的共同品种权。例如，四川农业大学和四川农大正红种业有限责任公司于2003年、2006年将6件玉米品种权先后进行转让，受让人为四川农业大学和四川农大正红生物技术有限责任公司。此外，江苏里下河地区农业科学研究所和江苏金土地种业有限公司将6件水稻、小麦品种权出让，受让人只有苏金土地种业有限公司，通过品种权转让，种子公司变成唯一的品种权人。

植物新品种权共同转让的比例明显低于植物新品种申请权共同转让的比例。品种权单独转让仅需提交当事人双方签订的转让合同，并向审批机关提交著录项目变更请求，著录项目变更手续合格即完成了品种权人的变更。而对于共同品种权人，因为牵涉不同利益可能存在相悖意愿，就转让事项达成一致意见的成本较高，有多个品种权人阻碍了品种权的转让，影响植物新品种权的流动。

植物新品种申请权与品种权转让的植物种类分布不同，种子公司所占比重也有所不同。表5.3为1999~2016年农业植物新品种申请权与品种权转让植物种类比较，玉米、水稻、普通小麦、大豆和棉花等大田作物是植物新品种申请权和品种权转让的主要作物品种。

表5.3 1999~2016年农业植物新品种申请权与品种权转让植物种类比较

序号	植物种类	申请权转让（件）	种子企业申请权转让（件）	种子企业占比（%）	品种权转让（件）	种子企业品种权转让（件）	种子企业占比（%）
1	玉米	222	124	55.86	251	135	53.78
2	水稻	156	88	56.41	104	46	44.23
3	普通小麦	26	7	26.92	30	3	10.00
4	大豆	12	0	0.00	7	0	0.00
5	棉属	10	4	40.00	6	2	33.33
6	谷子	9	1	11.11	7	1	14.29
7	甘蓝型油菜	7	1	14.29	0	0	
8	大白菜	6	0	0.00	0	0	
9	普通番茄	6	6	100.00	1	1	100.00
10	甜瓜	6	0	0.00	0	0	
11	大麦属	4	0	0.00	1	0	0.00
12	花生	4	1	25.00	2	0	0.00
13	辣椒属	3	2	66.67	3	3	100.00
14	猕猴桃属	3	2	66.67	0	0	
15	苹果属	3	0	0.00	1	0	0.00
16	普通西瓜	3	0	0.00	1	1	100.00
17	茄子	3	3	100.00	0	0	
18	豇豆	2	2	100.00	0	0	
19	不结球白菜	1	1	100.00	0	0	
20	茶组	1	1	100.00	0	0	
21	高粱	1	0	0.00	3	1	33.33
22	果子蔓属	1	1	100.00	0	0	
23	花椰菜	1	1	100.00	0	0	
24	黄瓜	1	1	100.00	1	0	0.00
25	梨属	1	0	0.00	0	0	
26	马铃薯	1	1	100.00	7	7	100.00
27	葡萄属	1	1	100.00	0	0	
28	食用萝卜	1	0	0.00	0	0	
29	酸模属	1	0	0.00	0	0	
30	芝麻	1	0	0.00	0	0	

续表

序号	植物种类	申请权转让（件）	种子企业申请权转让（件）	种子企业占比（%）	品种权转让（件）	种子企业品种权转让（件）	种子企业占比（%）
31	非洲菊	0	0		4	1	25.00
32	甘薯	0	0		1	0	0.00
33	花烛属	0	0		13	13	100.00
34	石竹属	0	0		3	0	0.00
	总计	497	248	49.90	446	214	47.98

497 件植物新品种申请权转让共分布在 30 个植物种或属，排名前 5 位的植物种类分别是玉米、水稻、普通小麦、大豆和棉属，其中种子企业申请权转让 248 件分布在 19 个种属，排名前 5 位的植物种类分别是玉米、水稻、普通小麦、普通番茄和棉属。

446 件植物新品种权转让共分布在 19 个植物种或属，排名前 5 位的植物种类分别是玉米、水稻、普通小麦、花烛属和马铃薯，其中种子企业植物新品种权转让 214 件分布在 12 个种属，排名前 5 位的植物种类分别是玉米、水稻、花烛属、马铃薯和普通小麦。

品种申请权转让比品种权转让的植物种类分布更加广泛，种子企业在不同的植物种类申请权和品种权转让中活跃程度不同。从种子企业品种申请权和品种权转让所占比例来看，植物种类对植物新品种申请权或品种权转让方式影响较大，种子企业对玉米、水稻、普通小麦、棉属倾向转让申请权，对谷子、高粱等品种倾向转让品种权。种子企业蔬菜品种申请权的转让活动比较频繁，但很少进行花卉品种申请权的转让，更愿意转让已经获得授权的花卉品种权。

新品种申请权和品种权转让的优点是，交易完成后受让方不受转让方的牵制，独立享有新品种申请权或品种权；手续相对简便，只需要办理相关登记转让；受让方可以自己进行后续开放，便于监控。但是，新品种后续开发涉及的隐性知识难以利用合同规定移交；尽管申请权转让方报价低于品种权转让，而申请风险和开发成本全部由受让方承担；转让方与品种权及后续生产、销售的关系剥离得较为彻底，受让方难以预估新品种的潜在收益。目前农科院所课题组直接与种子企业进行农作物品种（权）交易，双方主要凭借田间观摩、主观经验判断品种价值，谈判新品种转让价格，信息不对称、交易成本高降低了种子企业品种申请权、品种权的交易意愿，"买断"行为意味着种子企业必须承担更多的市场推广风险，种子企业选择新品种交易对象时易出现盲目"押宝"现象，双方评估价格差异大，增加了交易失败风险。

除了新品种申请权和品种权转让，审定（登记）品种或未审定品种的产权也可以转让。例如，在 2016 年第二十三届中国杨凌农业高新科技成果博览会（以下简称"杨凌农高会"）的植物新品种信息发布暨产权交易签约活动中，中国农业科学院作物科学研究所等 6 家育种机构向中国种子集团有限公司等 13 家单位转让了 13 个农作物新品种，详细信息见表 5.4。

表 5.4　2016 年杨凌农高会新品种交易项目

序号	品种名称	品种审定编号	申请年份	授权年份	品种推广[a]	转让方	受让方
1	通玉 266	—	—	—	—	通化市农业科学研究院	公主岭市农研水稻研究所
2	通系 931	吉审稻 2011012	2013	2017	—	通化市农业科学研究院（品种权人）	吉林省新田地农业开发有限公司
3	通禾 66	吉审稻 2015009	2017	—	—	通化市农业科学研究院	吉林省鸿翔农业集团鸿翔种业有限公司（申请人）
4	通育 1101	吉审玉 2016020	—	—	—	通化市农业科学研究院	吉林种易宝农业科技有限公司
5	绥农 29	黑审豆 2009008	2009	2014	253 万亩	黑龙江省农业科学院绥化分院（品种权人）	黑龙江飞龙种业有限公司
6	中麦 175	冀审麦 2009017 号	2009	2009[b]	2910 万亩	中国农业科学院作物科学研究所（品种权人）	河北沃育农业科技有限公司
7	中麦 998	津审麦 2015001	2013	2018	—	中国农业科学院作物科学研究所（申请人）	陕西隆丰种业有限公司
8	扬麦 25	国审麦 2016003	2016	2018	—	江苏里下河地区农业科学研究所（申请人）	中国种子集团有限公司
9	冀豆 20	冀审豆 2008002	2010	2016	—	河北省农林科学院粮油作物研究所（品种权人）	河北希普天苑种业有限公司
10	冀豆 19	冀审豆 2011003	2010	2015	21 万亩	河北省农林科学院粮油作物研究所（品种权人）	山东天耀种业有限公司

序号	品种名称	品种审定编号	申请年份	授权年份	品种推广[a]	转让方	受让方
11	西农 188	陕审麦 2015004	—	—	10 万亩	西北农林科技大学农学院	杨凌国瑞农业科技有限公司
12	西农 583	陕审麦 2013004	—	—	—	西北农林科技大学农学院	西安博农种业科技有限公司
13	西农 2000	陕审麦 2006008	2007	2011	12 万亩	西北农林科技大学农学院	河南丰硕种业有限公司

注：a 表示品种累计推广面积数据来源于中国种业大数据平台（http：//202.127.42.145/home/index，2018-08-07）；b 表示 2016 年权利恢复。

2016 年的杨凌农高会产权交易签约活动由中国种业知识产权联盟、农业部科技发展中心和杨凌农高会组委会联合主办，国家（杨凌）农业技术转移中心、国家（杨凌）旱区植物新品种权交易中心承办，智农 361-国际植物品种展示交易平台提供技术支撑，签约金额近 6 亿元。新品种的转让方均为农科院所或农业高校，受让方大多是种子企业，一家科研机构将育成的不同品种分别转让给不同的种子企业。交易的农作物品种大多通过品种审定，在交易时已经申请了植物新品种权，但转让的未必是新品种申请权或品种权，也可能是品种生产经营权，即双方签订的是新品种技术许可协议。尽管都属于新品种交易，但转让形式和实质存在巨大差别。种业知识产权联盟、植物新品种权交易中心、植物品种展示交易平台的中介服务对促进各种新品种交易的达成起到重要作用。

通过对植物新品种权共同申请、申请权转让和品种权转让的总体情况进行分析，对种子企业的行为特征、与农科院所、其他种子企业、个人等主体的合作育种创新机制进行了较为详细的研究。结果显示，我国种子企业合作育种创新的方式多种多样，农科院所与种子企业的合作研发活动最为频繁，但由于我国长期以来育种研发成果都集中在科研院所，种子产业在我国出现的时间并不长，而绝大部分种子企业的总体研发实力非常弱，科研院所在科企合作创新关系网络中处于绝对主导地位，种子企业多处于从属地位。种子企业虽然数量众多，在合作育种创新中接触的农科院所数量极少，科企合作创新网络并不存在核心点，从网络关联来看，具有"小世界"网络特征，在高度聚类的网络中新品种的推广速度很慢，从一定程度上解释了为什么我国每年有数百个新品种授权，但应用于农业生产的数量不多。

农业植物新品种权共同申请的数量远远大于植物新品种申请权转让和品种权

转让，表明相对于购买申请权或品种权的简单交易型契约关系，种子企业更愿意与农业院所、其他种子公司、个人或其他机构达成互惠型契约关系，合作育种、共担风险，共享研发成果，而非"一买（卖）了之"。植物新品种权共同申请主要集中分布在大田作物，地区分布主要集中在种质资源丰富、经济发达和农业资源较丰富的地区。

种子企业在植物新品种权共同申请和转让活动中非常活跃，是主要的共同申请人、申请权和品种权的转让方和受让方。新品种申请权转让的植物种类分布比品种权转让的植物种类分布更为广泛，种子公司更多选择将新品种申请权转让给其他主体，转嫁植物新品种申请风险。品种权的转让率高于申请权转让率，提高申请权转让、品种权转让交易的成功率，一方面应完善品种交易市场，规范市场交易行为，加强中介组织服务，实现多方共赢；另一方面种子企业须高度重视知识产权运营和管理，最重要的是抓住扶持政策机遇发挥自身优势，提升技术吸纳能力和自主育种创新能力。

植物新品种权共同申请或共同所有对植物新品种权转让具有阻碍作用，不利于合作创新中的技术转移。植物新品种保护制度的一个重要目标是促进新品种技术转化应用于实践，虽然现行制度已经基本确立了植物新品种权共有的行使规则，但是对于权利处分的规定过于模糊，导致实践中会遇到阻碍。今后在完善制度的过程中应尽量考虑到实践中可能出现的情况，针对共有品种权的转让、放弃、质押等方面分别作出有针对性的具体规定，形成完善、详尽的植物新品种权共有行使规则体系，更好地保障共有品种权人的权利，兼顾到公平与效率。

第三节　种子企业植物新品种权许可行为分析

植物新品种权许可是在不转移植物新品种权所有权的前提下，品种权人将一定时期和地域范围的植物新品种权使用权让渡给被许可方，并获得相应许可使用费的商业许可行为，即《中华人民共和国植物新品种保护条例》规定的为商业目的生产或销售授权品种的繁殖材料须经品种权人的"许可"。通过植物新品种权许可，种子企业可以分担品种创新市场风险，及时收回研发投资，降低企业成本，对于增加企业利润、开拓新市场、获取先进育种技术具有重要意义。

本节所讨论的植物新品种权许可行为，主要针对种子企业，作为产业内部创新者，种子企业不仅从事新品种培育和品种权许可活动，而且作为种子生产者参与许可后的市场竞争。由于资产专用性，品种权人只有拥有互补性资产才会选择一体化。种子企业通常比农科院、农业大学或个人拥有更强的种子生产能力和更好的营销渠道，更愿意选择育繁推一体化，自己实施植物新品种权。只有当缺乏某种专用性互补资产时，才会选择市场交易或联合。

我国种子产业市场结构中存在大量的规模小、不具备研发能力的种子企业，许多种子企业以购买品种权或许可实施为主要生存方式。以育种研发为主的小型种子企业对外许可不足为奇，但一些育繁推一体化的大企业也积极推动许可策略，将许可收入作为技术投资回报的一部分，并控制产品市场的竞争程度。这些大企业已经在产品市场上有较大的市场份额，有能力自己实施品种权技术，但是一些种子公司还设计专门网页，做广告宣传对外许可其新品种。

本部分主要考察育繁推一体化的大型种子企业的许可策略，研究许可率的决定因素，重点研究技术市场的竞争对企业许可决策的影响。我们认为，种子企业植物新品种权许可由两个相互作用的、对许可方利润产生相反影响的许可效应解释：收入效应和利润耗散效应，而技术市场竞争会改变这种权衡，引发更多的策略性许可行为（见图 5.8）。

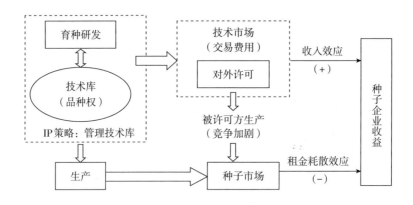

图 5.8　种子企业品种权许可行为理论框架

首先，建立种子企业许可博弈模型，利用库恩—塔克定理求解种子企业面对两个生产效率不同的潜在进入种子企业竞争时，如何选择许可方式和许可对象，使期望收益最大期化；其次，分析当市场需求存在不确定性时，植物新品种权人如何将植物新品种权许可作为策略外源融资手段，做出许可时机选择；最后，探讨不对称信息环境下，种子企业植物新品种权许可最优价格契约方式。

一、育繁推一体化种子企业品种权许可行为分析

新品种培育是育繁推一体化种子企业的重要经济活动，对研发创新结果的知识产权保护可能采取商业秘密、专利、商标或植物新品种权形式，为创新企业带来一段时期的排他控制权。当品种创新是显著的，足以将竞争对手逐出市场，这时种子企业不会选择许可实施品种权。但种子产业存在大量潜在进入者，他们不但可以模仿、采用新技术，而且还可以自己进行研究和开发。当品种权人意识到他们最好与这些潜在进入者分享新技术，出于策略性动机，也会将品种权使用权许可给竞争企业，由于这种许可合同关系有很强的不稳定性，今天的合作伙伴可能成为明天的竞争对手，如何选择许可对象成为种子企业的重要战略决策。

1. 博弈模型与基本假设

拥有植物新品种权的种子企业（在位厂商）是该品种市场上的垄断者，新品种的采用可以降低种子生产成本。未经授权，其他种子企业不能生产该品种种子，但可以一定的成本自行培育该新品种。市场反需求函数为 $p(Q)=a-bQ$。模型假设市场规模（a）足够大，因为如果市场需求小将不存在进入者。品种权人的成本函数为 $c(q_I)=cq_I$，c 为边际成本、q_I 为品种权人的产量，则其利润函数为 $\Pi=p(Q)q_I-cq_I(Q=q_I)$。

假设存在一强一弱两个潜在进入者，每个企业的边际生产成本由于生产效率差异而不同。不失一般性，假设企业 1 的生产效率高，边际成本为 c_L，企业 2 的生产效率低，边际成本为 c_H，则 $c_L<c<c_H$。在第一期两个企业没有获得新品种而无法进行种子生产，但如果投资 B 培育该品种则在第二期能够获得正的利润。用 $q_i(i=1,2)$ 表示进入者的产量，则两家企业在第二期的利润函数分别为 $\pi_1=p(Q)q_1-c_Lq_1$ 和 $\pi_2=p(Q)q_2-c_Lq_2$，$Q=q_I+q_1+q_2$。为避免烦琐的分析，假设开发成本足够低，使进入者选择在第一期进行开发，在第二期获得正的利润。这样，市场在第一期是垄断市场，而在第二期变成在位企业和进入者进行古诺竞争的垄断竞争市场。

品种权人知道潜在进入者的动机或策略。如果品种权人在第一期维持垄断利润的机会成本大于第二期新进入者竞争带来的损失，那么品种权人最好在第一期选择最优许可对象，分享创新收益。品种权人可以选择两部制(固定费用与提成费用)许可方式，许可给一家或两家企业，企业接受许可的条件是许可后利润至少不低于许可前。那么，不存在许可时有两种情况：一是品种权人不愿意许可实施，二是两家企业不接受许可。在第一期不存在许可时，品种权人的收益函数为 $\Pi=(a-bq_I-c)q_I$，获得暂时的垄断利润；若第二期存在进入者，形成三头竞争，其收益函数变为 $\Pi=\left[a-b\left(q_I+\sum_{i=1}^{2}q_i-c\right)\right]q_I$。因而，品种权人的期望收益为

$$\Pi^{NA}=(a-bq_I-c)q_I+\delta\left[a-b\left(q_I+\sum_{i=1}^{2}q_i-c\right)\right]q_I，\delta 为贴现率，NA 代表不存在许可联$$

盟。进入者在第一期的利润为零，在第二期因投资开发而获得正利润，期望收益

分别为 $\pi_1^{NA} = \delta\left[a-b\left(q_1+\sum_{i=1}^{2}q_i\right)-c_L\right]q_1-B$ 和 $\pi_2^{NA} = \delta\left[a-b\left(q_1+\sum_{i=1}^{2}q_i\right)-c_H\right]q_2-B$。

下面考虑存在许可联盟时的博弈顺序。首先，品种权人选择许可费用方式，两家企业至少有一家接受许可，否则许可联盟就不存在。假设企业 i 期望从中获益而接受许可，成为被许可方，支付品种权人的许可费用条件，品种权人获得许可费用收入和竞争利润收入。令 Π^{A_i} 表示品种权人与企业 i 建立许可联盟后的期望收益，两部制许可费用包括按被许可方单位产量收取的提成费用，比率为 r_i $(0<r_i<1)$，和一次性总付的固定费用 $\alpha B(0<\alpha<1)$，则有 $\Pi^{A_i}=\left[a-b(q_1+q_i)-c\right]q_1+\alpha B+r_iq_i$。由于在第二期，品种权人无法排除进入者，市场结构为三头垄断竞争，被许可方仍需向品种权人支付提成费用，品种权人的收益为 $\Pi^{A_i}=\left[a-b(q_1+q_i+q_{-i})-c\right]q_1+r_iq_i$，$q_{-i}$ 为另一家未许可企业的产量。因而，品种权人的期望收益为 $\Pi^{A_i}=\left[a-b(q_1+q_i)-c\right]q_1+\alpha B+r_iq_i+\delta\{\left[a-b(q_1+q_i+q_{-i})-c\right]q_1+r_iq_i\}$。

当两家企业都接受许可，且品种权人的利润大于向一家企业许可时的利润，品种权人才会选择向两家企业许可。这时，市场在第一期和第二期都是三头垄断竞争，品种权人的期望收益为 $\Pi^{A_{12}}=(1+\delta)\{\left[a-b(q_1+q_1+q_2)-c\right]q_1+r_1q_1+r_2q_2\}+2\alpha B$。

再来看许可联盟中企业 i 的期望收益。企业 i 只有支付品种权许可费用才能使用该品种，许可费用就是企业 i 进入市场的成本。令 π_i^{A} 和 π_i^{NA} 分别表示企业 i 接受许可和不接受许可时的收益。若只有一家企业接受许可，企业 i 在第一期面对双头垄断市场，收益为 $\left[a-b(q_1+q_i)-(c_i+r_i)\right]q_i-\alpha B$，在第二期面临三头垄断竞争，收益为 $\left[a-b(q_1+q_i+q_{-i})-(c_i+r_i)\right]q_i$；若两家企业都接受许可，每家企业的收益均为 $(1+\delta)\left[a-b(q_1+q_1+q_2)-(c_i+r_i)\right]q_i-\alpha B$。

通过比较以上这些收益，我们可以预测品种权人和企业的许可激励约束。若 $\Pi^{A_i}<\Pi^{NA}$，品种权人没有激励进行品种权许可，只有当 $\Pi^{A_i}\geq\Pi^{NA}$ 时才会选择许可实施。而对于进入者 i，只有当 $\pi_i^{A}\geq\pi_i^{NA}$ 时才会接受许可，否则不会加入许可联盟。因而，品种权人要实现利润最大化，应满足约束条件 $\Pi^{A_i}-\Pi^{NA}\geq 0$，以及进入者的参与约束条件 $\pi_i^{A}-\pi_i^{NA}\geq 0$。

2. 最优许可费用方式

品种权人对具有不同生产效率的进入者可以采用混同合同，即以相同的提成费用比率 $(r,\alpha B)$ 收取许可费，也可以区分不同的许可对象，使用分离合同 $(r_1,\alpha B)$ 与 $(r_2,\alpha B)$，分别对企业 1 和企业 2 收取许可费用。

当品种权人和强势企业 1 达成许可联盟时，其许可费用最优化问题可以表示为：

$$\max\Pi^{A_1} = \left[a-b(q_1+q_1)-c\right]q_1+\alpha B+r_1q_1+\delta\left\{\left[a-b(q_1+q_1+q_2)-c\right]q_1+r_1q_1\right\}$$

$$s.t. \begin{cases} \Pi^{A_1}-\Pi^{NA} \geqslant 0 \\ \pi_1^A-\pi_1^{NA} \geqslant 0 \end{cases}$$

利用库恩—塔克定理求解这一最大化问题，得到品种权对强势进入企业的最优提成费用比率为：

$$r_1^* = \frac{4(a-5c+4c_L)-18(c-c_L)\delta}{8+9\delta} \tag{5.1}$$

由式(5.1)可知，$\frac{\partial r_1}{\partial c_L}>0$，随着强势企业边际成本的增加，品种权人收取的许可费用提成比率也相应提高。

同理，当品种权人与弱势企业2达成许可联盟时，其许可费用最优化问题可以表示为：

$$\max\Pi^{A_2} = \left[a-b(q_1+q_2)-c\right]q_1+\alpha B+r_2q_2+\delta\left\{\left[a-b(q_1+q_1+q_2)-c\right]q_1+r_2q_2\right\}$$

$$s.t. \begin{cases} \Pi^{A_2}-\Pi^{NA} \geqslant 0 \\ \pi_2^A-\pi_2^{NA} \geqslant 0 \end{cases}$$

利用库恩—塔克定理求解这一最大化问题，得到品种权对弱势进入企业的最优提成费用比率为：

$$r_2^* = \frac{4(a-5c+4c_H)-18(c-c_H)\delta}{8+9\delta} \tag{5.2}$$

由式(5.2)可知，$\frac{\partial r_1}{\partial c_H}>0$，如果边际成本减少，则被许可方提成费用比率也相应降低。

比较式(5.1)和式(5.2)可得，品种权人建立许可联盟时，对每个企业的最优许可费用方式不包含固定费用，仅采用提成费用方式，且提成费用比率随着被许可方的边际成本增加而提高，因而可以向弱势企业收取比强势企业较高的提成费用比率($r_1^*<r_2^*$)。由以上分析得到引理1和引理2。

引理1：由于品种权人的最大利润是由许可费用收入和种子生产利润构成的，为吸引企业接受品种权许可，品种权人通常降低许可费用，采用提成费用方式而不是两部制。

引理2：被许可方如果生产效率高(边际成本较低)，收取较低的提成费用比率可以为品种权人带来足够的许可费用收入。

3. 最优许可对象选择

本部分主要分析种子企业品种权许可对象的选择问题：许可给一家企业还是

两家企业；如果许可给一家企业，选择弱势还是强势企业？给定最优提成费用比率，比较许可联盟形成前后品种权人和被许可方的期望收益可以得到这一问题的答案。

尚未形成许可联盟时，品种权人在第一期独享垄断利润，但在第二期与其他两家企业竞争，收益分别为 $(a-c)^2/4b$、$(a+c_L+c_H-2c)^2/16b$，其他企业的进入侵蚀了垄断者的利润，其期望收益为：

$$\Pi^{NA} = \frac{(a-c)^2}{4b} + \frac{\delta(a+c_L+c_H-2c)^2}{16b} \tag{5.3}$$

上式表明，当品种权人在产品市场存在竞争对手时，其收益随着竞争者边际成本增加而提高。

潜在进入者在第一期的收益为零，投资 B 进入市场与其他企业竞争，开发投资 B 可以看成产业的进入壁垒。两企业的期望收益分别为：

$$\pi_1^{NA} = \frac{\delta(a-3c_L+c_H+c)^2}{16b} - B$$

$$\pi_2^{NA} = \frac{\delta(a-3c_H+c_L+c)^2}{16b} - B \tag{5.4}$$

由式(5.4)，进入者的利润不但取决于自身边际成本，还与其他进入者和在位者的生产效率有关；π_1^{NA} 是 c_L 的减函数，是 c 和 c_H 的增函数。

比较式(5.3)和式(5.4)，可得 $\Pi^{NA} > \pi_1^{NA} > \pi_2^{NA}$，虽然企业 1 的生产效率高于在位者，由于在第一期没有获得品种权许可而不得不自己投资，从而期望收益低于在位的种子企业。

若品种权人选择强势企业作为被许可方，形成许可联盟，企业 1 有机会提前进入市场，在第一期，品种权人失去垄断力量，获得许可费收入 $r_1 q_1$，竞争使种子市场价格从 $(a+c)/2$ 下降到 $(a+c+c_L+r_1)/3$，由垄断产生的低效率得到改进；在第二期，受提成费用影响，品种权人、被许可企业和没有获得许可企业的产量发生改变，被许可企业的产量随着 r_1 增加而降低，市场总供给量降低，从而种子购买者面临更高的价格。许可双方的期望利润分别为：

$$\Pi^{A_1} = \frac{(a-2c+c_L+r_1)^2}{9b} + \frac{(a-2c_L+c-2r_1)r_1}{3b} + \delta\left[\frac{(a-3c+c_L+c_H+r_1)^2}{16b} + \frac{(a-3c_L+c_H+c-3r_1)r_1}{4b}\right]$$

$$\pi_1^{NA} = \frac{(a-2c_L+c-2r_1)^2}{9b} + \delta\left[\frac{(a-3c_L+c_H+c-3r_1)^2}{16b}\right]$$

若品种权人选择弱势企业作为被许可方，形成许可联盟，获得许可费收入

r_1q_1，许可双方的期望利润分别为：

$$\Pi^{A_2}=\frac{(a-2c+c_H+r_2)^2}{9b}+\frac{(a-2c_H+c-2r_2)r_2}{3b}+$$

$$\delta\left[\frac{(a-3c+c_L+c_H+r_1)^2}{16b}+\frac{(a-3c_H+c_L+c-3r_2)r_2}{4b}\right]$$

$$\pi_2^{NA}=\frac{(a-2c_H+c-2r_2)^2}{9b}+\delta\left[\frac{(a-3c_H+c_L+c-3r_2)^2}{16b}\right]$$

首先，通过比较 Π^{A_1} 和 Π^{A_2}，可得 $\Pi^{A_1}-\Pi^{A_2}<0$，当品种权人只将品种权许可给一家企业时，其选择的许可对象为弱势企业。因为品种权人不是外部创新者，在位品种权人既要考虑到许可收入，又要考虑到种子市场的古诺双头竞争状态，虽然建立许可联盟而放弃了部分垄断力量，但仍希望在种子市场上保持领先状态；而在位企业必须考虑长远的期望收益。

若品种权人选择两家企业同时作为被许可方，形成许可联盟，获得许可费收入 $r_1q_1+r_2q_2$，期望利润分别为：

$$\Pi^{A_{12}}=(1+\delta)\left[\frac{(a-3c+c_L+c_H+r_1+r_2)^2}{16b}+r_1\frac{a+c-3c_L+c_H-3r_1+r_2}{4b}+\right.$$

$$\left. r_2\frac{a+c+c_L-3c_H+r_1-3r_2}{4b}\right]$$

$$\pi_1^A=(1+\delta)\left[\frac{a+c-3c_L+c_H-3r_1+r_2}{16b}\right]$$

$$\pi_2^A=(1+\delta)\left[\frac{a+c+c_L-3c_H+r_1-3r_2}{16b}\right]$$

其次，比较 Π^{A_2} 和 $\Pi^{A_{12}}$，可得 $\Pi^{A_2}-\Pi^{A_{12}}<0$，当品种权人在种子市场面临两家异质性竞争企业时，同时选择两家企业作为许可对象得到的收益大于仅选择弱势企业时的收益。

最后，由于 $\Pi^{A_{12}}>\Pi^{A_2}>\Pi^{A_1}$，品种权人许可对象选择的偏好次序为"同时许可给两家企业"优于"许可给弱势企业"，优于"许可给强势企业"。

由此可以得出定理1。

定理1：当种子企业既是品种权人，同时又是种子市场生产者，面临生产率不同的竞争企业，其最优许可对象策略是以差别提成率将植物新品种权同时许可给两家企业，形成许可联盟，这时许可收益效应抵消竞争的租金耗散效应，种子企业保持竞争优势地位。

总之，我们的模型假设品种权人是在种子市场上的在位企业，面对两家不同类型的潜在进入种子企业，如何选择许可方式和许可对象，使期望收益最大化。

进入者的类型依据生产效率高低分为强势企业和弱势企业，强势企业生产效率高，边际生产成本低。博弈中品种权人首先选择许可费用方式，向被许可方公布，被许可方决定是否接受（take-it-or-leave-it），建立许可联盟，最后三者同时在种子市场上进行产量竞争，达到古诺均衡。利用库恩—塔克条件解决品种权人的最优许可费用方式决策问题得到，品种权人的最优许可费用方式仅包含提成费用，当两家企业都成为被许可方，最优提成费用合同为分离契约，即向效率不同的企业分别收取不同比率的提成费用。

首先，当品种创新是显著的、足以将竞争对手挤出市场时，品种权人不会许可实施。但现实中种子企业也可能对外许可创新显著的植物品种，这种许可决策行为有两种可能的解释：一是植物新品种保护制度为种子企业从育种研发投资中获得回报提供了多种路径，品种权人可以选择自己实施、许可他人实施、转让品种权，或其他组合方式，而许可实施只是其中一种途径；二是植物新品种权赋予育种者对其培育的新品种一定时期内的排他独占权，为私人部门育种研发提供有效的激励，但这种排他权利所形成的企业市场力量会阻碍创新品种的扩散，即知识产权制度本身要解决静态效率与动态效率的权衡问题。此外，植物新品种保护并不是具备研发能力的种子企业保护其知识资产的唯一方式，创新企业还可以采用商业秘密、专利权、互补技术或特殊技术（如终止子技术）等减少创新外溢，独占创新租金。

其次，当种子企业既是品种权人同时也是种子生产者时，向其他种子企业许可新品种意味着在种子市场中引入更多的竞争，对品种权人的净利润产生负面影响。但是，这里有一个暗含的假设，即许可后市场需求没有增加，市场规模不变。由于成本降低型新品种可以增加产品市场的供给量，且因为品种创新显著，农户对新品种种子的价值有较高预期，这些因素可能带来需求增加、市场规模扩大，从而对品种权人的净利润产生积极作用。这时，品种权人以较低的许可费用向竞争对手许可新品种，共同分享市场规模增加带来的利润机会，有利于新品种技术的扩散。所以，品种权许可交易将种子企业间的竞争关系转变为新型的合作伙伴关系，通过新品种技术转移，增强种子企业整体适应能力和竞争能力，分散创新风险，满足快速变化的种子市场需求。

最后，当品种创新程度相对较低时，品种权人采用提成许可模式优于固定费用许可模式，但是根据许可的社会福利分析，与完全垄断和提成许可模式相比，固定费用许可模式可以实现新品种种子产量的增加，固定费用许可对被许可种子企业和农户更为有利。这一结论是在完全信息下，产品是同质的，只有一个品种权人和一个被许可企业条件下得出的，还可将其拓展到伯川德模型、斯坦科尔伯格模型或差异产品古诺模型，增加博弈参与人数量，放松完全信息假设，以及探讨品种权人是产业外部创新、创新品种为质量改进型等条件下，品种权人的许可动机、行为和影响因素。

二、不确定环境下品种权许可时机选择

种子企业作物新品种培育和商业化开发需要投入大量资金，同时创新的潜在价值是不确定的。一方面，创新品种可能没有足够的市场需求；另一方面，如果市场需求高，其他提供类似品种的企业进入市场会减少创新企业利润。不确定性还会带来研发融资问题，对于资金短缺、存在融资困难的种子企业，合适的品种权许可安排可以帮助解决上述问题。许可收益可以为评价新品种的潜在市场价值提供参考依据，许可行为可以阻止其他企业开发更新的替代性品种。

1. 模型与假设

植物新品种，特别是两杂作物品种都有大量的种子企业从事新品种培育，形成育种研发竞赛。植物新品种保护制度使最先培育成功的种子企业成为该品种的排他所有者，这家种子企业获得新品种商业化开发或许可给其他企业的机会，我们称其为领先企业。然而随着时间的推移，市场不确定性全部或部分消失，其他企业有可能获得技术突破，研究开发出自己的新品种。领先企业需要进行重要的选择：首先是否要抓住机会立即进行商业化开发，还是等待？其次是否向其他种子企业许可品种权？如果许可，采用何种许可合同安排，如何选择许可时机？我们将这些问题模型化，将各种许可合同价格安排纳入投资时机模型，并考虑投资和许可对市场结构的影响。

假设种子企业 1 和企业 2 均从事新品种的培育和开发。在 t=0 时，企业 1 首先成功培育出新品种，并申请了植物新品种权保护。企业 2 继续研发，可以在未来时期 t=1 获得类似的新品种。这时在时间 t=0 和 t=1 之间，企业 1 存在机会选择。由于我们主要考察投资和许可的时机，因而假定利率为零，且两家企业都是风险中性的，不存在系统风险，并假定只要企业投资开发新品种就能够成功开发。

当 t=0 时，企业 1 必须决定是否进行不可撤回的投资 I 以开发新品种。企业可能拥有不止 1 件植物新品种权，需要在新品种的市场需求还不确定的时候作出开发决策，到底开发哪个品种。假设在 t=1，新品种的市场需求不确定性消失，企业 2 进行类似创新，企业 1 的选择机会也就消失了。在 t=1 时，新品种的市场需求是确定的，市场反需求函数为 $p=\alpha-Q$，$Q=q_1+q_2$。最大市场规模参数 α 是随机变量，是不确定的（当 t=0 时），企业 1 和企业 2 均了解其累计概率分布函数 $F(\alpha)$，$\alpha \in [0, \infty)$；当 t=1 时，α 得到充分显示。令 α_0 表示 α 在 t=0 的

期望值，即 $\alpha_0 \equiv E_0 (\alpha) = \int_0^\infty \alpha dF (\alpha)$。

如果企业 1 在 t=0 时没有投资 I 以开发新品种，则企业 2 在 t=1 时培育获得类似新品种，企业 1 和企业 2 都可以投资开发自己的新品种，投资成本为 K （I≠K），这时两家企业在市场中的竞争地位是相同的。

假定两家企业不能串谋，进行古诺竞争，生产完全相互替代的产品。只有实现的市场需求足以使两家企业都盈利，企业才会进行投资。如果企业 1 在 t=0 时投资 I 以开发新品种，它可以向企业 1 提供新品种的许可，阻止企业 2 在 t=1 时开发自己的新品种。许可时机的选择包括多种可能：在 t=0 或 t=1 时，许可合同有多种形式：固定费用、提成费用或两部制许可。以上假设可以用表 5.5 来描述。

表 5.5　模型假设

时间	t=0	t=1
研究成果	企业 1 获得创新品种	企业 2 获得创新品种
市场需求（α）	不确定（企业 1、企业 2 知道其分布函数）	确定
开发投资决策	企业 1 可以投资 I 开发新品种	企业 1 和企业 2 各自投资 K 开发新品种
生产决策	不可能	企业 1 和企业 2 选择产量（假设生产成本为 0）
许可决策	如果企业 1 在 t=0 投资，可以选择在 t=0 或 t=1 向企业 2 进行植物新品种权许可	

2. 事后许可

我们将 t=1 的许可定义为"事后许可"，因为这时市场需求 α 已经实现，不存在不确定性。那么若企业 1 在 t=0 时投资 I，企业 1 是否会向企业 2 提供品种权事后许可，以及以何种形式许可？在 t=1 时企业 2 可以投资 K 开发自己的新品种，企业 1 有三种策略选择：一是不许可；二是以固定费用许可；三是以提成费用许可。下面分别讨论这三种策略的收益，进行最优选择。

如果企业 1 不进行品种权许可（NL），企业 2 投资 K 进入市场或停留在市场外。如果企业 2 投资，企业 1 和企业 2 在种子市场上进行古诺竞争，其利润函数分别为 $\pi_1^{NL} = q_1(\alpha - q_1 - q_2)$ 和 $\pi_2^{NL} = q_2(\alpha - q_1 - q_2)$，均衡产量和利润为 $q_1 = q_2 = \alpha/3$，$\pi_1 = \pi_2 = \alpha^2/9$。企业 2 进入市场的净收益为 $\Pi_2 = \pi^2 - K = \alpha^2/9 - K$，而不进入市场的净收益为零，所以企业 2 进入市场的条件是 $\alpha > 3\sqrt{K}$。这意味着实现的市场需求必须大于 $3\sqrt{K}$ 这一阈值，企业 2 进入才会盈利。令 $\hat{\alpha} = 3\sqrt{K}$ 为进入门槛，企业 2 的收益函数为：

$$\Pi_2^{NL} = \begin{cases} 0, & \alpha \leqslant \hat{\alpha} \\ \dfrac{\alpha^2}{9} - K, & \alpha > \hat{\alpha} \end{cases}$$

由于市场需求低于进入门槛，企业 2 不会进入市场，企业 1 成为垄断厂商，其利润函数为 $\pi_1 = q_1(\alpha - q_1)$，产量为 $q_1 = \alpha/2$，因而市场需求确定时企业 1 的收益函数为：

$$\Pi_1^{NL} = \begin{cases} \dfrac{\alpha^2}{4}, & \alpha \leqslant \hat{\alpha} \\ \dfrac{\alpha^2}{9}, & \alpha > \hat{\alpha} \end{cases}$$

若企业 2 没有投资开发自己的创新品种，而是支付固定费用 F（F 为正实数）获得企业 1 的品种权使用权，两家企业在种子市场上进行古诺竞争，其市场均衡产量和利润与没有发生品种权许可是相同的。但未发生许可时各自使用相互替代的不同品种，而发生许可后两家企业使用的品种是相同的。固定费用许可方式下它们的收益分别为 $\Pi_1^F = \dfrac{\alpha^2}{9} + F$ 和 $\Pi_2^F = \dfrac{\alpha^2}{9} - F$。

若企业 1 以提成费用方式许可，企业 2 按产量向企业 1 支付提成费比率 r，则两企业进行不对称的古诺竞争，利润函数分别为 $\pi_1 = q_1(\alpha - q_1 - q_2)$ 和 $\pi_2 = q_2(\alpha - q_1 - q_2 - r)$，均衡产量分别为 $q_1 = (\alpha + r)/3$，$q_2 = (\alpha - 2r)/3$。如果 $r > \dfrac{\alpha}{2}$，企业 2 的产量为零，即企业 1 独占使用新品种，因而有 $r \leqslant \dfrac{\alpha}{2}$。

在提成费用许可方式下，当 $r \leqslant \dfrac{\alpha}{2}$ 时，两家企业的收益分别为：

$$\Pi_1^R = \pi_1 + rq_2 = \frac{\alpha^2 + 5\alpha r - 5r^2}{9}$$

$$\Pi_2^R = \frac{(\alpha - 2r)^2}{9}$$

显然，$\partial R_1^R / \partial r > 0$，$\partial R_2^R / \partial r < 0$，企业 1 的收益随着提成费用比率递增，而企业 2 的收益随着提成费用比率的提高而递减。

下面通过比较三种策略下两家企业的收益，来推测企业 2 的事后许可选择。将没有许可发生时企业的收益作为保留支付，假设只有不低于该保留支付企业才会选择许可。只有两家企业均同意相同的许可策略，事后许可才会发生，如果为达成许可协议，则企业选择不许可策略。令 S 表示许可策略空间，代表 F 或 $r \leqslant \dfrac{\alpha}{2}$，当 $\Pi_1^S \geqslant \Pi_1^{NL}$ 时，企业 1 选择策略 S；当 $\Pi_2^S \geqslant \Pi_2^{NL}$ 时，企业 2 选择策略 S；两个不等式都满足时，两家企业才会达成许可合同。

首先，考察 $\alpha \leqslant \hat{\alpha}$ 的情形。此时，企业 1 不许可能够获得垄断利润，那么只有当许可产生的利润不低于 $\frac{\alpha^2}{4}$ 时才会向企业 2 许可。$F = \frac{5\alpha^2}{36}$ 与 $r = \frac{\alpha}{2}$ 所产生的收益与垄断利润相同，更高的固定费用和提成比率虽然可以带来更多的收益，但更高的提成比率不可行。所以，企业 1 接受的许可条件为 $F \geqslant \frac{5\alpha^2}{36}$ 或 $r = \frac{\alpha}{2}$。当 $\alpha \leqslant \hat{\alpha}$ 时，企业 2 没有获得许可只能停留在市场外，其收益为 0，许可策略 $F = \frac{\alpha^2}{9}$ 和 $r = \frac{\alpha}{2}$，带来的也是零收益，因而对于企业 2 来说，这时接受许可与不进入市场是无差异的。更低的许可费用能够为企业 2 带来一些利润实现正的收益。所以，企业 2 会选择接受 $F \leqslant \frac{\alpha^2}{9}$ 或 $r \leqslant \frac{\alpha}{2}$。

比较企业 1 和企业 2 的策略空间，显然，只有 $r = \frac{\alpha}{2}$ 时为可行的许可合同，但这时企业 2 产量为 0，企业 1 实际上成为垄断者，与没有许可时一样。因此，不许可策略与 $r = \frac{\alpha}{2}$ 的提成费用许可策略是等价的。当现实的市场需求低于进入门槛时，企业 1 会选择不许可策略。

其次，考察 $\alpha > \hat{\alpha}$ 的情形。此时，企业 1 可以接受任何非负固定费用 F 和比率 $r \in \left[0, \frac{\alpha}{2}\right]$ 的提成费用，且收益随许可费用增加而提高。即使企业 1 不许可品种权，企业 2 也可以投资 K 进入市场获得盈利，企业 1 只能获得古诺利润，这与向企业 2 免费许可的结果是相同的，所以企业 1 甚至可以接受固定费用为 0 的许可策略，任何大于 0 的固定费用都可以使企业 1 的境况变好，因此企业 1 的许可策略空间是 $F \geqslant 0$ 或 $r \in \left[0, \frac{\alpha}{2}\right]$。当 $\alpha > \hat{\alpha}$，企业 2 没有获得许可时可以通过投资进入市场，获得净收益 $\frac{\alpha^2}{9} - K$。许可策略 $F = K$ 和 $r = \frac{\alpha - \sqrt{\alpha^2 - 9K}}{2}$，带来的收益使企业 2 在投资和许可的选择上无差异。更低的固定费用或提成比率许可将有效阻止企业 2 进行投资，而选择接受许可。因此，企业 2 的许可策略空间带为 $F \leqslant K$ 或 $r \leqslant \frac{\alpha - \sqrt{\alpha^2 - 9K}}{2}$。那么两家企业之间许可策略的可行空间为 $0 < F \leqslant K$ 或 $0 \leqslant r \leqslant$

$\dfrac{\alpha-\sqrt{\alpha^2-9K}}{2}$（注意到 F=0 与 r=0 是等价的，企业 1 允许企业 2 免费使用品种权，为方便分析，仅用 r=0 代表这种策略）。

下面从可行许可策略空间中找出企业 1 的最优策略。定义策略 S 为次优许可策略，如果存在 S′，使 $\Pi_1^S \le \Pi_1^{S'}$ 或 $\Pi_2^S \le \Pi_2^{S'}$ 中至少有一个"≤"成立，并假设次优许可策略不会出现在均衡路径上。这意味着如果有一个企业能在不损害其他企业利益下增加自己的收益，那么这一许可策略就不是最优的。可以证明，当 $\alpha > \hat{\alpha}$ 时，固定费用许可合同是次优的。固定费用许可时，企业的总收益为 $\dfrac{2\alpha^2}{9}$，而在提成费用许可下，企业总收益为 $\dfrac{2\alpha^2+r(\alpha-r)}{9}$，通过提成比率分享增加的收益使两家企业境况都变好，所以固定费用许可不是最优的许可策略。原因是固定费用许可不影响企业利润最大化产量，而提成费用许可下提成比率代表企业 2 的边际成本，减少了企业 2 的产量，虽然企业 1 的产量有所增加，但总产量降低，价格提高，因此减少了消费者剩余而提高了两家企业收益。

综上所述，我们得到事后许可产生的条件：当 $\alpha \le \hat{\alpha} \equiv 3\sqrt{K}$，不会发生许可行为，品种权人成为垄断企业，收益为 $\dfrac{\alpha^2}{4}$；竞争企业不会进入市场，收益为 0。当 $\alpha > \hat{\alpha}$，品种权人和竞争企业达成提成费用许可合同，提成比率 $r \in \left\{ r:\ 0 \le r \le \dfrac{\alpha-\sqrt{\alpha^2-9K}}{2} \right\}$，其收益分别为 $\dfrac{\alpha^2+5\alpha r-r^2}{9}$ 和 $\dfrac{(\alpha-2r)^2}{9}$。

品种权人能够提供的、竞争企业可以接受的收益最大化提成费用比率安排为

$$r(\alpha)=\begin{cases} \dfrac{\alpha}{2}, & \alpha \le \hat{\alpha} \\[3mm] \dfrac{\alpha-\sqrt{\alpha^2-9K}}{9}, & \alpha > \hat{\alpha} \end{cases}$$

这意味着市场规模越大，提成比例越低，提成比率的最大值为 $3\sqrt{K}/2$。事后许可结果见表 5.6 和图 5.9（虚线表示）。

表 5.6　事后许可结果

市场需求（α）	$\alpha \le \hat{\alpha} \equiv 3\sqrt{K}$	$\alpha > \hat{\alpha}$
提成费用安排	$\alpha/2$	$(\alpha-\sqrt{\alpha^2-9K})/2$
企业 1 收益	$\alpha^2/4$	$\alpha^2/9+5K/4$
企业 2 收益	0	$\alpha^2/9-K$

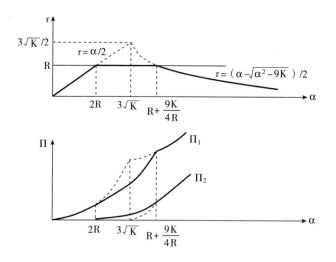

图 5.9 事前许可与事后许可

3. 事前许可

品种权人还可以通过合同提供事前许可安排。类似看涨期权，在 $t=1$ 之前两家企业可以约定，企业 2 支付一笔入门费 C，获得将来以固定提成费用 R 使用企业 1 品种权的权利，企业 2 有放弃接受许可、自己投资新品种的权利，这种两部制许可合同（C，R）可以称为期权许可合同。由于在 $t=1$ 之前市场需求不确定，且 α 服从 $F(\alpha)$ 分布，由此可得，不存在任何事前合同时两家企业的期望收益分别为

$$E\Pi_1 = \int_0^{3\sqrt{K}} \frac{\alpha^2}{4} dF + \int_{3\sqrt{K}}^{\infty} \left(\frac{\alpha^2}{9} + \frac{5K}{4} \right) dF$$

$$E\Pi_2 = \int_{3\sqrt{K}}^{\infty} \left(\frac{\alpha^2}{9} - K \right) dF$$

下面将 R 的取值范围划分为三部分，分三种情况考察两家企业期权许可合同（C，R）下的期望收益。

（1）R=0，对所有 α>0，均有 R<r(α)。期权提成费用为零，低于事后许可提成费用，企业 2 选择执行许可合同，企业 1 履约。

（2）$0<R<3\sqrt{K}/2$。这时对 $\alpha \in \left(2R, R+\frac{9K}{4R} \right)$，有 R<r(α)；其他范围内有 R>r(α)。因此，对于 $\alpha \in (0, 2R)$，企业 2 若执行合同利润为负，所以不会发生许可。因为市场规模低于进入门槛，企业 2 不会进入市场，企业 1 保持垄断地位。对于 $\alpha \in \left(2R, R+\frac{9K}{4R} \right)$，提成费用比率 R 成为水平直线，执行合同对企业 2 有利，

因而企业 2 选择执行许可合同，企业 1 履约，两家企业在种子市场进行古诺竞争，其均衡产量和收益分别为 $q_1 = \dfrac{\alpha+R}{3}$ 与 $q_2 = \dfrac{\alpha-2R}{3}$，$\Pi_1 = \dfrac{\alpha^2+5\alpha r-R^2}{9}$ 和 $\Pi_2 = \dfrac{(\alpha-2R)^2}{9}$。对于 $\alpha \in (R+\dfrac{9K}{4R},\ \infty)$，市场规模超过进入门槛，企业 2 选择自己投资开发新品种而不是以提成比率 R 接受许可，企业 1 获得古诺利润。所以企业 1 有激励降低提成比率到 $r(\alpha)$ 以阻止企业 2 投资开发。所以，$r(\alpha)$ 是有效的期权提成费用，两企业收益与事后许可相同，即 $\Pi_1 = \alpha^2/9+5K/4$，$\Pi_2 = \alpha^2/9-K$。

（3）$R \geqslant 3\sqrt{K}/2$，这时 $R \geqslant r(\alpha)$，当 $\alpha = 3\sqrt{K}$，有 $R = r(\alpha)$ 成立，任何 $R \geqslant 3\sqrt{K}/2$ 的期权许可合同无效，因此只需考虑 $R < 3\sqrt{K}/2$ 时的收益。因此，两家企业期权许可合同下的期望收益分别为：

$$E\Pi_1^{CR} = C + \int_0^{2R} \frac{\alpha^2}{4}dF + \int_{2R}^{R+\frac{9K}{4R}} \frac{\alpha^2 + 5\alpha R - 5R^2}{9}dF + \int_{R+\frac{9K}{4R}}^{\infty} \left(\frac{\alpha^2}{9} + \frac{5K}{4}\right)dF$$

$$E\Pi_2^{CR} = -C + \int_{2R}^{R+\frac{9K}{4R}} \frac{(\alpha - 2R)^2}{9}dF + \int_{R+\frac{9K}{4R}}^{\infty} \left(\frac{\alpha^2}{9} - K\right)dF$$

那么两家企业是否能在 $t=0$ 和 $t=1$ 之间达成期权许可合同？以事后许可的期望收益作为两家企业的保留支付，许可合同至少同时满足 $E\Pi_1^{CR} \geqslant E\Pi_1$ 和 $E\Pi_2^{CR} \geqslant E\Pi_2$ 时才会发生，即：

$$C \geqslant \int_{2R}^{3\sqrt{K}} \frac{5(\alpha - 2R)^2}{36}dF + \int_{3\sqrt{K}}^{R+\frac{9K}{4R}} \left(\frac{5}{9}R^2 - \frac{5}{9}\alpha R + \frac{5}{4}K\right)dF \tag{5.5}$$

$$C \leqslant \int_{2R}^{3\sqrt{K}} \frac{(\alpha - 2R)^2}{9}dF + \int_{3\sqrt{K}}^{R+\frac{9K}{4R}} \left(\frac{4}{9}R^2 - \frac{5}{9}\alpha R + K\right)dF \tag{5.6}$$

显然，式（5.5）右半部分是式（5.6）右半部分的 $\dfrac{5}{4}$ 倍，如果二者为正，两不等式无法同时满足。因为有效提成比率满足 $R < 3\sqrt{K}/2$，所以 $\int_{2R}^{3\sqrt{K}} \dfrac{5(\alpha - 2R)^2}{36}dF > 0$；对于 $\alpha \in \left(2R,\ R+\dfrac{9K}{4R}\right)$，$\dfrac{4}{9}R^2 - \dfrac{5}{9}\alpha R + K > 0$，所以 $\int_{3\sqrt{K}}^{R+\frac{9K}{4R}} \left(\dfrac{4}{9}R^2 - \dfrac{5}{9}\alpha R + K\right)dF > 0$。因此，对于 $\alpha \in [0,\ \infty)$，这两个不等式无法同时满足，两家企业在 $t=0$ 和 $t=1$ 之间无法达成期权许可合同。

以上表明，如果企业 1 在 $t=0$ 时投资后，以事先承诺的提成费用比率许可品种权得到的一笔入门费并不是最优的，因为企业 2 愿意支付的提成费用总是低于企业 1 许可的保留支付（事后许可），企业 2 产量增加，均衡价格水平下降，企业 1 的期望损失大于企业 2 的期望收益。所以，如果企业 1 在 $t=0$ 时投资，两家企业都会选择等到 t = 1，即企业 2 能够开发替代品种时进行合作。那么两家企业在 t = 0 是否能够达成事前许可合同？

定义 $C_1(R) \equiv \int_{2R}^{3\sqrt{K}} \frac{5(\alpha - 2R)^2}{36} dF + \int_{3\sqrt{K}}^{R+\frac{9K}{4R}} \left(\frac{5}{9}R^2 - \frac{5}{9}\alpha R + \frac{5}{4}K \right) dF$ 为企业 1 提供期权许可合同的最小期望损失，是要求企业 2 支付的最低下限。

类似地，定义 $C_2(R) \equiv \int_{2R}^{3\sqrt{K}} \frac{(\alpha - 2R)^2}{9} dF + \int_{3\sqrt{K}}^{R+\frac{9K}{4R}} \left(\frac{4}{9}R^2 - \frac{5}{9}\alpha R + K \right) dF$ 为企业 2 愿意支付的，使企业 1 事前许可与事后许可无差异的入门费。

由于 $C_1(R) = \frac{5}{4} C_2(R)$，两家企业可以就此价差讨价还价。如果企业 1 是风险中立的，不存在资金约束，可以在 t = 0 时达成事前许可合同；如果企业 1 在 t = 0 时存在资金约束，投资 I 需要寻求外部融资，事前许可合同可以成为其外源融资的途径，即企业 1 通过事先约定提成费用比率 R 获得入门费 C。企业 1 能够获得的资金数量受企业 2 个人理性约束条件 $C = C_2(R)$ 制约，融资成本为 $C_1(R)/C_2(R) = \frac{5}{4}$，即如果被许可方提供 1 单位入门费，许可方放弃了 1.25 单位未来的许可收益，这一比率与许可合同条款和市场需求类型分布无关，这是因为当 $\alpha \in (2R, R+\frac{9K}{4R})$，品种权人的提成费用比率承诺会改变市场结构，许可双方得失比率为常数。入门费与期权提成费用比率呈反方向变化：若 $R \geqslant 3\sqrt{K}/2$，入门费为 0；降低 R 可以增加入门费；当 R = 0（允许被许可方在 t = 1 时免费使用品种权），品种权人取得最大入门费 $\overline{C} = C_2(R = 0) = \int_0^{3\sqrt{K}} \frac{\alpha^2}{9} dF + \int_{3\sqrt{K}}^{\infty} K dF$。因此，品种权人的事前许可可以采用期权提成许可方式，入门费可以作为外源融资解决资金约束问题。

4. 结论

品种权人可以通过向竞争对手许可其植物新品种权保持领先优势，并获得较大的创新收益。满足参与者理性约束，并使得品种权人收益最大化的许可合同安排取决于市场需求规模。两部制许可提成比率一般随着市场规模水平提高而降低。对于在位的品种权人事后许可，提成费用方式优于固定费用方式。事后许可合同还可以用来阻止竞争对手开发替代性新品种，在模型中，当市场需求不确定性解决了，单一的提成许可就能够实现这一策略性目的。当品种权人存在资金约束，事前许可能够作为外源融资的途径，利用竞争对手的资金开发新品种，这对于种子企业品种研究和开发创新管理具有重要意义。

三、不对称信息环境的品种权许可价格机制

不对称信息（asymmetric information）指的是交易的一方拥有另一方所没有的信息，拥有信息优势的一方称代理人，不具有信息优势的一方为委托人。一般代理人先行动，设计合同，提供给委托人，委托人得知合约条款后，决定是否签订合同。当委托人从签约中获得的效用不小于拒绝签约的效用时，他就会接受代理人的合约，其拒绝合同时的效用称为保留效用。双方签约时，代理人具有完全的讨价还价能力，委托人要么接受、要么拒绝合同。

1. 模型与假设

假设有两家种子企业，企业 1 和企业 2，生产的种子是无差异的。假定企业 2 用现有品种生产的边际成本为 c，是两家企业的共有知识；企业 1 的生产技术为私人信息。为简化，我们假设企业 1 的品种有两种类型：高成本品种和低成本品种，使用高成本品种进行种子生产时的边际成本为 c_h，使用低成本品种进行种子生产时的边际成本为 c_l，且 $c_l<c_h<c$。企业 1 知道自己的类型，而企业 2 只了解企业 1 的类型分布，以 p 表示企业 2 相信企业 1 拥有高成本品种的概率，以 1-p 表示企业 2 相信企业 1 拥有低成本品种的概率，概率分布为公共知识。解决上述信息不对称问题有三种方法。①企业 1 可以让第三方证实自己品种的质量，公布检测的报告，但这有可能带来两个问题：一是企业 1 有可能和出具报告的第三方串谋，提供虚假信息；二是企业 2 有可能与第三方串谋，获得第三方透露的品种信息，若模仿成本对于企业 2 来说不太高，企业 2 可以利用泄露的材料模仿创新。无论哪种串谋都会使得第三方证实的这种信息披露过程失效。②企业 2 还可以通过直接考察的方式验证品种质量信息。③在模仿成本较低的情形下，企业 2 可能利用得到的材料模仿创新，利用模仿的新品种生产而又不向企业 1 支付任何费用。这使企业 1 不会选择用直接考察的方式解决信息不对称问题。

假设市场反需求函数为 $p(Q)=a-Q$，两家企业在种子市场上进行古诺竞争，满足 $c_l>2c-a$，即无论企业 1 的生产成本多少，企业 2 都能获得正的利润。品种权人企业 1 和企业 2 的博弈顺序为，在第一个阶段企业 1 决定是否向企业 2 许可实施品种权品种，根据文献综述中内部创新者的最优许可费用方式，我们假定企业 1 使用固定费用许可方式。进一步假定企业 1 具有完全讨价还价能力，企业 2 只能接受或放弃（take-it-or-leave-it）许可条件。在品种权许可决策基础上，在第二阶段，两家企业在古诺双头垄断种子市场上选择各自的产量。通过逆向归纳法，求解上述博弈问题。

作为比较的基准，首先来看完全信息下品种权许可的可能性。

假设企业 1 的边际成本为 c_k，不存在许可时，两家企业的产量分别为 $q_1^{NL}=$

$\dfrac{a-2c_k+c}{3}$ 和 $q_2^{NL}=\dfrac{a-2c+c_k}{3}$，利润分别为 $\pi_1^{NL}=\dfrac{(a-2c_k+c)^2}{9}$ 和 $\pi_2^{NL}=\dfrac{(a-2c+c_k)^2}{3}$。设 $\varepsilon=c-c_k$ 代表两家企业成本差距，如果企业 1 以固定费用 F 向企业 2 许可品种权，则两家企业的均衡产量为 $q_1^F=q_2^F=\dfrac{a-c+\varepsilon}{3}$，均衡利润为 $\pi_1^F=\pi_2^F=\dfrac{(a-c+\varepsilon)^2}{9}$。若 $\varepsilon<a-c$，企业 1 能够收取的最大许可费用为 $F=\pi_2^F-\pi_2^{NL}=\dfrac{4(a-c)\varepsilon}{9}$，则企业 1 的总收益为 $\pi_1^F+F=\dfrac{(a-c+\varepsilon)^2}{9}+\dfrac{4(a-c)\varepsilon}{9}$。只有当 $\varepsilon<2(a-c)/3$，即 $c-c_k<2(a-c)/3$ 时，$\pi_1^F+F>\pi_1^{NL}$ 才成立，企业 1 才会向竞争对手许可其品种权。那么，当拥有品种权的企业 1 和企业 2 的边际成本分别为 c_k 和 c，当且仅当 $c_k>(5c-2a)/3$（$k=1$，h）时，才会发生以固定费用方式许可品种权。换言之，给定企业 2 的边际成本，如果 $c_k>(5c-2a)/3$，则在完全信息条件下不会发生品种权许可行为。因而，以下我们集中分析完全信息下不存在许可可能性的情形，即假设 c_1，$c_h<(5c-2a)/3$。

2. 不对称信息品种权许可策略分析

假设两家企业具有以下策略和信念结构，如果企业 1 的品种生产成本为 c_1，它将许可品种权；若为 c_h，则不会向企业 2 许可。进一步地，如果没有发生许可行为，企业 2 有理由相信企业 1 的成本为 c_h。首先来看如果企业 1 的成本为 c_1，许可行为不发生和发生时两家企业的收益分别为：

$$\pi_1^{nl}(c_1)=\frac{(2a-3c_1+2c-c_h)^2}{36}$$

$$\pi_2^{nl}(c_1)=\frac{(2a-3c+3c_1-c_h)(a-2c+c_h)}{18} \tag{5.7}$$

和

$$\pi_1^{l}(c_1)=\frac{(a-c_1)^2}{9}+F_1$$

$$\pi_2^{l}(c_1)=\frac{(a-c_1)^2}{9}-F_1 \tag{5.8}$$

其中，F_1 为企业 1 对应于成本为 c_1 时的固定许可费用。

同理，如果企业 1 的品种生产成本为 c_h，在上述相同的均衡策略和信念结构下，许可行为不发生和发生时两家企业的收益分别为：

$$\pi_1^{nl}(c_h)=\frac{(a+c-2c_h)^2}{9}$$

$$\pi_2^{nl}(c_h)=\frac{(a-2c+c_h)^2}{9} \tag{5.9}$$

和

$$\pi_1^{\mathrm{l}}(c_h) = \frac{(a-c_h)^2}{9} + F_h$$

$$\pi_2^{\mathrm{l}}(c_h) = \frac{(a-c_h)^2}{9} - F_h \qquad (5.10)$$

其中，F_h 为企业 1 对应于成本为 c_h 时的固定许可费用。

如果没有发生品种权许可，无论企业 1 的成本如何，企业 2 有理由相信企业 1 的生产成本为 c_h，这种信念结构表现在式（5.7）和式（5.9）式中。如果企业 1 的生产成本为 c_l，它没有动机伪装成生产成本为 c_h。但是，如果企业 1 的品种技术能够被第三方证实，企业 2 能够证明企业 1 的虚假报告，从而撤销许可合同，而且企业 2 一旦获得品种权许可后可以模仿创新，那么撤销许可合同后企业 2 就不会根据企业 1 的真实情况再签订许可合同。因此，如果企业的成本类型为 c_h，它也没有动机谎报其品种技术质量。企业 2 是否接受许可并不重要，因为我们假设 $c_h < (5c-2a)/3$，将其代入式（5.9）和式（5.10），企业 1 不会将品种权许可给企业 2，因为不存在能够同时满足两家企业许可和不许可时利润大于 0 的价格。

当企业 1 的成本类型为 c_l 时，由式（5.7）和式（5.8）得到企业利润非负的许可条件为：

$$\frac{(a-c_l)^2}{9} - \frac{(2a-3c+3c_l-c_h)(a-2c+c_h)}{18} > F_l \qquad (5.11)$$

$$F_l > \frac{(2a-3c_l+2c-c_h)^2}{36} - \frac{(a-c_l)^2}{9} \qquad (5.12)$$

结合式（5.11）和式（5.12），得到使两家企业利润大于 0 的许可条件为：

$$8(a-c_l)^2 - (2a-3c_l+2c-c_h)^2 - 2(2a-4c+3c_l-c_h)(a-2c+c_h) > 0 \qquad (5.13)$$

显然，式（5.13）在 $c_h = c_l$ 时不成立。当 c_h 和 c_l 相差最大时，即 $c_l = 2c-a$，且 $c_h = (5c-2a)/3$，式（5.13）成立。

令 $f(c_h) = 8(a-c_l)^2 - (2a-3c_l+2c-c_h)^2 - 2(2a-4c+3c_l-c_h)(a-2c+c_h)$，显然在区间 $[2c-1, (5c-2a)/3]$，有 $\partial f(c_h)/\partial c_h > 0$。因此，当 c_h 与 c_l 的差距足够大时，成本类型为 c_l 的品种权人通过许可显示其真实信息是最优的。当存在信息不对称时，企业会许可相对先进的品种技术，而不是质量较差的品种技术。

综上所述得到命题 1，假设品种权人的成本 c_l，$c_h < (5c-2a)/3$，如果 c_h 与 c_l 的差距足够大，均衡条件下只有成本类型为 c_l 的品种权人会向竞争对手许可其品种权。

还存在一种情况，任何类型的品种权人都不会进行许可。当企业 2 认为企业 1 的成本为 $\bar{c} = pc_l + (1-p)c_h$，成本类型为 c_l 的企业 1 不会进行许可，存在以下不等式：

$$8(a-c_l)^2-(2a-3c_l+2c-\bar{c})^2-2(2a-4c+3c_l-c_h)(a-2c+\bar{c})<0 \qquad (5.14)$$

当 $p=0$ 时，式(5.13)和式(5.14)左边相等，若 c_h 与 c_l 的差距足够大，式(5.14)不成立。如果 $p=1$，式(5.14)衡成立。

令 $g(p)=8(a-c_l)^2-(2a-3c_l+2c-\bar{c})^2-2(2a-4c+3c_l-c_h)(a-2c+\bar{c})$，则 $\partial g(p)/\partial p<0$，存在 p^*，当 $p<p^*$ 时，总存在 c_h 和 c_l 使式(5.14)不成立。

因此，对于 $p<p^*$，成本类型为 c_l 的企业 1 愿意许可品种权；而成本类型为 c_h 的企业 1 不愿意许可品种权。

对于 $p>p^*$，成本类型为 c_l 的企业 1 被当成 $\bar{c}$ 时的利润大于命题 1 描述情形下的利润，不许可意味着企业 1 的成本类型为 c_h，不符合常理选择，命题 1 所描述的结论就不那么重要了。但是，当 $p<p^*$ 时，命题 1 描述的均衡是唯一均衡。

综上所述，我们得到命题 2，假设 $p<p^*$，c_l、$c_h<(5c-2a)/3$，如果 c_h 与 c_l 的差距足够大，则存在唯一均衡条件使企业 1 只有当其成本类型为 c_l 时才会许可实施品种权。

3. 与完全信息品种权许可策略的比较

品种权许可实施能够解决品种权质量信息不对称问题，帮助品种权人向竞争对手披露自己的真实类型，还能增加品种权人的许可收益。但如果模仿成本较低，品种权人的最优许可方式为固定费用许可，信息披露的好处是提高了品种权人的许可动机。

即使在完全信息条件下，许可不是品种权人的最优选择，在不对称信息下许可机制可以是最优的，且仅当品种权人成本类型为 c_l 时才会许可实施品种权。由于品种权人许可动机提高，社会福利会增加。

如前所述，如果品种技术差异不超过 $(5c-2a)/3$，完全信息条件下企业会采用各自的品种技术生产，不会发生许可行为。而在不对称信息条件下，成本类型为 c_l 的品种权人会向竞争对手许可品种权，从而两家企业都以成本 c_l 进行种子生产。完全信息和不对称信息下的社会福利分别为：

$$W_i^c=\frac{(a+c-2c_l)^2}{9}+\frac{(a-2c+c_l)^2}{9}+\frac{(2a-c-c_l)^2}{18}$$

和

$$W_i^a=\frac{4(a-c_l)^2}{9}$$

比较可得，不对称信息下许可机制能够促进社会福利的增加。

4. 结论

已有研究表明，当模仿成本较低，只有在许可方和被许可方技术相近时才会发生许可行为。如果技术差距很大，则不会发生许可实施。本节提出了相反的观点，并发现品种权许可实施可以消除由于品种技术质量带来的信息不对称问题。研究表明，品种权人在技术差距足够大时才会许可实施品种权，而当技术差距很小时则不会许可。消除信息不对称提高了品种权人的许可动机，从而增加了社会福利。

植物新品种权许可实施是实现品种创新收益的有效途径。植物新品种保护制度加强了育种者的权利保护，旨在为育种创新提供激励，是品种权人获取创新投资收益的必要条件，而非充分条件；只有提升创新品种质量，实现新品种的市场化和商业化利用，使新品种技术优势转化为竞争优势，加快新品种技术扩散，才能实现植物育种创新的可持续发展。

中国种子产业正处于快速发展时期，中国种子市场结构由分散竞争向低市场集中度的竞争型结构转变（吕波等，2013）。种子产业市场集中度较低，数量众多、规模偏小的种子企业使种子产业竞争尤为激烈，因此准确掌握市场进入时机具有决定性意义，一个公司可能会由于延迟几个月推出一个新品种而导致市场失利。植物新品种权许可实施缩短了企业将其新品种推向市场所需的时间，如果一个公司没有快速进入市场所需的充裕资本和销售人员，可以将这些业务委托给其他公司从而加快其进入市场的速度。

在趋于白热化的市场竞争中，好的品种是种子企业竞争力的重要源泉，利用植物新品种权所赋予的垄断力量独占创新品种固然可以获得全部的创新租金，但植物新品种权许可交易充分利用品种权的使用权，使新品种资源产权得以有效配置，原本植物新品种权人可以排斥其他竞争者，而许可实施促进了竞争，改善了农户和消费者的社会福利，同时增加了品种权人的收益。

植物品种创新耗资巨大，充满风险，市场需求存在不确定性，植物新品种权人需要制定有效的许可策略。除了通过品种权许可实施扩张种子地域市场，增强互补品（农药、化肥）市场渗透力，提高企业声誉和信誉，种子企业还可以通过向竞争对手许可其植物新品种权保持领先优势，并获得较大的创新收益；利用提成费用方式，签订事后许可合同阻止竞争对手开发替代性新品种；当品种开发存在资金约束时，可以利用两部制许可获得融资，借用竞争对手的资金开发新品种。

植物新品种权许可实施不仅是商业问题，还涉及复杂的法律问题，品种创新的累积性和植物新品种权的特殊性使企业容易发生无意侵权行为。比如实质性派生品种问题，一个玉米单交种的品种权往往涉及两个亲本的品种权，如果开发杂交种涉及其他自交系品种权，就需要相关利益各方进行协商，共同分享品种创新收益。品种权许可实施时权利主体并未发生变更，是一种以合同方式进行的市场交易行为，许可行为必须遵循合同法、植物新品种保护条例及其实施细则、反垄断法等有关规定，尽可能协商制定详细周密、明确无歧义的许可实施合同条款，避免无意侵权和法律纠纷。

综上所述，为加快植物新品种采纳，特别是受保护的高产、抗病、优质的成本降低型农作物新品种的技术扩散，应完善植物新品种权许可制度，鼓励植物新品种权许可实施。

第六章　种子企业植物新品种权
维持行为分析

植物新品种权维持制度对植物新品种保护制度的正常运行发挥着不可替代的作用。它与植物新品种权授权标准，即植物新品种保护名录、DUS（新颖性、一致性和稳定性）测试，以及侵权认定和赔偿方式等制度，共同协调植物新品种保护制度作用的正常发挥，但该领域还没有引起学者的重视。本章在分析植物新品种权保护期限、维持年费制度和品种权维持时间等问题基础上，提出植物新品种权维持的理论架构，并通过对种业企业植物新品种权的维持状况的整体评估，对比分析不同地域、品种和国内外品种权人的维持行为差异及其影响因素，发现植物新品种权维持中存在的问题，得到相应启示。

第一节　植物新品种权维持制度

植物新品种权维持（plant variety rights renewal），是指在植物新品种保护制度的规定保护期限内，品种权人向植物新品种权授权部门缴纳规定数量维持费，使植物新品种权继续有效的过程。植物新品种权维持制度是植物新品种保护制度的核心制度之一。首先，品种权维持状况是品种权人理性维持行为的结果，是衡量植物新品种权质量、品种创新能力的重要指标；其次，如果大量植物新品种权被终止、失效，植物新品种保护制度就失去了约束力，有效维持一定数量的植物新品种权是植物新品种保护制度正常运行的前提；最后，政府可以调整植物新品种保护制度工具，对创新主体的植物新品种权维持行为进行优化，平衡利益相关者的创新收益。因此，研究植物新品种权维持制度，考察种业企业植物新品种权维持的实际状况，对健全植物新品种保护制度，提高植物新品种权运用和管理能力，提高制度运行绩效，激励种业持续性创新具有重要意义。

一、种子企业植物新品种权法律状态

从植物新品种权的生命周期来看，一件植物新品种权要经过申请、受理、审查、授权等几个环节。根据植物新品种权的申请、授权程序，在法定保护期限内，植物新品种权的法律状态有以下几种情形（见图6.1）：

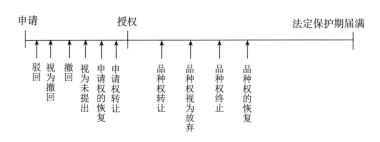

图6.1 植物新品种权法律状态

（1）品种权申请的驳回：申请人提交品种权申请后，因所提交的新品种不符合特异性、一致性或稳定性的规定而被驳回申请。

（2）品种权申请的撤回：在品种权授予前，申请人主动撤回品种权申请。

（3）品种权申请的视为撤回：由于品种权申请人未按期送交符合规定要求的繁殖材料，或未在规定的期限内答复审查意见而视为撤回品种权申请。

（4）视为未提出：品种权申请人向审查机构提交除了品种权申请文件外，有关申请材料未使用规定的格式或者填写不符合要求，或未按规定提交证明材料，则视为未提出品种权申请。

（5）品种申请权或者品种权的转让：品种权申请人可以依法转让申请权，获得授权后品种权人可以依法转让品种权，双方订立书面转让合同，并登记、公告。

（6）品种权的视为放弃：申请人在接到办理授予品种权手续的通知后，应当自收到通知之日起2个月内办理相关手续并缴纳第1年年费，期满未办理相关手续、未缴纳第1年年费的，视为放弃取得品种权的权利。

（7）品种权的终止：因未按时缴纳年费，或缴纳的数额不足的，未在规定期限（缴纳年费期满之日起6个月）内补缴，或品种权人以书面声明主动放弃品种权，或经检测授权品种不再符合被授予品种权时的特征和特性的，品种权在其保护期限届满前终止。

（8）权利的恢复：品种权申请人或品种权人因正当理由而耽误相关指定期限，造成权利丧失的，可以在规定期限（收到相关通知之日起2个月）内，请求

恢复权利。

根据以上法律状态，有效植物新品种权的统计数量存在以下关系：有效品种权数量＝品种权授权量－视为放弃数量－终止数量＋品种权恢复数量。

在植物新品种权寿命周期中，一个新品种可能经历数种法律状态。例如，玉米品种"鲁单981"，由山东省农业科学院玉米研究所于2000年1月24日提出品种权申请，申请号为"20000003.9"，2002年1月1日获得授权，品种权号为"CNA20000003.9"。2004年7月1日品种权人山东省农业科学院玉米研究将该品种的品种权转让给冠县冠丰种业有限责任公司，2012年11月1日因未按时缴纳年费，品种权在其保护期限届满前终止，但冠县冠丰种业有限责任公司补缴了年费，2014年3月1日"鲁单981"的品种权恢复，2017年1月1日该品种权因保护期15年届满终止。在植物新品种权法律状态变更时，申请人或品种权人还应提出相关品种暂定名称、培育人、申请人、申请人地址、品种名称、品种权人、品种权人地址等著录项目的变更，或品种名称更名。

根据1999~2017年农业植物新品种保护公告资料整理的全部和种子企业植物新品种权的法律状态分布显示（见表6.1和表6.2），我国植物新品种权申请量快速增长，申请驳回数量较少，占总申请量的3.40%，但个别年份（2011年、2012年）的驳回比例较高，达到10%以上。种子企业品种权申请驳回比例为3.72%，高于总体驳回比例，说明种子企业品种权申请质量有待提高。

表6.1　1999~2017年农业植物新品种权法律状态分布　　单位：件

年份	申请	申请驳回	申请撤回	视为撤回	申请权转让	授权	品种权视为放弃	品种权转让	品种权终止
1999	114	6	16	8	27	88	0	39	68
2000	111	0	3	14	5	98	0	25	63
2001	220	6	1	17	2	202	0	21	129
2002	279	8	9	24	3	249	2	24	177
2003	565	10	20	24	20	503	8	37	342
2004	722	26	31	37	22	624	21	42	444
2005	927	18	35	40	21	819	23	47	513
2006	859	20	39	38	22	755	30	69	499
2007	793	24	29	57	25	660	58	30	325
2008	839	31	35	131	33	614	71	30	227
2009	970	28	29	135	37	768	68	18	183

续表

年份	申请	申请驳回	申请撤回	视为撤回	申请权转让	授权	品种权视为放弃	品种权转让	品种权终止
2010	1167	42	10	203	63	870	97	23	31
2011	1222	127	46	136	21	865	94	21	7
2012	1312	165	63	151	29	904	51	10	—
2013	1288	85	26	118	42	845	16	10	—
2014	1690	29	32	190	45	587	2	—	—
2015	2007	5	46	141	46	214	—	—	—
2016	2373	2	29	166	34	11	—	—	—
2017	1130	—	8	26	—	5	—	—	—
汇总	18588	632	507	1656	497	9681	541	446	3008

资料来源：根据农业植物新品种保护办公室公告整理。

表 6.2　1999~2017 年种子企业植物新品种权法律状态分布　　单位：件

年份	申请	申请驳回	申请撤回	视为撤回	申请权转让*	授权	品种权视为放弃	品种权转让*	品种权终止
1999	18	5	9	2	1	0	0	6	12
2000	21	0	2	4	0	3	0	4	10
2001	69	2	0	6	2	2	0	12	42
2002	76	1	0	6	1	32	1	12	40
2003	217	5	14	11	7	64	2	17	86
2004	259	16	8	29	11	27	5	19	133
2005	313	6	17	18	15	48	14	28	182
2006	304	11	30	17	10	50	16	38	176
2007	244	11	15	25	9	156	30	14	92
2008	215	13	15	50	11	167	27	17	46
2009	265	8	14	60	22	365	23	10	41
2010	406	16	4	121	52	226	48	9	8
2011	517	46	19	70	8	48	57	11	7
2012	585	74	41	69	17	61	34	7	—
2013	579	50	10	66	22	53	14	9	—

续表

年份	申请	申请驳回	申请撤回	视为撤回	申请权转让*	授权	品种权视为放弃	品种权转让*	品种权终止
2014	867	16	24	113	23	327	0	—	—
2015	958	1	22	74	22	528	—	—	—
2016	1117	1	14	73	15	860	—	—	—
2017	544	—	5	9		694	—	—	—
汇总	7574	282	263	823	248	3711	271	213	875

注：* 表示植物新品种申请权、品种权转让均以种子企业为转让方，不包括种子企业作为受让方的转让数量。

　　申请人主动撤回申请量低于视为撤回申请量，植物新品种权申请撤回与视为撤回数量较多，撤回占总申请量的比例高达 11.64%，每 10 件植物新品种权申请中就有 1 件被撤回。从撤回占比趋势来看，1999 年、2008 年撤回率出现两个高峰，撤回比例分别为 21.05% 和 19.79%，之后有所回落。种子企业植物新品种权撤回比例为 14.34%，高于总体撤回比例，1999 年、2008 年撤回比例较高，分别为 61.11% 和 30.23%。

　　植物新品种申请权转让绝对数量高于品种权转让数量，但从相对数量（二者分别占申请量和授权量的比例）来看，申请权转让率（2.67%）远低于品种权转让率（4.61%），1999 年的新品种申请权和植物新品种权的转让率较高，随着时间推移转让率总体呈下降趋势。种子企业向其他主体转让申请权和品种权都比较少，种子企业主要作为受让方，购买新品种申请权或品种权。

　　在申请人接到办理授予品种权手续的通知后，有 5.59% 的新品种因没有按期办理相关手续、未缴纳第 1 年年费，而被视为放弃取得品种权的权利，这种情况在 2008 年、2010 年发生的比例高达 11%，而在植物新品种保护制度建立之初很少发生。种子企业植物新品种权视为放弃比例为 7.30%，高于总体品种权放弃比例，这种情况在 2007 年、2010 年发生的比例高达 14%。

　　按法定保护期限 15 年计算，1999 年、2000 年、2001 年、2002 年获得授权的植物新品种都已经因保护期届满而终止，即 2014 年以后，15 年前授权的植物新品种权逐年失去有效性。品种权人终止的品种权数量较多，占授权品种数量的 31.07%，即约有 1/3 的品种权在法定保护期届满到来之前就因各种原因终止了权利。种子企业品种权终止比例为 23.58%，远低于总体品种权终止比例，表明种子企业的授权品种有效比例更高。

　　植物新品种权法定保护期限规定了植物新品种权的最长有效保护时间，体现植物新品种保护制度的品种权保护强度。大多数国家的植物新品种保护立法规定，针对不同的植物种类，培育时间不同，保护期限也有所不同，一般为自授权之日起15~20年，木本植物为20~25年。植物新品种权保护期届满后不能再续展，尽管获得授权的品种依然存在，但品种权人丧失了品种权保护，该品种的植物新品种权自然终止，任何人都可以无偿、自由地使用该品种。

植物新品种权的维持时间与保护期限不同。植物新品种权维持时间是指观测植物新品种权授权后保持有效性的时间期限，通常以年为计算单位。从法律角度来看，植物新品种权的维持时间（也称存续期或维续期）是指从品种权自授权之日起到视为放弃、终止或届满之日所经历的实际生存时间，代表植物新品种权的有效期限或年龄。因而，可将品种权法定保护期限（20年或15年）视为品种权的最长寿命，意味着植物新品种权授予品种权人基于其拥有发明的预期垄断权的最大限度。品种权人可以根据实际情况，决定不缴纳维持费（或主动宣告）品种权终止，而失去（或提前结束）品种权法律效力，能够真正维持到法定保护期届满的植物新品种权数量比较少。而植物新品种权的维持年限则是品种权的真实寿命，植物新品种权维持时间的长短主要取决于品种权人的维持决策，体现了植物新品种保护的产权价值收益时间。

因而，尽管国家规定了基本统一的植物新品种权法定保护期限，但植物新品种保护制度中的维持机制和植物新品种权人的维持决策形成了事实上的植物新品种权维持时间差异。

二、植物新品种权维持年费制度及其发展

植物新品种权人是否维持品种权，取决于维持品种权的成本和收益的权衡。品种权申请获得授权后，维持成本主要来自维持费（maintenance fee）或续展费（renewal fee），一般按年缴纳，通常称为品种权维持年费，简称"年费"。品种权维持年费的支付保证植物新品种权的有效性和可执行性，不支付年费的品种权落入公有领域。是否缴纳维持费、维持费数额高低、不同档次之间增加数额幅度的大小、缴费方式以及不缴费的后果等均对品种权人是否维持品种权的决策产生重要影响。年费缴纳不仅可以为国家带来一定的财政收入，更重要的是促使部分品种权人在适当的时候放弃品种权，使一些品种进入公共领域，提高社会福利，政府可以通过维持制度调节创新主体的相关品种权行为，影响个人和公共利益，因而维持年费制度成为各国现行植物新品种保护制度的核心激励机制。

几乎所有国家的植物新品种保护制度及其法规都规定，为了维持品种权在法定保护期限内继续有效，品种权人须缴纳一定的维持费用。如果没有按照程序在规定的时间内缴纳相应数量的维持费，相关品种权将因为"未缴纳年费"而被

终止。我国 2014 年修订的《中华人民共和国植物新品种保护条例》第三十四条至第三十六条规定，植物新品种权的保护期限，藤本植物、林木、果树和观赏树木为 20 年，其他植物为 15 年，均自授权日起计算。植物新品种权人应当自被授予品种权的当年开始缴纳年费，并且按照审批机关的要求提供用于检测的该授权品种的繁殖材料。有下列情形之一的，植物新品种权在其保护期限届满前终止：①品种权人以书面声明放弃品种权的；②品种权人未按照规定缴纳年费的；③品种权人未按照审批机关的要求提供检测所需的该授权品种的繁殖材料的；④经检测该授权品种不再符合被授予品种权时的特征和特性的。如果由于上述情形之一而终止品种权的，分别由农业农村部植物新品种保护办公室和国家林业和草原局登记并进行公告。

2014 年我国修订的《中华人民共和国植物新品种保护条例实施细则（农业部分）》第五十条规定，申请人申请植物新品种权过程中，应当向农业部缴纳申请费、审查费和年费。申请费的缴纳期限，根据第五十二条规定，品种权申请人可以在提交申请的同时缴纳，最迟自申请之日起 1 个月内缴纳，期满未缴纳或没有足额缴纳的，视为撤回申请。审查费的缴纳期限为收到品种保护办公室通知起 3 个月内，期满未缴纳或没有足额缴纳的，视为撤回申请。年费的缴纳期限，根据《中华人民共和国植物新品种保护条例实施细则（农业部分）》第五十四条和第五十五条规定，品种权申请人应当在领取授权证书前缴纳第 1 年年费[①]，以后的年费应在前一年度期满前 1 个月内预缴。品种权人未按时缴纳授予品种权第 1 年以后的年费，或者缴纳的数额不足的，品种保护办公室应当通知申请人自应当缴纳期满之日起 6 个月内补缴，不需要缴纳滞纳金[②]；期满未补缴的自应当缴纳年费期满之日起，终止品种权。

植物新品种权申请费、审查费和年费的收费标准历经了三次重要调整（见表 6.3）。根据 1999 年 3 月国家计委、财政部出台的《关于植物新品种保护权申请费、审查费、年费标准有关问题的通知》，2007 年 8 月国家发展改革委、财政部发布的《关于调整植物新品种保护权收费标准有关问题的通知》，以及 2015 年 9 月发布的《关于降低住房转让手续费受理商标注册费等部分行政事业性收费标准的通知》，植物新品种保护权收费逐步减少，植物新品种权维持年费（按 15 年法定保护期限计算）从 24000 元降至 16800 元，且不再收取测试费等其他费用，为

---

① 这一规定与 2011 年修订的《中华人民共和国植物新品种保护条例实施细则（林业部分）》第五十九条规定略有不同，后者规定"第一年年费应当于领取品种权证书时缴纳"。

② 2011 年修订的《中华人民共和国植物新品种保护条例实施细则（林业部分）》第六十条规定"品种权人未按时缴纳第一年以后的年费或者缴纳数额不足的，植物新品种保护办公室应当通知品种权人应当自缴纳年费期满之日起 6 个月内补缴，同时缴纳金额为年费的 25% 的滞纳金"。

品种权申请人提供了更为实惠的价格。2017 年 3 月 23 日，财政部、国家发展改革委发布《关于清理规范一批行政事业性收费有关政策的通知》，取消或停征 41 项中央设立的行政事业性收费，农业部门和林业部门的植物新品种保护权收费也包括在停征的涉企行政事业性收费范围内。自 2017 年 4 月 1 日起，植物新品种权申请费、审查费和年费停止征收，降低了企业和个人植物新品种保护的成本。随后，农业部植物新品种保护办公室根据《农业部财务司关于取消或停征的一批行政事业性收费项目收缴管理有关事宜的通知》要求，关闭植物新品种权收费系统，在 2017 年 9 月 30 日之后，非税收缴系统中将不再保留植物新品种保护权收费项目。品种权人需要补缴年费的，须在 2017 年 9 月 30 日前足额缴纳，到期仍未缴足年费的授权品种将被终止权利，且无法恢复。

表 6.3　植物新品种权收费标准调整　　　　　　　　　　单位：元

实行时间	申请费	审查费	单件品种权维持年费	年费总计 （15 年法定保护期）
1999 年 4 月 1 日至 2007 年 8 月 31 日	1800	4600	第 1 年至第 3 年，每年 1500	23891
			第 4 年及以后，每 3 年可在上 3 年收费标准的基础上按 30%递增	
2007 年 9 月 1 日至 2015 年 10 月 14 日	1000	2500	第 1 年至 6 年，每年 1000	19500
			第 7 年及以后，每年 1500	
2015 年 10 月 15 日至 2017 年 3 月 31 日	1000	2500	第 1 年至 6 年，每年 1000	16800
			第 7 年及以后，每年 1200	
2017 年 4 月 1 日起	停征	停征	停征	—

资料来源：作者整理。

中国的植物新品种权年费制度有如下特征：

一是年费机制分四个阶段，1999~2007 年、2007~2015 年、2015~2017 年、2017 年至今，收费标准逐步降低，直到停止征收，但并未取消征收。

二是品种权维持年费起算时间点从授权日开始，第一次缴费时间是在领取植物新品种权证书之前或于领取品种权证书时。

三是品种权维持费按品种件数收取，每年预缴下一年度年费，品种权人可以随时选择本期不缴纳年费的方式，终止以后的品种权。

四是品种权年费征收划分不同时段，采取递进方式，征收的品种权维持年费数额在前 3 年或 6 年为 1 个档次，剩余年费各年相同，且前低后高。

五是不同品种维持年费的滞纳金制度存在细微差异。因品种权维持年费缴纳逾期或者不足，在规定期限内补缴的，农业植物新品种权无须缴纳滞纳金，林业植物新品种权则须缴纳年费25%的滞纳金，具有一定的惩罚意义。

六是因品种权维持年费缴纳逾期或者不足，造成品种权终止的，在满足一定条件时品种权可以恢复，具有一定灵活性。

七是对所有品种权人一视同仁，没有区分不同品种权人的优惠政策，与中国专利年费制度对符合一定条件的单位和个人的减免措施不同。

根据是否征收品种权维持年费，植物新品种权维持制度可以划分为两个阶段：有品种权维持年费阶段和无品种权维持年费阶段。在有维持年费机制的植物新品种保护阶段，植物新品种权人应当按期缴纳年费，这是维持其植物新品种权效力的必要条件，按照权利和义务对等原则，品种权人想要维持植物新品种权有效就必须连续缴纳年费，且维持费的数额随着时间延长不断增长，增加了品种权人的维持成本，很多品种权维持不到法定保护期届满就被终止，品种权进入公共领域，在一定程度上加速了后续品种研发，增加社会福利，促进整个社会的技术创新。在无维持年费机制的植物新品种保护阶段，品种权人不需要缴纳品种权维持年费，品种权维持成本极低，绝大多数植物新品种权会维持到法定期限届满，品种权人利益保护强化，技术创新激励增强。但是，有可能申请量激增，大量无效品种权维持，社会成本增加，降低社会福利。申请费、审查费和维持费的高低有如下影响（见表6.4）：

表6.4 植物新品种权收费高低的利弊比较

特点	授权前费用（申请费、审查费）		授权后费用（维持费）	
	高	低	高	低
优点	申请人自我选择；减少申请量堆积；增加费用收入	有利于申请；不会错过潜在价值大的品种	显示品种价值的有效机制；增加费用收入	有利于申请；有利于维持；回馈创新
缺点	对于中小企业门槛较高；阻碍创新	激励低质量品种权；引起品种权申请量激增；如果高度重叠，阻碍创新	对权利人不利；阻碍创新	大量品种权有效；社会成本高

目前，中国植物新品种保护权收费只是停征，而非取消，未来仍有可能恢复征收。政府可以参照专利年费制度，对国内申请人向国外申请植物新品种保护的机构或个人给予补贴，针对符合一定条件的不同类型品种权人给予维持年费减免的优惠政策，鼓励具有商业价值的品种权维持。此外，政府可以提高植物新品种

权授权要求和标准，"宽申请、严授权"策略有助于刺激申请量增加，抑制无效申请，提高审批机构的工作效率，减少资源浪费。

三、植物新品种权维持制度的作用机制

植物新品种权维持时间的不同在一定程度上是由维持年费结构决定的，政府可以利用植物新品种权维持费机制，将其作为一种政策手段，促进创新，增加社会福利。植物新品种权维持制度通过调节品种权维持成本，影响品种权维持时间，协调品种权人个体利益和社会公众利益，影响植物新品种保护制度的运行绩效。

第一，维持制度可以筛选高质量、高价值品种权。植物新品种权维持年费的高低具有锚定效应，为品种权人维持决策提供参照，影响品种权人的选择。理性的品种权人运用成本收益平衡原则决定是否维持品种权或维持多久，当持有品种权的收益超过其成本时选择维持；反之，选择放弃品种权。品种权年费是品种权人维持决策考虑的最重要的成本，依据规定缴纳的维持费是确定的，缴纳了年费品种权人既可以从品种权获得现值收益，又可以使品种权继续有效，未来获得更多的预期收益。

因而，维持品种权的收益为现值收益与预期收益之和，但品种权人对预期收益的判断主要取决于品种市场竞争力能带来的经济利益，存在较多不确定性。品种权人在每个缴费期都要评估预期收益净值，然后支付年费购买更长的品种权有效期限，品种权的维持时间越长，支付的维持费用越高，品种权的价值越大，质量越高。每年缴纳的维持费相当于一种"执行价格"，而品种权维持则类似于一种"实物期权"。因而，品种权维持费制度作为一种过滤机制，起到筛选作用，促使品种权人尽早放弃价值低、质量不高的植物新品种权。

第二，显示授权品种的价值信息。政府和品种权人对授权品种的成本和价值存在信息不对称，政府并不了解每个品种的研发成本和收益，而企业更熟悉自己的研发成本和期望收益。利用植物新品种权维持年费的数额和结构，政府可以调节品种权申请人或品种权人是否申请品种权、申请什么类型的品种权，以及是否维持品种权、维持多长时间等。品种权人发现授权品种的商业价值降低或者不具备商业价值，不足以弥补其维持品种权的成本时，选择不缴纳品种权年费而终止其权利。

政府设计一种激励相容机制，提供品种权人一组年费和有效保护期限的"菜单"，品种权人要么选择高年费、长保护期组合，要么选择低年费、短保护期组合，促使品种权人通过缴纳维持费用多少的行为来显示其研发成本和从单个品种中获得收益的大小，进而反映授权品种的价值信息，克服政府信息不对称的缺

陷。资产评估机构可以参考不同阶段品种权维持费的缴纳数额，结合不同阶段品种权的维持比例，得到授权品种的价值分布以及这种分布对品种权寿命的影响，构建品种权收益模型，以此作为品种权价值评估的基础。

第三，引导创新主体提高资源配置效率。完善的植物新品种权维持制度可以区分创新主体的产出差异和研发效率。创新主体存在异质性，即使同一创新主体在不同发展阶段的研发产出也有所不同。如果植物新品种权申请没有任何成本，创新主体可能申请大量不具备商业价值的新品种，无法体现创新主体的研发效率，审批、测试等行政成本增加，社会需要付出更高代价保护低价值或根本没有保护价值的品种权。如果没有植物新品种权维持制度，或维持费为零，创新主体只要提交品种权申请被授权后，直到法定保护期限终止日前，品种权将会一直有效，一方面创新主体无法主动通过"不缴费"终止不想保留或无效的植物新品种权，给植物新品种权管理带来困难；另一方面大量创新水平较低、替代周期短的品种堆积，获得过度保护，不利于技术进步。

品种权维持年费（前期收费）的增加可以过滤掉创新性极低的品种权申请；品种维持年费随维持期限递增，提高了品种权人的运营成本，可以终结价值不高的品种权，强化品种权人实施品种权的动机。植物新品种权维持制度调节创新主体的品种权维持数量，将有限的创新资源投向价值更高的品种培育，维持更具商业价值的品种权，提高资源配置效率。

第四，平衡私人利益和公共利益。植物新品种权制度赋予创新者市场力量，使品种权人获得创新的垄断利润。植物新品种权的保护期限，即品种权长度，意味着获得技术垄断的时间，品种权保护期限越长越有利于品种权人的利益，但创新者的市场垄断力量会阻碍后续创新，带来资源配置的无谓损失，减少社会福利。面对私人利益和公共利益的权衡，理论上存在一个最优的品种权保护期限，既能激励创新，又不阻碍创新的扩散，但这一最优品种权保护期限很难找到。

在植物新品种权维持制度下，品种权人的维持决策决定了品种权的有效保护期限，如果品种创新程度低或者有更好的新品种出现，在法定保护期限届满之前受保护品种很容易被模仿或替代，低效或无效的品种权就会被终止，品种权人自己选择最优保护期限。在其他条件保持不变的前提下，调整品种权维持年费可以改变品种权人的维持成本；如果品种权收益相同，则可以改变品种权维持时间，找到品种权人利益和社会利益的平衡点。适度提高维持费用、减少品种权维持时间，可以增加更多的后续创新。因此，品种权的有效保护期限可以作为对最优保护期限逼近的判断依据，可以设计植物新品种权维持制度，用以缓解品种权垄断的效率损失，平衡私人利益和公共利益。

第二节　植物新品种权维持行为理论模型

植物新品种权维持行为是指植物新品种权授权后，品种权人保持植物新品种权权利有效性的活动过程。植物新品种权维持时间长短主要由取决于品种权人的两类决策动机：一是植物新品种权的经济价值，二是植物新品种权的非经济价值。

一、经济动机下品种权人的维持决策

基于理性经济人假设，只有当预期收益超过维持成本时，追求利润最大化的权利人才会选择维持品种权，否则放弃续展，不再缴纳维持费而终止品种权。根据 Pakes 和 Schankerman（1984）提出的专利维持理论模型（乔永忠，2009；张古鹏、陈向东，2013），考虑一项育种创新获得植物新品种权保护，维持其有效性需要品种权人每年支付规定的费用，品种权人选择维持年限，最大化其拥有的植物新品种权价值 V（t）。用 r（t）和 c（t）分别代表在 t 年可获得的收益和维持费用，在品种权法定保护期限 T 内，品种权创新净收益的贴现价值为：

$$V(T) = \int_0^T [r(t) - c(t)] e^{-it} dt$$

其中，i 为贴现率，t 代表时间，最大值为品种权的法定保护期限（一般为15 年或20 年）。公式两边对 t 求导，令导数为零，求得最优维持时间 t^*，满足：

r（t^*）= c（t^*）

假设对所有 t 有 r′(t)<c′(t)，则品种权人在 t 年维持品种权有效的条件是年收益至少弥补维持年费支出，即：

r(t)≥c(t)

假设维持年费随 t 以 g 匀速递增，可获得的收益随 t 以速度 δ 衰减，则上述条件可以改写为：

r(0)≥c(0)e^{(g+δ)t}

允许品种权最初可获得收益的衰减率存在差异，以 f(r) 代表其价值分布的概率密度函数，每年维持有效的品种权占总体植物新品种权的比例，即品种权在 t 时刻的维持率 P(t) 为：

$$P(t) = \int_{C(t)}^{\infty} f(r) dr$$

其中，$C(t) = c(0) e^{(g+\delta)t}$，这使得：

$$P'(t) = -C'(t)f(c)$$

且

$$P''(t) = -f(c)C''(t)\left[1 + C\frac{f'(c)}{f(c)}\right]$$

也就是说，只要 g+δ>0，品种权维持的百分比就会随着维持年限的增加而下降，即 P（t）是非增函数，P（t）的形状则取决于授权品种创新价值 f（r）的分布。例如，如果函数 f（r）服从对数正态分布，P（t）将有一个拐点，在这个拐点之前是凹的，之后是凸的（见图 6.2 中的曲线 A）。如果函数 f（r）遵循 Pareto-levy 指数分布（Scherer，1965），则 P（t）是一个严格的品种权维持年限的凸函数（见图 6.2 中的曲线 B）。

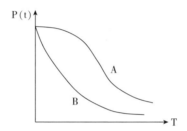

图 6.2　植物新品种权维持率曲线

基于此，许多研究（Schankeman & Pakes，1986；Bessen，2008；李明、陈向东、宋爽，2016）利用生存分析方法构建专利存续期模型并以此计算专利权的私人价值。因此，本书根据已有的品种权的收益、维持费用和终止数据可以估计收益衰减率和维持率概率密度函数，然后利用这些参数计算品种权在不同年龄的维持率及价值分布随时间变化的特征。

二、策略动机下品种权人的维持决策

除了获取经济收益，品种权人的维持决策还可能考虑非经济因素，比如满足个人成就感、评职称、吸引投资、宣传企业形象、应对诉讼等。如果一个品种权人具有信息优势，政府和其他品种权人无法通过观察其行为获取这些信息，就会产生信息不对称和道德风险问题。比如，培育一个新品种需要的时间较长，市场需求的高低变化导致品种权人无法准确估计市场机会来临的时间窗口，品种权人为了抓住获利机会，其有效的维持策略是把植物新品种权作为知识资产储备，先维持品种权有效，等到自己培育出更好的替代品种，或等待市场条件变好的时候进一步投资开发。这相当于购买了一种"期权"，这个期权可能不会被执行，品种权"沉睡"，一直被维持到法定保护期届满。维持植物新品种权的非经济动因增加了品种权维持的复杂性。由于未来收益是不确定的，下面考虑一个随机收益的维持模型。

在策略动机下，一个品种权的价值不仅取决于其创造的净现金流的大小，还需考虑品种权带来的策略价值：维持品种权有效可能为企业带来有价值的获利机会，或避免某种不确定的损失，有利于品种权人保持长期竞争优势和市场领先地位。品种权人最大化其品种权未来收益的净现值，但如果品种权有效，之后的收益不确定，这种不确定意味着品种权人将来可能使用这一授权品种，维持品种权有效的收益远远高于目前所获得的收益。在这种预期下，即使当前收益低于维持成本，品种权人也会选择支付维持费，保持品种权有效。对于品种权人来说，维持决策体现了运营的机动性和战略适应性，这种灵活性是价值的，应该包含在品种权的价值中。

根据 Pakes（1984，1986）、Lanjouw（1998）、Baudry 和 Dumont（2006）提出的期权理论，将品种权的未来收益变化视为一个随机马尔科夫过程，以 $V(t)$ 表示品种权在第 t 期之前的预期收益贴现值。如果品种权人没有支付维持费，品种权终止，$V(t)=0$；如果品种权人支付维持费用，除了获得当前品种权保护收益，品种权人还拥有在 t+1 期支付维持费、保持品种权有效的选择权。这一选择权的价值等于 t+1 期基于当期市场信息条件，维持品种权有效的期望收益现值。品种权人维持决策的目标函数可以表示为

$$V(t) = \max\{0, r_t + \beta E[V(t+1) \mid \Omega_t] - c_t\} \quad (t=1, \cdots, T)$$

其中，r_t 为品种权保护的当前收益，β 为贴现率，Ω_t 为品种权人在第 t 期的信息集合，c_t 是维持成本，T 代表品种权法定保护期限。0 是这一随机过程的吸收态，$r_t + \beta E[V(t+1) \mid \Omega_t]$ 是维持品种权的全部收益，等于不考虑期权时的静态收益现值与期权贴现价值之和，一旦小于维持成本 c_t，品种权人放弃维持品种权有效。设品种权最优维持时间为 L，满足终止条件 $V(L) = \max\{0, r_L - c_L\}$，L 取决于未来收益的条件分布。最优维持时间还取决于市场信息到来的方式，Ω_t 不同，$\beta E[V(t+1)]$ 的运动方式也不同：当信息以连续平滑方式到来时，$\beta E[V(t+1)]$ 呈随机游走状态，可用几何布朗运动来描述，即 $V(t)$ 是一个连续的随机过程，服从几何正态分布，适用 Black-Scholes 模型；当市场中的信息表现为突发事件，到达方式为非连续平滑时，$\beta E[V(t+1)]$ 呈跳跃式运动，通常可以采用 Poisson 过程来描述其变动方式，适用带跳的期权模型；如果市场信息同时包含"正常"和"突发"事件，$\beta E[V(t+1)]$ 变动是由连续事件扩散过程和跳跃 Poisson 过程叠加而成的，Merton 跳跃扩散模型可以较好地描述这种情况，适用均值回复跳跃模型。随着模型越来越复杂，从理论假设上看越来越接近客观事实，但在实际中应用越来越困难。

第三节 种子企业植物新品种权维持行为实证分析

一、植物新品种权维持模型和变量设计

生存分析也称存续分析或时间—事件分析，根据样本观察值得到的信息对研究对象的持续时间进行统计分析和推断，研究"事件"发生的时间规律及各种影响因素的作用。本书将植物新品种权终止定义为失败"事件"，用 T 表示植物新品种权维持时间，是一个非负随机变量。植物新品种权从授权日出生，到终止日死亡，整个过程类似生物的生存过程，我们希望了解植物新品种权存活时间长短，终止事件发生的概率。定义植物新品种权维持时间小于 t 的概率为：

$$F(t) = Prob(T \leqslant t) = \int_0^t f(s)ds \tag{6.1}$$

对公式两边求导，可得概率密度函数 $f(t) = dF(t)/dt$。

生存函数 $S(t)$ 表示品种权维持时间 T 超过特定时间 t 的概率，公式为：

$$S(t) = 1 - F(t) = Prob(T>t) \tag{6.2}$$

$S(0) = 1$，$S(\infty) = 0$，$S(t)$ 是单调非增函数。

风险函数 $h(t)$ 表示植物新品种权已经存活到时间 t，在 t 时刻发生终止事件的条件概率，公式为：

$$h(t) = \lim_{\Delta t \to 0} \frac{P(t \leqslant T \leqslant t+\Delta t \mid T \geqslant t)}{\Delta t} \tag{6.3}$$

如果 T 是连续随机变量，风险函数可用密度函数 $f(t)$ 与生存函数 $S(t)$ 的比值表示，即：

$$h(t) = \frac{f(t)}{S(t)} \tag{6.4}$$

通常有多种原因导致植物新品种权在特定时间内终止，要想把这些影响因素分解出来，需要通过选择理论分布去逼近生存数据。如果植物新品种权维持时间服从某个已知分布，常用指数分布模型、威布尔分布模型、对数逻辑分布模型等对风险函数进行参数估计，但 Cox-PH 模型不需要考虑生存时间的分布，是一种半参数回归分析模型，被广泛应用于专利生存期相关研究（郑贵忠、刘金兰，2010；任声策、尤建新，2012；李明等，2016）。本书通过 Cox-PH 模型对植物新品种权维持时间的影响因素进行分析，不仅考虑已经终止的植物新品种权的生存时间，还考虑了未终止植物新品种权的存续期，即删失数据，这样可以更全面

地分析植物新品种权的质量变化。

Cox-PH 模型的风险函数为：

$$h(t \mid X, \ \beta) = h_0(t) \exp (X'\beta) \tag{6.5}$$

其中，时间 t 为被解释变量，$X = (X_1, \ X_2, \ \cdots, \ X_p)$ 代表各种影响因素，为解释变量（或协变量），$\beta = (\beta_1, \ \beta_2, \ \cdots, \ \beta_p)$ 为解释变量的系数，表示各种因素对植物新品种权维持时间的影响程度，可通过极大似然估计获得参数 β 的估计值，$h_0(t)$ 为基准风险函数。

利用 Cox-PH 模型风险函数可以求得植物新品种权终止事件发生的风险比例（Hazard Ratio），该比例是考察植物新品种权质量影响因素的主要参考指标。如果风险比例大于 1 或者解释变量的系数 $\beta_i > 0$，那么解释变量 X_i 加速了品种权终止事件的发生，系数 β_i 越大，作用越强，此时 X_i 为危险因素；相反，如果风险比例小于 1 或者解释变量系数 β_i 为负，则该解释变量 X_i 减缓了终止事件的发生，而且系数 β_i 越小，越有助于延长品种权维持时间，对品种权质量越有利，这种能够降低品种权终止风险的因素 X_i 为安全因素。

本书采用"植物新品种权维持时间"作为待解释的因变量。植物新品种权从申请到获授权的审查周期长短主要取决于审查部门的工作流程及效率，与植物新品种权本身价值关联较弱，因此，本书选取的维持时间是指植物新品种权的授权公告日至终止日或届满之日的时间段。如果品种权终止后权利恢复，该植物新品种权仍然有效，维持时间不包括期间终止的时长。

借鉴以维持时间表征专利质量的研究（陈海秋、韩立岩，2013），本书选择植物新品种保护制度与专利制度共有的影响因素作为解释变量（宋爽，2013），包括育种者人数，代表植物新品种培育中的人力资本投入；审查周期，从申请日到授权日的时间，代表品种权申请获得授权的快慢及审查管理效率；共同品种权人，代表育种合作资源投入以及对新品种推广前景的预测。品种权人的类型，按国别划分为国内品种权人和国外品种权人；按性质划分为私人部门和公共部门，私人部门包括种子企业和个人，公共部门包括农业科研院所、农业高校、种子管理站等非营利性研究机构。植物新品种保护制度特有"植物种属"指标，根据原农业部植物新品种保护办公室的划分方法，把植物新品种分为大田作物、蔬菜、花卉、果树及其他品种四大类，代表不同的品种应用领域，具体定义参见表6.5。

表6.5　植物新品种权维持模型变量定义

变量名称	变量含义	类型	定义及赋值
Suryr	维持时间	连续变量	终止事件发生的植物新品种权，维持时间为终止日减去授权日；终止事件未发生的，以"2017.01.01"减去授权日进行计算，单位为"年"

续表

变量名称	变量含义	类型	定义及赋值
breeders	人力资本投入	连续变量	植物新品种权培育人员数
examyr	审查周期	连续变量	授权日减去申请日，单位为"年"
corighters	共同品种权人	分类变量	是否有 1 个及以上共同品种权人，有 = 1；没有 = 0
domforei	国内国外品种权人	分类变量	植物新品种权人国别类型，国内 = 1，国外 = 0
sectors	私人、公共部门品种权人	分类变量	植物新品种权人性质类型，私人部门 = 1，公共部门 = 2
plants	植物新品种	分类变量	植物新品种的种属类型，大田作物 = 1，蔬菜 = 2，花卉 = 3，其他 = 4

二、数据来源与统计描述

数据收集时间为 2017 年 5 月，数据来源于农业部植物新品种保护办公室官方网站、种业大数据平台，查询公告日为 1999 年 4 月 1 日至 2017 年 1 月 1 日的植物新品种权授权公告和事务公告。将授权公告中的植物新品种权授权信息，事务公告中的品种权终止信息、品种权恢复信息等分别录入数据库。经过数据整理，去掉极端值（授权公告日为 2017 年 1 月 1 日的植物新品种权，因为这些品种权的维持时间为 0 天），最终得到样本植物新品种权 8195 条记录，每条记录包括品种权授权日、终止日、申请号、授权号、植物种属、品种名称、培育人、品种权人、共同品种权人和品种权人地址等信息。申请号是唯一的，根据申请号链接三个数据库，取得相应植物新品种权的状态信息，标记品种权终止后权利恢复的数据，已经终止的植物新品种权设为 1，未终止的作为删失数据处理，从而得到全部植物新品种权的维持年限。

经初步统计，截至 2017 年 1 月 1 日，植物新品种权授权 8311 件，品种权终止 3126 件，其中，因保护期届满终止的品种权有 23 件，因品种权人未按时缴纳年费而在保护期届满前终止的品种权为 3103 件，但提前终止的品种权有 338 件续交年费得到恢复，所以，实际有 2765 件品种权提前终止，继续有效的植物新品种权为 5523 件。截至 2017 年 1 月 1 日，有 33.27% 的品种权在法定保护期届满之前终止，即植物新品种权维持有效的比率为 66.73%，这一比例高于 1991~1996 年获得授权的基因工程发明专利 61% 的维持率（曹晓辉，2012）。植物新品种权的平均维持时间长度为 4.56 年，而每件植物新品种权的平均审查周期为 4.06 年，培育人数为 6.36 人。品种权在第 4 年、第 5 年、第 6 年时的维持率较低，第 5 年的维持率仅为 19.65%，在第 1 年、第 11 年、第 14 年的维持率较高。由于植物新品种保护制度采取预缴年费方式，前三年的年费水平相同，从第四年开始年费增加，临近法定保护期届满，无论是否缴纳年费，品种权都将终止，所以维持率曲线呈"浴盆"形状（见图6.3）。

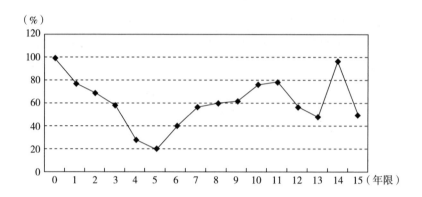

图6.3　1999～2017年中国农业植物新品种权维持率曲线

植物新品种权审查周期较长，维持时间普遍较短，植物新品种权的市场价值与竞争力受到较大影响，但随着植物新品种保护制度日渐完善，品种权人的知识产权管理经验不断丰富，对品种权的价值能够作出更好的判断，从不同申请时间来看，品种权维持比例逐年提高，1999年申请的品种权维持率仅为22.73%，2010年申请的品种权维持率上升到96.77%。

三、模型结果与讨论

运用Stata14.0，首先采用Kaplan-Meier生存函数分析植物新品种权生存概率，发现质量差异。然后，对植物新品种权进行回归分析，以期找到植物新品种权维持时间的影响因素，为提升研发单位的育种质量提供政策依据。

1. Kaplan-Meier生存函数分析

我们对样本总体进行Kaplan-Meier生存函数分析，并运用变量中四个分类变量corighters、pripub、domforei和plants分别对不同类型的品种权存活情况进行概括，结果如图6.4和图6.5所示。在图6.4和图6.5中，横坐标代表维持年限，纵坐标代表生存概率（survival probability），Kaplan-Meier生存曲线是一条下降的曲线，下降的坡度越陡峭，表示生存概率越低或生存时间越短，其斜率表示终止事件发生的速率。生存曲线代表生存函数S（t），因而数值大小表示品种权在对应时点后继续维持的可能性，期初值为1，随着时间的延长，品种权存续的比例越来越低，最后趋近于0。S（7.5）的值为植物新品种权生存率的中位数，代表植物新品种权自授权之日起维持时间超过法定保护期一半的概率。同一时间点上，生存曲线较高意味着品种权维持更长时间的可能性大，质量更好。

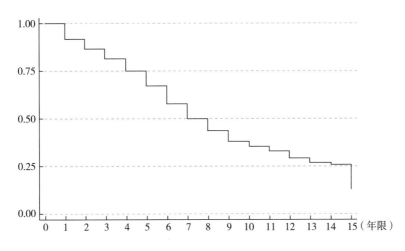

图 6.4　植物新品种权生存曲线

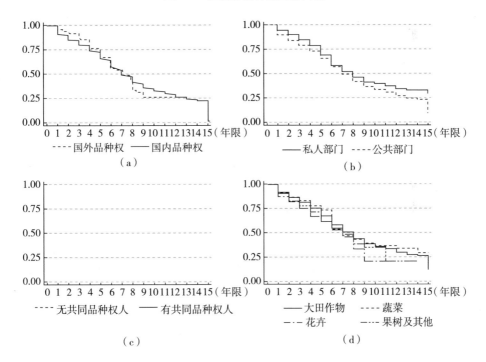

图 6.5　植物新品种权分类型生存曲线

图 6.4 给出的是植物新品种权样本总体的生存曲线，递减比较平缓。植物新品种权生存函数取值为 0.5 时对应的维持时间，即植物新品种权的半衰期为 7

年，表示从植物新品种权授权日起 7 年后仍有 50% 的植物新品种权维持有效，这一周期与品种权法定保护期的一半（7.5 年）接近。植物新品种权经过 14 年生存概率降至 26.17%，意味着约有 1/4 的品种权没有终止，可以维持到法定保护期届满；而 15 年的生存概率仅为 13.09%，大多数的植物新品种权没能维持到法定保护期届满。

图 6.5（a）给出国内外植物新品种权的生存曲线，log-rank 检验表明二者不存在显著差异（P=0.1869），这与国内专利质量低于国外专利的结论截然不同，说明从国别看，国内外植物新品种权的质量水平差距不大。两条曲线在授权以后 8 年存在交点，在第 8 年之前，国外品种权的生存概率更大，而第 8 年以后国外品种权的生存概率比国内品种权下降速度快，第 9 年至 12 年的生存概率保持在 25%。国外品种权申请获得授权的最早日期是 2004 年 9 月 1 日，被终止的品种权平均维持时间（4.28 年）较短，国外品种权人为抢占种子市场早在 2000 年 12 月就已经开始申请植物新品种权，虽然中国种子市场潜力较大，但新品种的引进、推广同时受到适宜种植区域和主要农作物品种审定制度的约束，由于植物新品种保护较弱，植物新品种权的预期收益较低，所以采取了缩短维持时间的策略。

图 6.5（b）显示不同部门植物新品种权的生存曲线，log-rank 检验表明两组生存曲线存在差异（P=0.0000），来自种业企业和个人的品种权生存情况优于农业科研院所、农业高校和种子管理站等公共部门。

图 6.5（c）为有共同品种权人与无共同品种权人两类植物新品种权的生存曲线，log-rank 检验表明两组生存分布不同（P=0.0002），有共同品种权人的品种权生存概率明显高于没有共同品种权人的品种权的生存概率。无共同品种权人的植物新品种权半衰期为 7 年，而有共同品种权人的品种权半衰期为 8 年，显然有共同品种权人的品种权生存概率更大，维持时间更长。

图 6.5（d）给出细分品种类型的植物新品种权的生存曲线，表 6.6 中的 log-rank 检验表明不同品种类型的品种权存在显著差异（P=0.0007），玉米、水稻和普通小麦等大田作物，蔬菜、花卉和果树等其他不同植物品种类型的品种权维持时间规律不同。在不同的植物新品种类型中，植物新品种权主要集中在水稻、玉米、普通小麦、棉花等大田作物，大田作物品种权占样本总数的 85.03%，花卉和蔬菜分别占 6.49%、5.27%。有 8.85% 的大田作物、8.17% 的蔬菜品种权发生终止，花卉品种权的这一比例高达 10.90%。大田作物品种权的半衰期为 7.01 年，花卉和蔬菜品种权的半衰期相近，平均为 6.5 年左右。在第 12 年大田作物品种权的生存率为 29.28%，蔬菜品种权的生存率为 33.84%，花卉品种权仅为 18.97%。与蔬菜和花卉品种权相比，大田作物品种权发生终止的比例较低，

维持时间最长。

表 6.6　对数秩（log-rank）检验结果

domforei	Events observed	Events expected	pripub	Events observed	Events expected
0	63	78. 35	1	888	991. 35
1	2656	2645. 23	2	1831	1727. 65
Chi2（1）= 1. 74，Pr>chi2 = 0. 1869			Chi2（1）= 18. 27，Pr>chi2 = 0. 0000		
corighters	Events observed	Events expected	plants	Events observed	Events expected
0	2343	2371. 75	1	2444	2489. 7
1	284	346. 25	2	86	85. 99
			3	131	96. 78
			4	58	46. 53
Chi2（1）= 13. 55，Pr>chi2 = 0. 0002			Chi2（1）= 17. 15，Pr>chi2 = 0. 0007		

2. 植物新品种权维持时间影响因素分析

基于上述研究，采用多因素生存分析法的 Cox-PH 模型（Cox 比例风险模型）对品种权维持时间（suryr）进行生存分析，探索品种权培育人数、审查周期、共同品种权人、品种权人部门，以及植物品种类型等变量与专利维持时间之间的关联性、影响方向和程度。由于 log-rank 检验显示国内外品种权人的品种权维持时间差别不显著，所以变量 domforei 没有被包含在回归模型之中。表 6.7 显示回归结果。

表 6.7　植物新品种权生存分析模型的回归结果

影响因素	回归系数 β	z	P>｜z｜	95%置信区间	风险比率 HR	因素类型
breeders	−0. 0311	−4. 75	0. 000	［−0. 0440，−0. 0183］	0. 9693	安全因素
examyr	0. 2180	13. 21	0. 000	［0. 1857，0. 2504］	1. 2436	危险因素
corighters	−0. 2222	−3. 53	0. 000	［−0. 3455，−0. 0990］	0. 8007	安全因素
sectors	0. 2968	6. 92	0. 000	［0. 2128，0. 3808］	1. 3455	危险因素
plants	0. 0622	1. 95	0. 051	［0. 0001，−0. 1246］	1. 0642	危险因素

Cox 回归方程为：

$$h(t \mid X，\beta) = h_0(t) \exp(-0.03\text{breeders} + 0.22\text{examyr} - 0.22\text{corighters} + 0.30\text{sectors} + 0.06\text{plants})$$

培育人数量和共同品种权人属于安全因素。增加植物新品种培育的研发人员投入有助于提高品种权生存概率，这与李明等（2016）、陈海秋和韩立岩（2013）、宋爽（2013）等专利质量研究的结论一致。由于拥有较多培育人的品种权往往是规模较大的品种权人，如大型种业公司或国家级农业科研院所，这些育种机构往往拥有较强的研发能力，更强的研发团队，以及较多的互补性资产，申请的品种权可能价值更高，人力资本投入会带来品种权质量的提升。培育人数每增加 1 人，风险比率就降低 3.07%，换而言之，培育人更多的品种权被终止的可能性更小，维持时间更长，品种权质量更好。

有共同品种权人的品种权的风险比率比没有共同品种权人的低 19.93%，说明相较于独立研发，育种单位之间进行合作不但能够分摊品种权维持成本，而且有助于提高品种权质量。品种技术创新的对象是复杂的生物有机体，新品种研发与推广活动受季节、地理区域的限制，创新过程漫长且极具挑战性，特别是生物技术的利用，需要多学科、跨领域、跨国界的合作，通过种质资源、人才和信息共享，协调创新要素，整合研发能力。有共同品种权人的品种权中，"农科院所+种业公司"占 47.65%，"种业公司+农业院所"占 16.06%，"种业公司+个人"和"种业公司+种业公司"分别占 5.11% 和 5.00%，种业不同创新主体之间的合作研发模式以科企合作为主，农科院所在水稻、玉米、棉花品种的科企合作中占主导地位。

品种权是新品种使用的排他权，品种权申请人及竞争者的市场和研发安排依赖于审查结果，审查周期长短影响各利益相关者的排他权使用期限和品种权运用效益的市场预期，申请人等待实施新品种技术的延迟时间越长，品种权的有效保护期限越短，预期收益减损，进而对品种权申请倾向产生不利影响，可能扭曲植物新品种保护制度激励创新的功能。通常，审查周期增加 1 年，品种权终止的风险率提高 24.36%，品种权维持时间大大缩短。

在所有影响因素中，"品种权人类型"对品种权维持时间的影响程度最强，在其他条件相同的情况下，私人部门品种权风险比率比公共部门低 34.55%，种子企业和育种专家获得的植物新品种权维持情况优于农业科研院所、农业高校和种子管理站等公共部门。私人部门的品种技术价值更高，品种权质量更好。究其原因：一方面，科研院所等单位注重将研究成果数量作为绩效考核评价指标，缺乏品种权商业化的能力或渠道，具有市场潜力的新品种一般通过品种申请权转让或品种权转让"出售"给种子企业实施，而价值低的品种权经短时间维持后，停止缴纳年费，自动放弃而终止，因此，品种权维持时间较短。另一方面，种业科技公司和育繁推一体化公司将大量研发资金投向盈利较高的杂交品种和生物技术育种应用，较高资金投入所产出的新品种经过新品种保护制度的层层过滤。在品种权申请、审查环节，不符合要求的品种权申请被驳回，不具有申请价值的被撤回，获得授权而不具有保护价值的品种权因不缴纳第一年年费而视为撤回，筛选出更具商业价值或战略意义的品种权；不具有自主研发能力的种子企业多从农业科研院所或其他公司购买优良品种的申请权或品种权，以市场为导向，根据市场销售状况和竞争态势管理植物新品种权，作出品种权终止决策。种子企业和育种家对品种权质量有清晰的认识，市场化动机强化了私人部门的维持意愿，所以品种权维持时间较长。

3. 稳健性检验

为论证上述分析结果是稳健的，我们将数据根据品种类型分成若干组，对每一组进行回归分析，并适当改变模型的设定，运用 Weibull 参数估计模型，比较风险比率的变化，回归结果简要报告见表 6.8。

表 6.8　植物新品种权 Weibull 模型回归结果

品种类型	大田作物		蔬菜		花卉		其他品种	
影响因素	风险比率	P 值	风险比率	P 值	风险比率	P 值	风险比率	P 值
breeders	0.9608	0.000	1.1018	0.019	1.0368	0.235	1.0986	0.099
examyr	1.3591	0.000	1.5104	0.000	1.5242	0.000	1.3272	0.000
corighters	0.8126	0.001	0.2883	0.232	0.1103	0.002	0.9921	0.986
sectors	1.3528	0.000	1.3466	0.307	1.9751	0.001	1.5619	0.410
domforei	4.4898	0.034	2.1716	0.159	1.4911	0.096	44.2586	0.000
_ cons	0.0016	0.000	0.0011	0.000	0.0022	0.000	0.0001	0.000

从不同品种类型的 Weibull 参数估计的风险比率来看，国内外品种权的维持时间在大田作物、蔬菜和花卉品种中差异依然不显著。因为国外育种者没有申请其他品种的品种权，所以"其他品种"品种权的风险比率是显著的。值得注意的是，培育人员数对于大田作物品种权是保护因素，培育人员数的增加可以降低品种权被终止的风险；对于蔬菜、花卉和其他品种的品种权来说，培育人员数则可能变成危险因素，虽然这种变化不是很显著。蔬菜、花卉品种的培养技术、种植方法、推广渠道等都与大田作物存在较大差异，因而，培育人员数、有无共同品种权人对于蔬菜、花卉品种权的影响不显著。其他方面与表 6.7 中的回归结果基本一致，可以验证由 Cox-PH 模型回归所得到的结论是稳健的。

四、结论及政策启示

利用 1999~2017 年中国农业植物新品种权授权、终止数据，本书对植物新品种权的维持特征、维持时间影响因素进行了 Kaplan-Meier 估计、Cox-PH 回归分析，主要得出以下结论：

第一，中国植物新品种权总体平均维持时间较短，不足法定保护期限的 1/4。本书利用 1999~2017 年农业植物新品种权的大样本数据，考虑了终止后又恢复权利的品种权和在统计日期依然有效的删失数据，得到植物新品种权平均维持年限仅有 3.72 年。较之任静、宋敏（2015）估计的水稻品种权平均寿命，维持年限能够更为具体、客观、合理地反映植物新品种权保护的经济价值，对植物新品种权价值评估具有重要现实意义。

第二，植物新品种权维持时间的影响因素包括品种人类型、审查周期、共同品种权人、培育人数量，其影响程度依次降低。不同部门的品种权维持存在差异，种子企业和个人等私人部门授权品种的维持年限比农业科研院所、农业高校等公共部门的更长，生存比率更高，植物新品种维持制度有效激励种子企业和育种家的新品种研究和开发。审查周期对品种权维持时间有负向影响，在植物新品种权申请数量激增的情况下，审查机构简化审批手续，缩短 DUS 测试时间，增加品种权经济价值，可以延长植物新品种权的维持时间。培育人数、有共同品权人对植物新品种权维持时间有积极影响，加强农业院所和种子企业新品种研发合作有助于提高植物新品种权质量。

第三，与专利生存期研究结论（宋爽，2013；李明等，2016）不同，本书发现国内外植物新品种权维持不存在显著差异，可能的解释是植物新品种权的保护对象是具有生命力的新品种、主要农作物审定制度约束、知识产权管理策略不同、语言差异等，具体原因还有待进一步考察。

本书的政策含义在于植物新品种权维持费用可以用作激励工具，实现差异化植物新品种权最优寿命政策。植物新品种权维持制度可以调节创新主体的品种权数量和质量的权衡，促使有限的创新资源投向价值更高的品种培育，维持更具商业价值的品种权，提高资源配置效率。如果没有植物新品种权维持制度，或维持费为零，创新主体只要提交品种权申请被授权后，直到法定保护期限终止日前，品种权将会一直有效，一方面创新主体无法主动通过“不缴费”终止不想保留或无效的植物新品种权，给植物新品种权管理带来困难；另一方面大量创新水平较低、替代周期短的品种堆积，获得过度保护，不利于技术进步。目前，中国植物新品种保护权收费只是停征，并非取消。政府可以参照专利年费制度，针对不同类型品种权人符合一定条件的给予维持年费减免，对国内申请人向国外申请植物新品种保护的机构或个人给予补贴，鼓励具有商业价值的品种权维持。

植物新品种权数据比专利数据具有更好的内部一致性，所得到的维持时间影响因素具有更强的解释力。但品种权人的维持决策不仅受经济动因驱动，还包括非经济动因，比如评职称、完成指标任务、广告宣传、应对诉讼等，即使当前收益低于维持成本，品种权人也会选择支付维持费，保持品种权有效，造成植物新品种授权后短期内的维持因素十分复杂，品种权维持数据受干扰较大。未来研究可以考虑品种权人维持决策的策略性动机，将植物新品种权收益变化视为一个随机马尔科夫过程，构建随机收益维持模型，对植物新品种权的维持特征和影响因素进行更详细的刻画。

第七章　种子企业植物新品种权保护行为分析

第一节　植物新品种权双轨保护机制

创新收益的分配决定了育种者研发投资的动机。植物育种通过重新组合现有多样性来开发新的遗传多样性，育种者培育新品种时在寻求增加新特性的同时又要保持它们的性状特征，这是一个逐渐累积的过程，先期发明者对后续发明创造的社会价值贡献不一定能够得到补偿，要解决这种跨期外部性，需要将获得品种创新成功应用的利润转移给原始品种权人，利润分割的主要形式包括植物新品种权实施许可和侵犯植物新品种权的诉讼，前者是累积创新收益分配的市场机制，后者是对品种创新收益侵害行为的法律救济，是植物新品种保护制度最为核心的创新收益分配机制。

为妥善解决植物新品种权纠纷、维护品种权人的合法权益，维护种子市场竞争秩序，激励育种创新，我国建立了具有中国特色的植物新品种权行政保护和司法保护相结合的双轨保护机制。

一、植物新品种权行政保护

植物新品种权行政保护是国家农业、林业行政主管部门依据《中华人民共和国植物新品种保护条例》《中华人民共和国植物新品种保护条例实施细则》《农业植物新品种权侵权案件处理规定》《农业部植物新品种复审委员会审理规定》等相关行政法规，依法行使行政权力，运用行政手段对植物新品种权进行的保护活动，具体包括对植物新品种权予以法律上的确认和授权、行政处理（调解、裁决、复议、仲裁等）、行政查处（处罚、强制实施）、行政救济、行政法治监督、行政服务（信息服务、行政奖励、宣传教育、政策法律咨询）等。

植物新品种权行政保护集行政管理、行政执法和行政救济于一体，具有主动性、专业性和及时高效的特点。

第一，植物新品种权行政保护具有主动性。植物新品种繁殖材料培育以田间种植为主，具有大田公示性和季节性，品种权人难以及时发现侵权行为，而行政主管部门负有种业市场监督和管理职能，掌握产业发展动态，当市场秩序出现问题时，无须权利人提出请求，可以代表国家主动履行法定职责，打击侵权行为，为植物新品种权人提供救济。

第二，植物新品种权行政保护具有专业性。植物新品种权申请由行政机关受理、审批、授权，由于植物新品种具有生物性，DUS 测试技术先进而复杂，行政机关在处理品种权复审、假冒、侵权纠纷时必须直接掌握前沿的技术，具有一定的专业优势处理有关不同植物品种的复杂生物技术问题，有利于提高纠纷解决的科学性、准确性。

第三，植物新品种权行政保护具有高效性。植物新品种权行政保护贯穿植物新品种权登记、纠纷处理及损害赔偿、处罚等各个阶段，力图解决所有植物新品种权的确权、侵权纠纷和救济问题，为品种权人提供全过程保护。行政执法程序相对于司法程序更为简便快捷，一旦发现存在品种权违法行为的事实，能够及时调查取证，马上制止侵权行为，并作出进一步处理，降低侵害损失。行政部门对植物新品种权案件的处理不收取执法费用，降低了维权成本，主动查处侵权行为不仅保护了品种权人的合法权益，同时也维护了品种权管理秩序和社会公共利益，在司法资源匮乏、发展滞后的情况下，提高了查处效率，节约交易成本。

由于我国知识产权法律制度强调行政保护，植物新品种权行政保护在品种权法律保护中居于主导地位，但其局限性非常明显。由于行政管理部门集管理和救济职能于一体，既是管理授权主体，又是品种权救济主体，自我监督导致权力制约不力，难以保证救济的公正性；行政保护的处理结果不具有终局性，且救济手段单一，无法全面满足植物新品种权保护的需求。

二、植物新品种权司法保护

植物新品种权司法保护是人民法院依据法定的权限和程序，运用司法裁判权，保护植物新品种权利人合法权益的活动，具体包括民事诉讼、刑事诉讼和行政诉讼三种司法保护途径。对于侵犯植物新品种权的行为，品种权人或利害关系人可以请求省级以上农业行政部门依据职权进行处理，也可依照《中华人民共和国民法通则》《中华人民共和国民事诉讼法》《最高人民法院关于审理民事案件适用诉讼时效制度若干问题的规定》等规定的诉讼程序和时效，直接向人民法院提起诉讼，并且可以请求法院采取诉前禁令及证据保全措施避免造成难以挽回的损失。对于侵权人假冒授权品种，情节严重构成犯罪的，人民法院依法追究侵权人刑事责任，并可以要求侵权人承担附带的民事责任。公民、法人或其他组织认为有关国家行政机关没有履行职责或违法行使职权的，当事人可以依法提起行政诉讼，请求法院责令行政机关依法履行职责、改变或撤销其行政行为，维护自己的合法权益。

植物新品种权司法保护具有较强的中立性，法庭依司法程序裁判，原告与被告权利义务对等，保证案件审理结果的公正性；司法保护具有完整性、规范性，严密、周全的司法程序能够为当事人的诉讼行为提供引导，规范案件处理过程，保证程序公正；司法审判对于植物新品种权纠纷的解决具有终局性，双方当事人不服行政机关调解，可以向法院提起诉讼，由人民法院作出终审判决。

《中华人民共和国植物新品种保护条例》是唯一一部保护植物新品种的专门行政法规，相关规定只进行了原则性表述，内容过于笼统，缺乏可执行性。为保障当事人合法权益，及时、正确审理涉及植物新品种的纠纷案件，2001 年 2 月 5 日，最高人民法院发布了《关于开展植物新品种纠纷案件审判工作的通知》，开始这一新领域的知识产权审判工作，根据实践需要出台了一系列司法解释（详见表 7.1）。此外，《中华人民共和国合同法》《中华人民共和国刑法》等也可以适用于有关植物新品种权法律诉讼救济。

表 7.1　植物新品种权保护适用的司法解释

施行时间	最高人民法院司法解释	主要内容
2001 年 2 月 14 日	《最高人民法院关于审理植物新品种纠纷案件若干问题的解释》	共六条，规定了案件的受理范围、管辖和诉讼中止等程序性问题。受理 11 类植物新品种纠纷案件：①是否应当授予植物新品种权。②宣告授予的植物新品种权无效或者维持植物新品种权。③授予品种权的植物新品种更名。④实施强制许可。⑤实施强制许可使用费。⑥植物新品种申请权。⑦植物新品种权权利归属。⑧转让植物新品种申请权和转让植物新品种权。⑨侵犯植物新品种权。⑩不服省级以上农业、林业行政管理部门依据职权对侵犯植物新品种权处罚。⑪不服县级以上农业、林业行政管理部门依据职权对假冒授权品种处罚
2007 年 2 月 1 日	《最高人民法院关于审理侵犯植物新品种权纠纷案件具体应用法律问题的若干规定》	共八条，对原告范围、侵犯植物新品种权行为的认定标准、鉴定资格和方法、证据保全、侵权材料处理和民事责任等作出了详细规定

施行时间	最高人民法院司法解释	主要内容
2007年2月1日	《最高人民法院关于审理侵犯植物新品种权纠纷案件具体应用法律问题的若干规定》	侵犯植物新品种权行为的认定：①未经品种权人许可，为商业目的生产或销售授权品种的繁殖材料，或者为商业目的将授权品种的繁殖材料重复使用于生产另一品种的繁殖材料的，应当认定为侵犯植物新品种权。②被控侵权物的特征、特性与授权品种的特征、特性相同，或者特征、特性的不同是因非遗传变异所致的，人民法院一般应当认定被控侵权物属于商业目的生产或者销售授权品种的繁殖材料。③重复以授权品种的繁殖材料为亲本与其他亲本另行繁殖的，一般应当被认定属于为商业目的将授权品种的繁殖材料重复使用于生产另一品种的繁殖材料。 鉴定资格和方法：①由双方当事人协商确定的有鉴定资格的鉴定机构、鉴定人鉴定。协商不成的，由人民法院指定的有鉴定资格的鉴定机构、鉴定人鉴定。②没有这类鉴定机构、鉴定人的，由具有相应品种检测技术水平的专业机构、专业人员鉴定。③鉴定可以采取田间观察检测、基因指纹图谱检测等方法

  对知识产权进行司法保护是各国通例。植物新品种权是品种权人的一项"私权"，权利人最了解自身权利的信息，对权利保护的动机最为强烈，发生侵权纠纷时应主要通过权利人或利害相关人提起司法诉讼，以公正、高效、权威的司法救济保障品种权人的合法权益，解决被侵权人的诉求。

  对于侵犯植物新品种权的行为，侵权人要承担停止侵害、侵权种子转商或灭活处理、赔偿损失等民事责任。对植物新品种侵权损失赔偿数额的认定主要依据最高人民法院颁布的司法解释和《中华人民共和国种子法》，惩罚侵权的赔偿方式分为"法定赔偿"和"惩罚性赔偿"。法定赔偿数额的确定方式依先后顺序有四种计算方法：一是按照权利人因被侵权所受到的实际损失确定；二是按照侵权人因侵权所得利益（不当得利）确定；三是按照植物新品种权实施许可使用费的倍数合理确定；四是对于被侵权人的实际损失、侵权人所得利益及许可费都难以确定的，人民法院可以综合考虑植物新品种权类型、侵权的性质、期间、后果，植物新品种实施许可费的数额，植物新品种实施许可的种类、时间、范围及被侵权人调查、制止侵权所支付的合理费用等因素，在300万元以下酌情确定赔偿数额。赔偿数额应包括权利人制止侵权行为所支付的合理开支，如诉讼保全费、鉴定费等。惩罚性赔偿规定，侵害植物新品种权，情节严重的，可以按照权利人实际损失、侵权人所获利益或许可使用费倍数确定数额1倍以上、3倍以下的赔偿。

植物新品种权侵权赔偿的规定是植物新品种权保护的核心，侵权人承担赔偿损失提高了侵权成本，不仅可以惩戒侵权人，打击侵犯植物新品种权行为，还可有效遏制类似侵权违法行为的发生。

第二节　种子企业植物新品种权保护典型案例分析

近年来，随着育种技术的不断发展以及育种者维权意识的不断增强，侵犯植物新品种权纠纷案件的数量大幅度增加。根据最高人民法院裁判文书和中国裁判文书网的查询统计（全文检索：植物新品种；案件名称：植物新品种；查询时间：2022年3月22日），2011年植物新品种权民事纠纷案件仅为5起，2020年和2020年裁判的植物新品种侵权纠纷案件分别为151起、217起，随着植物新品种权申请量和授权量的快速增长，侵权案件数量也相应大幅度增加。截至2022年2月底，各级法院累计审理1152起植物新品种权民事纠纷案件。从法院层级来看，基层法院、中级人民法院、高级人民法院和最高人民法院分别审理了27起、861起、149起和115起植物新品种权民事纠纷案件，省会中级人民法院是指定的植物新品种权民事纠纷案件的一审法院。植物新品种侵权纠纷案件的地区分布比较集中，河南（215起）、江苏（203起）、甘肃（184起）等地区的侵权案件占全国侵权纠纷案件总量的半数以上，新品种培育和种子销售密集地区、制种基地成为侵权案件多发地区。

一、山东登海种业股份有限公司"登海9号"品种权保护

山东省登海种业股份有限公司（以下简称登海种业公司）是一家种业上市公司（证券代码：002041），拥有登海先锋、登海良玉、昌吉登海等32家子公司、分公司。其前身可以追溯到1998年7月成立的莱州市登海种业有限公司，1999年3月改制为莱州市登海种业（集团）有限公司，而后于2000年11月整体变更设立登海种业公司，并于2005年4月在深圳证券交易所上市，其创设和发展代表了我国民营种子企业的崛起历程。

登海种业公司主要培育和销售玉米种子，最大股东莱州市农业科学院持股50%以上，拥有国家玉米工程技术研究中心（山东）、国家认定企业技术中心、山东省企业重点实验室等研发平台，被认定为国家高新技术企业、国家创新型企业，在杂交玉米自主创新领域具有强大的竞争优势。1999~2017年，登海种业及其控股公司共申请玉米植物新品种权250余件，有120余件玉米自交系、杂交新

品种获得授权。2000~2016 年，登海 605、登海 9 号、登海 3622、登海 618、登海 662、登海 3339、良玉 8 号等 20 个拥有自主知识产权的玉米品种累计推广面积达到 10342 万亩，授权玉米种子的销售市场分布在山东、河北、吉林、河南、陕西、湖北、安徽、辽宁等 23 个省份。

公司经营业绩深受玉米品种研发及更新换代的影响：2006~2008 年，登海种业公司传统优势品种掖单系列品种老化，受郑单 958、浚单 20 等品种冲击，公司净利润严重下滑。随着 2008 年先玉 335 大面积推广，公司经营业绩逐渐改善，并为玉米新品种自主研发、推广带来了宝贵的机会。登海种业公司目前主推玉米杂交种登海 605、登海 618、先玉 335、良玉 99 的情况见表 7.2。2017 年 11 月，登海种业公司被中国种业知识产权联盟、中国农业科技管理研究会、植物新品种保护工作委员会评为"2016 年度中国农业植物新品种培育领域明星育种企业"，公司名誉董事长李登海评为"育种之星"。

表 7.2　登海种业公司主推玉米品种植物新品种权、审定及推广情况

品种名称	登海 605	登海 618	先玉 335	良玉 99
品种权申请日	2008-11-17	2011-12-28	2005-05-18	2009-11-26
品种权授权日	2014-09-01	2016-05-01	2010-01-01	2014-01-01
授权号	CNA20080667. X	CNA20111207. 2	CNA20050280. 8	CNA20090760. 7
品种权人	山东登海种业股份有限公司	山东登海种业股份有限公司	铁岭先锋种子研究有限公司	丹东登海良玉种业有限公司
品种审定	国审玉 2010009 鲁农审 2011004 号 蒙认玉 2011001 号 浙审玉 2012006 甘审玉 2015023 宁审玉 2015015	鲁农审 2013010 号 晋审玉 2014002 晋审玉 2016033 蒙认玉 2016006 号 国审玉 20176113	国审玉 2004017 辽审玉〔2005〕250 号 国审玉 2006026 新审玉 2007 年 35 号 宁审玉 2008002 蒙认玉 2008023 号 蒙认玉 2008023 黑审玉 2009006 甘审玉 2011001 滇审玉米 2012019 号	国审玉 2012008 辽审玉 2015064
累计推广面积	4402 万亩	310 万亩	28513 万亩	——

资料来源：根据登海种业公司 2017 年年报及中国种业大数据平台品种保护、品种审定查询数据整理。

登海种业公司高度重视自主研发新品种的植物新品种权保护工作。下面以玉米新品种登海 9 号为核心，围绕植物新品种权权属、侵权司法鉴定、侵权责任的

承担等相关争议问题，分析登海种业公司如何通过植物新品种权司法保护，维护植物新品种权权利人的合法权益。

根据 2004 年第 3 期《最高人民法院公报》，山东省登海种业股份有限公司诉莱州市农业科学研究所（有限责任公司）侵犯植物新品种权纠纷一审案，呼和浩特市中级人民法院于 2002 年 2 月 1 日判决登海公司胜诉。

案件经过如下：登海 9 号玉米杂交种于 2000 年 5 月 1 日获得植物新品种授权（品种权号：CNA19990061.2），品种权人为山东省莱州市农业科学院。莱州农科院于 2001 年 1 月 15 日将该品种权转让给山东登海种业股份有限公司（以下简称登海种业公司），并且已经由农业植物新品种保护办公室公告权利人变更，登海种业公司通过受让成为登海 9 号的品种权人。登海种业公司起诉莱州市农业科学研究所（有限责任公司）（以下称莱州农科所）未经登海种业公司许可，擅自生产登海 9 号玉米杂交种种子，侵害了品种权人的合法权益。

但是，被告莱州农科所辩称掖单 53 号（现名为汇元 53 号）玉米种繁育是出于科研活动目的，且由于登海 9 号的组合为 65232×DH8723-2，而汇元 53 号的组合为 97-313×H8723，两品种的父本相同，莱州农科所已就 H8723 申请了植物新品种权；汇元 53 号的母本 97-313 是莱州农科所职工选育的自交系，由于 97-313 在二环系选育过程中使用的中间材料也是自交系 65232，血缘相近，所以汇元 53 号可能与登海 9 号相似，但没有侵犯登海 9 号的植物新品种权，反而是登海 9 号玉米种组合中的 DH8723-2 侵犯了被告享有的 H8723 的植物新品种权。

经北京市农林科学院玉米研究中心采用 DNA 指纹技术、酯酶同工酶等电聚焦电泳和蛋白质电泳三种方法鉴定，证实莱州农科所生产的掖单 53 号种子是登海 9 号的繁殖材料。莱州农科所对鉴定结论提出异议，要求采用田间种植方法进行鉴定，但法院认为本案采用的鉴定方法具有科学性、先进性，结论具有权威性，而田间种植鉴定结果受其他因素影响的概率大，且时间长、成本高，不能保证诉讼效率，不予采纳。依据《中华人民共和国植物新品种保护条例》第六条规定和相关证据，法院判决被告莱州农科所侵犯了登海种业公司的植物新品种权，应承担侵权法律责任：立即停止侵权，销毁已生产的侵权品种，公开赔礼道歉并赔偿经济损失。登海种业公司请求赔偿 488000 元，但仅能提供证据证明因侵权遭受的利润损失为 432600 元，因此法院判处被告赔偿原告经济损失 432600 元，赔偿损失的计算依据为侵权品种掖单 53 号制种面积和预计产量、登海 9 号的单位生产成本和种子价格。

利润损失＝产量×净利润

$\qquad$＝种植面积×亩产×（种子市价-种子收购价-生产成本）

$\qquad$＝400 亩×350 公斤/亩×（6 元/公斤-2.67 元/公斤-0.24 元/公斤）

= 140000 公斤×3. 09 元/公斤 = 432600 元

登海种业公司登海 9 号玉米种组合中的 DH8723-2 是否构成对莱州农科所享有权利的玉米自交系 H8723 的侵权? 这个问题的答案须厘清了 H8723 的产权归属问题。

H8723 是由莱州农科所职工吕华甫于 1990 年育成,科技成果属于莱州农科所所有。莱州农科所先后经历数次改制、资产划转,玉米自交系 H8723 及实验所用材料的产权也随之发生变更。莱州农科所原系莱州市农业局下属的全民所有制事业单位,1997 年 12 月进行了改制,市农业局和国有资产监督管理局 (以下简称国资局) 代表市政府与莱州市农业科学院签订协议书,将农科所产权 (净资产) 划转给后者管理,农科所不再隶属农业局,但仍具备独立法人地位。1999年 10 月,农科所由内部职工投资入股改制为股份制企业,承接原农科所经评估、审计、确认全部资产。2000 年 7 月,农科所改制为莱州市农业科学研究所有限责任公司 (以下简称农科所公司)。2001 年 3 月 16 日,农科所公司向农业部植物新品种保护办公室提出了 H8723 的植物新品种权申请 (公告号: CNA000237E),并于 2003 年 5 月 1 日获得授权 (品种权号: CNA20010031.9),培育人为吕华甫,品种权人为莱州市农业科学研究所有限责任公司。由于 2002 年 12 月农科所公司改制,与莱州市永州种业有限公司合并新设成立了山东洲元种业股份有限公司,农科所公司于 2001 年 10 月 24 日被工商登记机关注销,H8723 的品种权发生转让,H8723 植物新品种权的权利人随后于 2003 年 9 月 1 日变更为山东洲元公司。

国资局曾于 2002 年 7 月 26 日对 H8723 的植物新品种申请权权属问题向授权机关提出过书面异议,2003 年 8 月 5 日授权机关答复认为植物新品种权归属争议可以向人民法院提起诉讼。2004 年 3 月 12 日,国资局委托莱州市农业局办理H8723 的产权回收及管理事宜。农业局为此向法院提起诉讼,请求 H8723 的植物新品种权归农业局所有。经法院审理,依照《中华人民共和国民法通则》第一百一十七条第一款,《中华人民共和国植物新品种权保护条例》第四十三条的规定,农业局胜诉,H8723 的植物新品种权归农业局所有。

山东洲元公司不服一审判决,上诉请求撤销一审判决,驳回被上诉人农业局的全部诉讼请求。山东洲元公司称,农科所改制导致整体所有权主体变更,其无形资产所有权同时发生变化。1997 年农科所改制时《中华人民共和国植物新品种保护条例》尚未生效,不存在植物新品种权的财产形态,H8723 的财产形态只能表现为种子实物,且该品种种子已作为存货经评估后为农科所公司所有,只能通过农科所公司申请植物新品种权才能将 H8723 转化为植物新品种权的财产形态。自改制完成后,被上诉人农业局主张权利已经超过诉讼时效,且国有资产应由国有资产管理机关管理,农业局不享有实体上的权利。

二审法院认为，农科所改制转移的资产不包括 H8723 的无形资产，《中华人民共和国植物新品种保护条例》生效前虽然没有专门法律法规保护植物系品种，但 H8723 的培育凝聚了育种人的创造性劳动，具有知识产权属性，作为其他科技成果受相关法律保护。《中华人民共和国植物新品种保护条例》生效后，H8723 的无形资产表现为植物新品种申请权和植物新品种权，并未被评估转让给山东洲元公司，山东洲元公司仅占有 H8723 的种子实物和技术资料，H8723 的植物新品种申请权、品种权仍归属于国有资产管理人。国有资产管理机构授权委托农业局，农业局有权就该项国有资产的权利归属问题单独提起诉讼，诉讼主体适格。关于农业局的请求是否超过了诉讼时效的问题，植物新品种权权属纠纷对确认权属的请求不适用诉讼时效的规定，况且农业局和国资局在山东洲元公司申请授权机关授权时已经提出异议，可视为主张权利导致诉讼时效中断，因此不存在丧失时效问题。2004 年 11 月 1 日山东省高级人民法院二审判决，根据《中华人民共和国民事诉讼法》第一百五十三条第一款第一项之规定，驳回上诉，维持原判，H8723 的品种权人为莱州市农业局。

在登海种业公司诉莱州农科所侵犯植物新品种权纠纷案件中，H8723 是侵权品种汇元 53 号的父本，其基因库保存在农科所，在案件审理时农科所已经向农业部植物新品种保护办公室申请了 H8723 的植物新品种权，但尚未获得授权，无法提交 H8723 的品种权授权证书，所以登海 9 号的父本 DH8723-2 侵犯莱州农科所 H8723 品种权不成立。此后，莱州市农业局与山东洲元公司对 H8723 的申请权、品种权权属纠纷经法院一审、二审，最终判决归属莱州市农业局所有。然而，2009 年 5 月 1 日，H8723 因品种权人未按时缴纳年费，依据《中华人民共和国植物新品种保护条例》第三十六条的规定，H8723 的品种权在其保护期限届满前终止，品种权终止日为 2010 年 1 月 1 日。尽管登海 9 号是 H8723 的实质性派生品种，但我国并未实施派生品种保护制度，且 H8723 的产权已经进入公共领域，所以登海种业公司登海 9 号玉米种组合中的 DH8723-2 不构成对 H8723 的侵权。2015 年 5 月 1 日，登海 9 号玉米杂交种的植物新品种权因保护期限（15 年）届满而终止。2000~2016 年，登海 9 号在陕西、吉林、山东、湖北、湖南、辽宁、内蒙古等地累计推广面积达到 3701 万亩（见图 7.1）。登海 9 号植物新品种权的司法保护对登海种业公司发展具有重要意义。

二、典型案例评析

在种业科技创新中，研究开发新品种取得植物新品种权只意味着种子企业获得了潜在的市场推广机会，能否在激烈的竞争中独占创新收益还要看企业能否有效管理、成功保护自己的新品种技术产权。登海种业公司在重视品种创新和质量

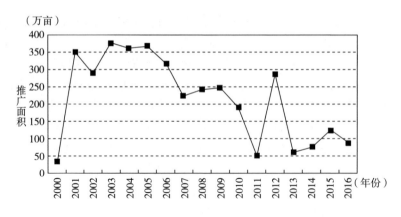

图 7.1　2000~2016 年登海 9 号玉米杂交种推广面积

管理的同时，严格控制原种的保管，独家经营原种；整合各类创新资源，将植物新品种权的创造、运用、管理和保护贯穿"育繁推"各个环节；加大自主知识产权品种管理和保护投入，密切关注、掌握种子市场销售动态，及时发现品种侵权行为。只有种子企业主动运用相关法律法规、积极维护自己的合法权益，"不告不理"的司法救济才能更好地发挥保护作用。

登海种业公司是全国知名的"育繁推一体化"种子企业，植物新品种权申请量、授权量位居种子企业前列，种子业务遍布全国，丰厚的销售利润吸引了众多市场参与者，因此有关植物新品种权的纠纷案件数量也大幅度增加，案由既包括植物新品种权权属、侵权纠纷，也包括植物新品种权合同纠纷。本案例涉及的玉米品种登海 9 号、H8723 纠纷分别属于侵犯植物新品种权纠纷案件、植物新品种权权属纠纷案件，对种子企业如何利用植物新品种权司法保护维护自身合法权益具有重要启示：

第一，在侵犯植物新品种权纠纷案件中，侵权判定的依据是《中华人民共和国植物新品种保护条例》第六条规定，为商业目的生产或销售授权品种的繁殖材料的行为应当经品种权人许可，否则应当认定为侵犯植物新品种权。登海种业公司认为莱州农科所的制种行为是生产种子，具有商业目的。而莱州农科所辩称自己的行为是科研活动，并非生产种子。经法院查明，莱州农科所已取得"主要农作物生产许可证"，与农村种植户签订了涉案种子预约生产合同，并进行了大面积种植，其行为是具有商业目的的侵权生产活动，而非科研活动。侵权人故意或无意培育出与授权品种相同或非常相近的新品种，但以其他名称生产、销售，侵权行为比较隐蔽。掖单 53 号（汇元 53 号）与登海 9 号名称不同，二者亲本相近，有可能无意侵权，但这类侵权行为发生在生产环节，不经专业识别难以判定。

第二，在侵犯植物新品种权纠纷案件中，被控侵权品种是否等同授权品种，鉴定结论的正确与否对法院认定侵权起决定性作用。莱州农科所繁育的品种名称为掖单 53 号（汇元 53 号），与登海种业公司的品种权不一致，但登海种业公司认为被告生产的品种就是登海 9 号，这就涉及鉴定机构、鉴定程序、鉴定依据和鉴定方法问题。当时我国尚无法定的植物新品种鉴定机构，法庭在征得双方当事人同意后，按原农业部植物新品种保护办公室的推荐，委托有资质的测试机构对诉前保全的玉米是否为登海 9 号进行鉴定。该案的鉴定机构选择方式在 2007 年《最高人民法院关于审理侵犯植物新品种权纠纷案件具体应用法律问题的若干规定》中得到了明确（见表 7.1）。

植物新品种保护制度没有直接规定品种权的保护范围，一般认为《中华人民共和国植物新品种保护条例》中规定的植物新品种的新颖性、特异性、一致性和稳定性是植物新品种权保护范围不可或缺的内容，其核心在于特异性。DUS 测试既是审批机构进行实质审查、作出授权决策的重要依据，也是维护授权品种合法性、有效性的重要手段。鉴于植物新品种权的特殊性，法院的判决书很少像专利侵权案件那样论述权利的保护范围，并且植物新品种权权利证书中也没有对保护范围的记载，最高人民法院司法解释以被控侵权繁殖材料与授权品种具有相同特征、特性作为比对标准进行侵权认定（见表 7.1）。

对植物品种的鉴定有田间种植和实验室鉴定两类方法。田间种植 DUS 测试鉴定周期长，对土壤、气候要求严格，成本高。北京市农林科学院玉米研究中心采用的 DNA 指纹技术等三种方法都属于实验室鉴定，利用 DNA 指纹图谱技术进行植物新品种的特异性检测，比对两品种在遗传上的差异（差异位点数小于阈值，两品种间遗传上相同或高度近似），具有精准、快速、高效、成本低的特点，但其 DNA 指纹检测对应的位点与植物新品种保护公告公布的品种性状特征难以对应，从而影响鉴定结论的权威性。在上述案件中，经北京市农林科学院玉米研究中心检测，送检样品有 54% 的籽粒与登海 9 号杂交种没有差异，有 46% 的籽粒与登海 9 号杂交种不一样，经分析是制种过程中母本抽雄不彻底，造成自交结实和接受外来花粉引起，但被告认为 46% 不一样的籽粒正是不同种子间的遗传变异，并非鉴定人分析的原因引起。当侵权人质疑基因指纹图谱检测结论，主张田间种植测试鉴定，为防止侵权人利用田间种植鉴定拖延审理时间，法院还需权衡选择合理的鉴定方法。

第三，赔偿数额的确定是侵犯植物新品种权纠纷案件的焦点。对植物新品种权侵权赔偿的认定主要依据最高人民法院的司法解释和《种子法》的规定。根据"谁主张、谁举证"原则，权利人要求赔偿损失必须向法院提供相关证据才能获得支持，而侵权行为通常比较隐蔽，相关资料掌握在侵权人手中，侵权人通常以没有获利作为抗辩理由逃避承担责任，原告对其获利很难举证证明，可以通过行业平均利润率酌定的侵权人获利。在上述案件中，登海种业公司举证能够查明被告生产的侵权品种繁殖材料的数量，根据登海9号的同期利润计算可得利益作为损失予以赔偿：登海9号玉米杂交种的纯利润为每公斤3.09元，按照莱州农科所签订生产合同400亩种子计算，给登海公司造成的直接损失为432600元，但其他损失则无法具体衡量。虽然登海种业公司请求赔偿的制止侵权所需费用55400元，但因证据不足未得到支持。新品种培育周期长、投入大、风险高，水稻、玉米、小麦等种植范围广、种子需求量大、商品化率高的新品种，一旦遭受侵权不仅给品种权人和利害相关人带来损失，也给种植户的农业生产带来风险，加强植物新品种权保护有助于推动国家"三农"政策，裁判时应充分考虑到植物新品种的创新价值因素、行业协会的参考性意见、侵权人主观过错、权利人维权合理开支，使最终得出的赔偿结果合理可信。民事赔偿数额过低，维权成本得不到补偿，没有任何惩罚性赔偿，不足以有效震慑、遏制侵权行为的发生，会严重挫伤植物新品种权保护的积极性。

第四，原始品种保护不力，作物育种基础较窄、模仿育种行为盛行是植物新品种权侵权、权属纠纷的根本原因。种子企业与农科院所之间的植物新品种权权属纠纷多因合作育种、委托育种而引起，但玉米自交系H8723的权属纠纷比较特殊。随着农业科研体制改革深入进行，承担应用研究的农林科研院所多数改制为企业，在推动农业科技创新、服务地方经济方面发挥重要作用。莱州农科所前后经历了三次改制，不仅涉及国有资产在改制中如何依法流转，还涉及植物新品种保护的法律问题。植物育种是一个累积创新过程，登海9号是由亲本65232与DH8723-2杂交而成，要生产繁育登海9号就必须使用DH8723-2，如果DH8723-2与H8723是相同品种，而H8723是原始授权品种，登海种业公司要生产繁育登海9号杂交种必须得到亲本H8723植物新品种权人的同意，否则构成侵权。但是，登海9号获得品种权授权时，H8723尚未申请品种权；H8723获得授权后品种权几经辗转，尚未到保护期届满就提前终止，对原始品种保护不力。选择和培育亲本自交系是选育杂交种的前提条件，2000年以前农科院所选育和引进了一批高配合力、抗多种病害的骨干亲本自交系，例如，郑单958的父本"昌7-2"、母本"郑58"，种质共享产生多个衍生系被大量应用。农科院所改制后，种子企业之间种质交流减少，现有品种的遗传基础集中在几个骨干亲本上，低水平模仿与修饰育种盛行，品种同质化严重，参与竞争的品种数量虽多，却越来越不能满足市场需求，种子企业面对竞争压力，追求短期商业化育种成效，后续科研能力弱，更难培育出突破性品种，无法解决发展瓶颈问题，由此产生的植物新品种权纠纷日益增多。

登海种业名誉董事长李登海研究员指出："目前植物新品种保护制度对新培育的品种不区分原始品种与实质性派生品种，对实质性派生品种没有任何限制性规定，严重损伤了育种者的原始创新动力。"实质性派生品种制度的引入将有效遏制模仿育种现象，保护原始品种权利人的利益，激励育种者投资原始创新。

第三节　实质性派生品种制度及其作用机制

建立实质性派生品种制度是国际上激励原始创新的通行做法，通过限制简单修饰性品种的商业开发来保护育种原始创新者的权利，鼓励原始创新。根据 UPOV 公布的数据，截至 2017 年 10 月 13 日，75 个 UPOV 成员中有 57 个国家或组织加入 UPOV 公约 1991 年文本，从时间顺序来看，包括荷兰、丹麦、瑞典、德国、日本、英国、美国、澳大利亚、芬兰、韩国、新加坡、欧盟、法国、非洲知识产权组织、肯尼亚等。其他 UPOV 成员，如南非、新西兰、意大利、智利、墨西哥、中国、巴西和尼加拉瓜等均采用 UPOV 公约 1978 年文本。UPOV 公约 1991 年文本与 1978 年文本的一个重要区别在于实质性派生品种（Essentially Derived Variety，EDV，以下简称派生品种）条款，派生品种在进行商业化开发前必须获得原始品种（Initial Variety）品种权人的许可，形成了对"育种者免责"（Breeders' Exemption）的实质性约束，保障原始品种权人的经济利益。面对生物技术挑战，UPOV 积极推行实质性派生品种保护规则，保护原始创新，防止生物剽窃，协调植物新品种保护与基因专利保护之间的利益平衡，在育种家和生物技术学家之间达成和睦的制度安排。UPOV1991 年文本对不同国家的经济影响并不相同，尽管我国尚未加入 1991 年文本，但《种子法》已对实质性派生品种保护作出规定，随着转基因作物商业化、种子贸易的发展和种子市场规模的扩大，实质性派生品种规则势必对种子企业育种创新行为产生重要影响。我国正面临着是否加入、何时加入 UPOV 公约 1991 年文本的选择问题，实质性派生品种及研究豁免规则对相关主体，特别是种子企业创新行为有什么样的影响，是作出决策前必须回答的问题。

一、实质性派生品种、研究免责与累积创新

1. 研究免责

UPOV 成员均以 UPOV 公约作为制定本国植物新品种保护制度的统一蓝本。从 UPOV 公约的制度变迁来看，研究免责条款是先于派生品种条款产生的。植物

新品种与无生命产品的研发性质截然不同，大多数植物品种的培育都必须以亲本、繁殖材料为基础，限制使用已有品种繁殖材料培育新品种无疑与激励品种创新目的背道而驰。根据 UPOV 公约 1978 年文本第 5 条权利保护和保护范围、第 3 款的规定，利用受保护品种作为变异来源培育的新品种及这些品种的销售不必获得原始品种育种者的授权。但是，如果将受保护品种重复用于商业生产，则必须征得育种者同意。这意味着，后续育种者利用授权品种研发获得的另一新品种可以申请、获得独立的品种权，而获得授权的派生品种的生产、销售行为无须向原始品种权人支付许可费用。这种主观上以科学研究为目的而利用授权品种的行为不受品种权权利范围限制，称为育种者免责或研究豁免（Research Exemption）。

在 UPOV 公约 1978 年文本修订时，粮食保障是亟待解决的重要民生问题，研究免责为育种者创制新品种提供了较为宽松的植物新品种保护制度和产业政策环境，鼓励私人部门从事商业化的良种繁育和推广，为农民及消费者提供产量更高、质量更好的种子及农产品。专利保护适合长期、高风险的研究，而 UPOV 公约 1978 年文本更适合传统育种。但较弱的植物新品种保护引发了两个负面效应：一是育种者仅对品种的农艺性状进行微小而不重要的改变，植物品种的创新程度降低，低水平重复修饰性育种泛滥，增加了审查负担和植物新品种权保护难度（Rangnekar，2002）；二是育种投资集中在几种具有商业潜力的主要农作物，如大豆、玉米、小麦和水稻，原始亲本的广泛采用使这些农作物损失了遗传多样性，导致生产上同一作物的遗传基础趋于单一化，长此以往会导致作物抵抗灾害的能力下降，威胁发展中国家粮食安全（McAfee，1999）。

现代生物技术在育种领域的应用给植物新品种保护制度带来了前所未有的挑战，争议焦点在于种质资源、性状基因和研究工具（Research Tool）的知识产权保护及其在新品种创制中的应用方式。

植物新品种培育，特别是涉及生物技术的育种创新，需要建立在先前发现的种质和技术基础上，因而创新过程具有"累积性"和"序惯性"。例如，基因工程作物育种过程需要具备某种特性（如抗虫、抗逆）的基因、能表达插入基因的转化载体，即所谓的"研究工具"，以及能将某些载体方便注入的种质材料，所有这些先前的发明对育种研发来说都是必需的投入品，如图 7.2 所示。

以 Bt 转基因玉米为例，其研发流程一般包括以下步骤：

（1）培育能够接受玉米转基因的受体（如玉米种质和用叶片、幼茎、原生质体或愈伤组织等）。

（2）采用分离或者克隆的方法得到目标基因（如有杀虫效果的 Bt 蛋白基因），目标基因通常受专利权保护。

（3）对获取的目标基因进行修饰，以提高其在受体中的表达。

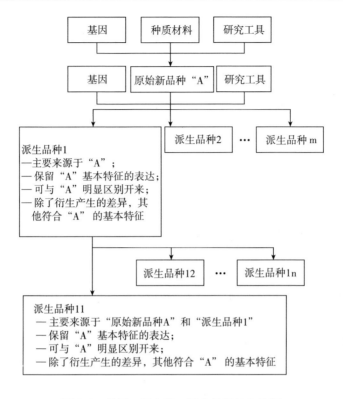

图 7.2 基因工程育种、派生品种培育流程

（4）获取种质材料作为基因载体。

（5）运用生物技术方法（如酶切法）将目标基因切入种质材料的 DNA 片段中。

（6）运用不同的转化技术和方法（如农杆菌介导转化法、基因枪法、花粉通道法等）将基因载体插入玉米的受体。转化是转基因植物研发过程中最重要的环节，转化技术的差异、切入点的不同都可能影响目标基因的表达并可能影响到植株的其他功能。转化技术通常受专利权保护。

（7）在选择性培养基上对转化后的受体进行培养，选择出成功转化的受体或细胞。

（8）成功转化的受体或细胞通过植株再生长成玉米幼苗，玉米幼苗长大成熟后，收获得到包含抗虫基因的玉米种子。

（9）以包含抗虫基因的玉米种子作为育种材料，与其他优良品种经过常规育种方法得到适合大田种植的 Bt 玉米品种，通常受植物专利或育种者权利保护，这样培育出的原始品种可以衍生出更多的新品种，即派生品种。

2. 累积创新

派生品种的产生包含了三种类型的累积创新。第一种类型的累积创新是基础育种突破，任何新品种培育都是以种质资源（遗传资源）开发和利用为基础，某个种质资源的突破可以带来大量的原始品种创新。作物增产和改善品质的根本在于品种，而培育新品种的关键又在于种质资源利用的突破，育种亲本的遗传基础决定了新品种的遗传特性和质量。例如，我国利用"赤小麦"中的小麦矮秆基因 Rht8、Rht9 和"矮脚南特"中的矮秆基因，以及从普通野生稻中发现的"野败"型不育基因，培育出抗病高产的品种。世界各国科学家也经常利用我国优秀的地方品种进行优良品种的杂交培育。美国早在 1765 年就引进了中国野生大豆种质资源，当今美国大豆育种的基础材料主要来自中国。

随着现代生物技术的发展，农业发展对作物遗传资源的依赖程度将越来越高，高产、优质、抗逆突破性新品种的育成均以关键种质资源的发掘和利用为基础。但是，种质资源不受任何知识产权保护，其公共产品属性产生了"公地悲剧"，由于全球气候变暖、生态环境恶化，全球范围内生物多样性日益减少，种质资源面临危机。目前世界范围内种质资源并没有进入知识产权保护的范围，特别是种质资源丰富的发展中国家面对发达国家的"生物剽窃"行为，无法有效获得种质资源利用的惠益共享和新品种累积创新的收益分配。从产业视角分析这些问题可以清楚地看到，种质资源可自由获取，如通过引入野生、外来种质资源扩大种质多样性基础，目前的植物新品种保护制度对前期基础育种和种质资源的改进没有多少经济激励，种质资源的调查、收集和保护工作以及突破性原始品种创新是私人投资的空白地带，主要由政府部门负责管理。UPOV 公约 1978 年文本使育种者可以更自由地获取他人种质，削弱旨在扩大种质多样性基础的关键前育种活动的动机（Donnenwirth，Grace & Smith，2004）。

第二种类型的累积创新是多种基因、研究工具应用于某一品种开发。派生品种既是对原始品种的部分改进，又是对研究工具的应用，创新之间相互依赖。例如，前述 Bt 玉米育种过程的第五步，切入的目标基因包括 Bt 杀虫蛋白基因、启动子和终止子、标记基因等，还需要一些研究工具方便基因注入种质材料，这些表达基因可以在最终的品种中发现，但研究工具却不能在最终的品种中体现。

尽管基因和研究工具的作用存在区别，所有先前的创新对育种开发都是必要的投入品。就知识产权关系而言，派生品种培育者可以使用研究工具及可以获得其他投入品知识产权所有者的许可，但不需要原始品种权人的许可，因为现有的植物新品种保护制度有"研究豁免"条款，即受保护品种可以被其他人用于研究用途。UPOV 公约 1978 年文本对植物新品种权规定了两种主要限制性条件：一是育种者免责，即育种者可以将受保护品种用于非商业研究用途（如开发其他新品种）；二是农民特权，即农民可以保留受保护品种的种子用于自己的再播种（但不允许农民销售受保护品种）。

第三种类型的累积创新是品种质量连续改进形成的质量梯，大多数商业化育种属于此种类型。育种者利用先前创新的品种，每年对品种质量进行微小的改进，比如产量提高1%～2%，那么20年就可以使产量翻番。这种连续创新竞争非常激烈，为了尽快商业化应用，后来的创新企业只会进行那些最有利可图的改进工作。没有育种者认为自己培育的新品种就是最终产品，市场在位者被改进企业所取代，创新者的市场地位不断转换、轮流坐庄，企业数量会影响品种创新成功的概率和竞争的时间安排。

品种质量改进发生得越快，每家创新企业的市场在位时间就越短，只要替代品种出现，先前创新企业就会失去其市场主导地位，品种权的有效生存期很可能远远小于法定保护期限。创新者要生存，只有通过品种权实施、新品种推广才能获得利润，每代育种者的贡献都非常微小，即便是最近的育种者也无法制定一个很高的价格，为了弥补成本，每家创新企业就需要较长的在位时间，这与快速改进要求使市场地位迅速转换之间产生了显著的冲突。作为一个连续创新的过程，创新者不仅需要获得足以弥补其总成本的利润，而且要对创新收益进行分割，使每一步创新都得到正确激励。由于植物育种的创新过程是典型的连续努力，与有无"研究免责"相连的动态创新激励成为建立实质性派生品种规则的重要问题。

农作物育种创新具有显著的累积性，具有较多优良性状的品种成为品种配组的亲本。以杂交水稻为例，根据国家水稻数据中心（http：//www.ricedata.cn/variety/）的统计，我国配组品种最多的9个不育系中，有3个品种获得植物新品种权，品种名称和品种权号分别为中9A（CNA19990050.7）、天丰A（CNA20030542.5）和培矮64S（CNA19990001.9），品种权人分别为中国水稻研究所、广东省农业科学院水稻研究所和湖南杂交水稻研究中心，其中天丰A的授权日为2006年5月1日，培矮64S与中9A的授权日为2000年5月1日（品种权已经保护期届满终止）。

配组品种最多的9个水稻恢复系中，有5个原始品种获得植物新品种权，品种名称、品种权号和授权日分别为先恢207（CNA20010217.6，2002/11/1）、广恢998（CNA20010216.8，2004/9/1）、明恢86（CNA20000098.5，2003/7/1）、蜀恢527（CNA20000073.X，2001/11/1），品种权人分别为湖南杂交水稻研究中心、广东省农业科学院水稻研究所、福建省三明市农业科学研究所、四川农业大学，其中3个恢复系（先恢207、明恢86、蜀恢527）的品种权已经保护期届满终止。可见，如果从品种系谱角度划分原始品种和派生品种，我国大部分最重要的原始水稻品种没有获得品种权保护，获得品种权保护的原始品种全部来自公共科研机构，而非种子企业，并且多数原始水稻品种因品种权保护期届满而失效。这些原始品种配组产生了大量的派生水稻品种，或者说，后续水稻品种创新的原始品种仅集中于少数几个亲本或育种材料，育种基础较窄。

累积创新的重要特征就是早先的创新为后续创新奠定了基础。植物新品种保护制度允许其他人在培育新品种时使用受品种权保护的新品种，这与专利制度的强知识产权保护形成鲜明对比，并且会产生专利权和植物新品种权所提供知识产权保护的相互影响，比如转基因特性专利的开发者可以利用研究豁免，将其开发的基因特性插入仅受品种权保护的植物品种中；但反过来，品种权人却因该特性受专利保护，未经授权的情况下不能获得具有改进特性的品种。在强知识产权保护下的生物技术育种领域产生了因过多相互牵制的权利人而导致的"专利丛林"（patent thicket）问题，即一件新品种或一项生物技术因涉及多项知识产权且许可难以进行①，最终导致无法有效实施，从而发生"反公地悲剧"。为避免产业发展被知识产权诉讼所困扰，通过交叉许可安排获得互补性知识产权（技术性互补资产），或不同专利所有者组成专利池（patent pool），以降低交易成本，解决专利丛林带来的封锁问题（Shapiro，2000）。

3. 实质性派生品种规则

出于强化育种者权利的需要，国际植物新品种保护联盟将"实质性派生品种在进行商业化开发前必须获得原始品种权人的许可"写入 UPOV 公约 1991 年文本，并被大多数发达国家所采用，进而借助 TRIPS 协议中知识产权最低保护标准向发展中国家推行。根据 UPOV 公约 1991 年文本第 5 章育种者权利、第 14 条育种者权利范围、第 5 款 b 项有关"实质派生品种"（essentially derived varieties）的规定，当出现以下情况，"直接从原始品种或从该原始品种的派生品种中产生的品种，同时又保留由原始品种基因型或基因型组合产生的基本特性的表达；与原始品种有明显区别；并且除派生引起的性状有所差异外，在由原始品种基因型或基因型组合产生的基本特性表达方面与原始品种相同"，这时无论派生品种以何种方式产生，例如，通过对天然或诱变体的选育、体细胞克隆变异、亲本回交，或基因工程转化而得到的品种，该品种都会被认为是从原始品种中派生出来的品种。对实质性派生品种也给予植物新品种权保护（原始受保护品种本身也是实质性派生品种时除外），派生品种的生产、繁殖、许诺销售、销售、进出口，以及为上述目的而进行存储都需要获得原始品种权人的同意和利润分享。

---

① 例如，国际水稻研究所培育出的富含维生素 A 的金色水稻（Golden Rice）在研发过程中应用到的基因、载体及操作方法涉及 70 多项专利权，分属于 32 家公司、大学或研究机构，考虑到专利许可谈判的法律复杂性，作为金色水稻研究者将其专利授权给 Astra Zeneca 公司，通过该公司与其他各专利权人进行专利许可交易，才使该项技术得以推广。

图 7.2 中，如果原始品种 A 受品种权保护，派生品种 1 的商业化必须获得原始品种 A 和派生品种 1 的育种者的授权，其他品种商业化也必须获得原始品种 A 育种者的许可（派生品种 11 必须获得原始品种 A 和派生品种 11 育种者的许可，不必获得派生品种 1 育种者的许可）。如果原始品种 A 不受品种权保护，尽管派生品种 1 是从原始品种 A 衍生而来的，派生品种 1 的商业化只需派生品种 1 育种者的授权；派生品种 11 是从原始品种 A 和派生品种 1 衍生而来的，派生品种 11 的商业化无须获得原始品种 A 和派生品种 1 的育种者的许可同意，而只需派生品种 11 育种者的授权。

综上所述，植物新品种培育是一项长期而风险巨大的工作，植物新品种权是累积创新的结果。育种过程的重要投入包括种质资源、基因、研究工具和优良品种，在动态环境下创新品种既是先前育种活动的产出，又是下一个育种创新过程的投入，不同投入品的所有权受到不同知识产权制度的影响。在植物品种的序贯、累积创新中，一方面，来自派生品种的竞争会攫取原始品种权人的利润，甚至使其无利可图而不再进行育种投资；即使派生品种并不与原始品种直接竞争，原始品种权人的投资激励也不充分，因为早期创新的社会价值包含了其派生品种应用的社会净值，如果无法获得这部分利润，即便创新的收益超过成本，先期创新者也不会进行投资。另一方面，序贯创新者都应得到正确的激励，如果后续发明者的预期利润不能弥补成本，诸如研究工具的发明就无法得到开发，先期创新者也就无法获利。

因而，植物新品种保护制度是否保护派生品种的本质问题在于，当原始品种、特性基因、研究工具和派生品种是由不同的创新者进行研究、开发并获得不同的知识产权保护，如何补偿先前创新者的贡献，同时保证后来创新者有足够的投资激励，即植物新品种保护制度如何在不同代际创新者之间进行利润分配的问题。我国种子企业的品种创新大多为派生品种，其原始品种主要来源于农业科研院所等公共部门，由于育种研发具有长期性和累积性，种子企业依赖农科院所提供的原始品种培育派生品种的局势短期内难以打破，在这种情况下引入派生品种保护制度还需建立完善的育种创新收益分配机制，既要激励原始品种创新，又不削弱种子企业商业育种创新的积极性。

二、派生品种制度对种子企业创新行为的影响

1. 派生品种制度对商业育种创新行为的影响

UPOV 公约 1991 年文本修正了派生品种保护规则，改变了 UPOV 公约 1978 年文本中的育种者免责条款，EDV 标准设定了植物品种是否足够不同、获得完全独立的育种者权利的门槛。针对植物新品种保护制度的这一特点，建立一个连续创新的质量阶梯模型，对因育种者免责条款有无而产生的不同创新激励机制进行考察，目的是比较 UPOV 公约的两种不同植物新品种保护模式对种子企业品种创新经济激励的差异。

根据 Moschini 和 Yerokhin（2007）的博弈模型，假设两个企业 A 和 B 沿着特定路径相互竞争开发新品种，研发过程既耗费资金又充满风险，在给定路径上的成功改进受益于初始突破，存在路径依赖。在 t = 0，两家企业都欲获得相同的种质资源，投资额为 c，取得成功的概率为 p。两家企业是否达到第二阶段创新取决于品种保护制度。每个企业的成败与其他企业无关，如果两家企业都失败了，没有到达下一阶段创新，也就没有进一步创新的可能。每个新品种创制都是建立在以前品种的基础上，每一期为社会增加的价值为 Δ，代表种子企业商业化育种创新产生的新增价值。两家企业在产品市场上进行伯川德竞争，如果两家企业分别到达创新的 n 阶段和 m 阶段（m>n），处于 m 阶段的企业可以销售任意数量产品，获得事后每个阶段利润（m−n）Δ。

考虑两种情况：第一种制度不允许研究免责，表示为"FP"，对应强知识产权保护，如 UPOV91 文本或专利权保护；第二种制度允许研究免责，表示为"RE"，反映 UPOV78 文本的特点。为简化分析，假定两种制度提供的知识产权保护期限都是无限的。

在比较这两种制度之前，有必要分析企业在没有竞争存在时的创新激励。当不存在研发竞赛，垄断企业的投资决策如下：令 V_0^M 代表 t = 0 时垄断企业期望利润现值，假设如果企业存在投资机会（即在每期成功创新后）就会进行投资，则 V_0^M 满足：

$$V_0^M = -c + p\left(\frac{\Delta}{1-\delta} + \delta V_0^M\right)$$

其中，$\delta \in (0, 1)$ 表示贴现因子 [$\delta = 1/(1+r)$，r 为利息率]，这样我们有

$$V_0^M = \frac{p\Delta - c(1-\delta)}{(1-p\delta)(1-\delta)} \tag{7.1}$$

令 $t_M \equiv (1-\delta)/p$，注意到只有当品种新增价值与成本的比率 $\Delta/c > t_M$ 时，V_0^M 为正，如果这一条件成立，企业将选择在每一期投资。

首先讨论 FP 模式。如前所述，我们假设专利是无限期的，并且宽度由创新阶段定义（其值为 Δ）。如果两家企业（企业 A 和企业 B）都在 t = 0 投资 c，那么有四种可能结果：只有企业 A 成功、只有企业 B 成功、两家企业都成功，两家企业都没有成功。如果两家企业都没有成功，研发竞赛结束。如果两家企业都成功，"自然"（Nature）选择成功企业，将优先权以相同概率随机指派给其中一家企业，这样我们在第一阶段的研发竞赛中只有一个成功者。根据完全专利保

护，我们假设第一阶段成功者能够唯一影响下一研发阶段，这一特征的一个关键假设是不存在许可。所以，第一个获得专利的企业将从 t=1 成为垄断厂商。这意味着在 t=0 两家企业将相互竞争获得主导地位。

当两家企业在第一阶段展开研发竞赛，其中一家企业成为唯一获胜者的概率是 $q \equiv p(1-p)+0.5p^2 < p$。在这种条件下，一家企业在第一期投资，如果在这期中是获胜者只要有投资机会就会继续投资，其现值满足：

$$V_0^{FP} = -c + q\left(\frac{\Delta}{1-\delta} + \delta V_0^{FP}\right)$$

这样，我们得到：

$$V_0^{FP} = \frac{p\Delta(2-p)-c(1-\delta)(2-\delta p^2)}{2(1-p\delta)(1-\delta)} \tag{7.2}$$

在风险中性假设下，如果 $V_0^M \geqslant 0$，两家企业将在 t=0 投资。

令 $t_{FP} \equiv (1-\delta)(2-\delta p^2)/p(2-p)$，如果 $\Delta/c > t_{FP}$ 时，V_0^M 非负，两家企业将在 t=0 投资。注意到 $t_{FP} > t_M$，也就是说，在产业中 t=1 时为两家企业为了成为唯一成功企业而进行的研发竞争削减了 t=0 时的创新动机，因为降低了到达 t=1 的可能性。而且，当 $\Delta/c > t_{FP}$，两家企业在初始投资博弈中都进行投资，于是 $\Delta/c > t_M$。所以，赢得初始创新竞赛的企业成为垄断厂商，将继续在其后改进中进行投资（如在推导 V_0^{FP} 时假设的）。如果 $t_M < \Delta/c < t_{FP}$，那么存在两家纯策略纳什均衡（如果一家企业不投资，另一家企业就投资），还可能存在一个对称的混合策略均衡，每家企业随机地在投资与不投资之间选择，获得的期望收益为 0。

其次讨论 RE 模式。在模型中加入研究免责等同于使后续创新品种免于侵权，这时任何一家企业成功是两家企业都能在下一期中投资的充分条件。为简化分析，假设每家企业只有两家策略可供选择：在每期投资（I）或不投资（N）。换言之，每家企业要么进入市场在每一期努力创新，要么一起待在市场之外。令 $V_{0,j}^{FP}(S^A, S^B)$ 表示当存在投资机会，两家企业在每一期选择投资策略 (S^A, S^B)，t=0 时企业 j（$j=A, B$）的支付。显然有下列等式存在：

$$V_{0,A}^{RE}(I, N) = V_{0,B}^{RE}(N, I) = V_0^M$$
$$V_{0,j}^{RE}(N, N) = 0 (j=A, B)$$
$$V_{0,B}^{RE}(I, N) = V_{0,A}^{RE}(N, I) = 0$$
$$V_{0,A}^{RE}(I, I) = V_{0,B}^{RE}(I, I) = V_0^{RE}$$

也就是说，选择不参与研发竞争的企业获得支付为零，选择单独进入竞争的企业获得先前计算的垄断者的支付 V_0^M，如果在每一期存在研究机会时两家企业都进行研发活动，那么他们都能获得相同的期望现值，V_0^{RE}。虽然企业在每一期运用相同的策略，但无法直接显示 V_0^{RE} 的特点，因为对"成功"的回报取决于

竞争企业所处的研究质量改进阶梯的位置。例如，处于创新第一阶段的成功企业
（假设企业 A）可以要价 Δ（创新的全部价值），但在研究豁免制度下，两家企业
都可以参加下一期创新。如果企业 A 在第二个阶段也获胜，那么它可以对其产品
要价 2Δ（两倍的改进）。所以，企业在每一期可以获得的收益取决于两个状态变
量，即两家企业所处的获得品种权的最大创新阶段 m 和 n，随着时间推移这两个
状态变量有无穷多个组合。m 和 n 表示企业 A 和 B 分别达到的创新的最大阶段
数，考虑到导致特定状态组合（m，n）的所有可能数量，两家企业的期望利润
可以表示为：

$$V_0^{RE} = = \frac{q\Delta}{(1-\delta q)(1-\delta)} - \frac{c}{1-\delta q} \qquad (7.3)$$

令 $2q \equiv [1-(1-p)^2] > p$，为在给定阶段至少有一家企业成功的概率。t=0 时
企业研发投资竞赛可以表示为一个静态博弈，支付矩阵如图 7.3 所示。

企业 B

企业 A		I	N
	I	V_0^{RE}, V_0^{RE}	$V_0^M, 0$
	N	$0, V_0^M$	$0, 0$

图 7.3　RE 模式研发竞赛支付矩阵

这时存在多个纳什均衡解：如果 $V_0^{RE} \geq 0$，（I，I）是纳什均衡解；如果 $V_0^{RE} \leq 0$ 且
$V_0^M \geq 0$，则（I，N）和（N，I）也是纳什均衡解；如果 $V_0^M \leq 0$，那么（N，N）是
纳什均衡。注意到只有当 $\Delta/c > [(1-\delta q)(1-\delta)]/q(1-2\delta q) \equiv t_{RE}$ 时，V_0^{RE}
≥ 0 成立。所以，这个静态博弈的均衡将取决于 Δ/c 的大小。如果 Δ/c 使 $0<\Delta/$
$c<t_M$，没有企业投资；如果 $t_M<\Delta/c<t_{RE}$，存在两个纯策略纳什均衡：（I，N）和
（N，I）（还有一个混合策略均衡，企业在 I 和 N 之间随机选择，获得零期望收
益）；如果 $t_{RE}<\Delta/c$，纳什均衡为（I，I），两家企业获得相同的支付 V_0^{RE}。

由于 $q=0.5p(2-p)<p$，可以证明前述投资的阈值水平满足 $0<t_M<t_{FP}<t_{RE}$
（见图 7.4），说明研究免责模式比派生品种模式提供的事前投资动机要低，即对
于给定的研发成本 c，在获利水平 Δ 的一定取值范围（$t_{FP}<\Delta/c<t_{RE}$），派生品种
保护模式可以支持两家企业在研发竞赛都获得正的回报，但研究免责模式无法使
每家企业获得正的回报。

式（7.2）和式（7.3）对 Δ 求偏导得到

$$\frac{\partial V_0^{FP}}{\partial \Delta} = \frac{p}{(1-\delta p)(1-\delta)}$$

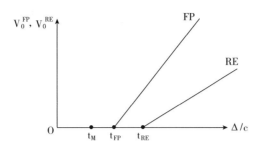

图 7.4 有无研究免责时企业的事前收益

$$\frac{\partial V_0^{RE}}{\partial \Delta} = = \frac{q}{(1-\delta q)(1-\delta)}$$

比较可得 $V_0^{FP} \geqslant V_0^{RE}$（在 $\Delta/c > t_{FP}$ 的条件下严格成立），与 RE 模式相比，FP 模式下企业的事前支付随着创新收益 Δ 增加的速度更快，那么与创新能力强的种子企业更偏好 UPOV 公约 1991 年文本的强知识产权保护。

这个简单模型存在的一个缺陷是假设存在投资机会时，两家企业的策略选择只能是相同的，纳什均衡分析无法说明这个均衡是否为子博弈完美均衡，这要求使用更为复杂的博弈理论方法，有待进一步研究。

UPOV91 文本中的派生品种规则与 UPOV78 文本的关键区别是有无对后续创新应用先前创新的研究免责：UPOV78 文本允许育种者免责，而 UPOV91 文本不允许。当创新是序贯的和累积的，研究免责条款能够对创新激励产生不同影响，通过以上模型分析表明研究免责条款无疑会削弱私人企业育种创新的事前激励。与研发成本相比，当创新程度（创新带来的潜在收益）较低时，减少的研发激励可能不重要，因为研究免责能够保证大量的跟随先期发明的创新者，研究免责或许是社会合意的。但是，当创新程度相对较高，风险较大时，像种质资源开发的情形，允许相当自由的研究免责的植物新品种保护制度无法为私人企业提供足够的创新激励。

派生品种制度实际上是加强原始品种育种者权利的保护制度，对种子企业商业化育种行为具有直接影响和间接影响：派生品种的实施须征得原始品种权人的许可，派生品种保护直接增加种子企业品种权许可费支出；间接地促使种子企业增加育种研发投资，改变现有商业化育种路线，摆脱种子企业对其他育种者原始品种的依赖，提高突破性品种的研发概率，或促使种子企业增加防御性品种权申请行为，构建更宽泛的知识产权组合布局，以提高自身在植物新品种权许可使用或侵权诉讼中的谈判地位。

2. 派生品种制度对原始品种创新行为的影响

派生品种的植物新品种权保护对原始品种权人的收益存在两种效应：一方

面，与研究豁免相比，实质派生品种改变了植物新品种保护的宽度，大量派生品种的出现缩短了原始品种的有效品种权期限，品种更新换代加速，使原始品种权人获取创新收益的可能时间缩短。当一个新育成的品种具有产量或某种品质上的特性或优势时，其他育种者往往都会采用这些品种的优势基因，使用授权品种作为亲本繁育后续品种，原始品种遗传资源比例大幅度提高，新品种技术得到扩散，作物单产水平提高；随着原始亲本遗传代数的增加，更远源的亲本降低了原始品种的遗传贡献率，这时另一批具有相对优势的新品种出现，其遗传资源比例大幅提高，形成了不同原始品种的遗传贡献周期。

另一方面，实质派生品种并没有使标准的育种者豁免失效，因为 UPOV 公约 1991 年文本并没有规定在育种时使用其他受植物新品种权保护品种必须事先获得品种权人许可的要求，但派生品种的销售需要获得原始品种的同意和利润分享，强化了原始品种所有者的权利，增加了原始品种权人的许可收益。因此，实质性派生品种对原始品种育种创新激励的影响取决于以上两种效应的权衡。

在累积创新下，品种权人关心的并不是品种权的法定保护期限，而是品种权的有效寿命（effective life）期限，即新品种因替代品种的出现而失去有效性的时间，植物新品种保护的宽度（plant variety rights breadth）对于品种权有效寿命具有重要意义。

根据 Green 和 Scotchmer（1995）提出的两阶段序贯博弈模型，假设育种者 1 的创新成本为 c_1，创新价值为 $x \in [0, \infty)$，能够带来垄断收益 $\pi(x)$，且 $\partial \pi(x) / \partial x > 0$，即垄断收益随创新价值增加而增加；当育种者的创新是受专利权保护的基础研究（研究工具），除了专利许可外没有其他商业价值，这时 $x = 0$，$\pi(0) = 0$；研究和开发的总时间期限小于品种权保护的期限 T。假设育种者 2 投资 c_2 获得改进新品种，创新价值为 $y \in (0, \infty)$，可以带来垄断收益 $\pi(x+y)$。

若两家企业在种子市场上竞争，可分别获得垄断收益 $\pi^c(x)$ 和 $\pi^c(y)$，假定 $\pi^c(x) \leqslant \pi(x)$，$\pi^c(x) + \pi^c(y) \leqslant \pi(x+y)$。只要 $\pi(x+y) - c_2 \geqslant 0$，就可以保证育种者 2 投资开发新品种；转移给育种者 1 的创新租金 $\pi(x+y) - c_2$ 足够大才可以确保育种者 1 的创新投资。

植物新品种保护制度规定的品种权保护宽度为 y^*，代表改进新品种获得品种权保护的最低价值，如果 $y \geqslant y^*$，改进新品种为突破性品种，没有侵犯原始品种权人的权利；若 $y < y^*$，改进新品种为实质性派生品种，除非获得原始品种权人的许可，不得在种子市场销售。原始品种权人和派生品种权人在这个动态博弈中的行动顺序和博弈支付如图 7.4 所示。

图 7.5 描述了两家企业的品种权许可，两家企业可以在育种者 2 投资之前（或之后）签订事前（或事后）许可合同。品种权许可条款是双方讨价还价的对

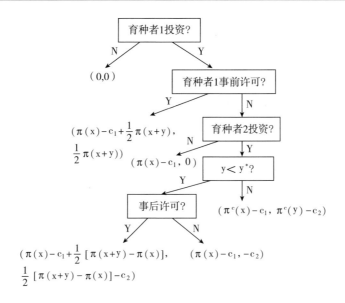

图7.5 育种累积创新博弈树

象，受两个因素影响：一是"威胁点"，即谈判的参与约束条件，谈判的局中人不参加谈判时所获得的预期收益，可理解为局中人参与谈判的最低保留效用。法院对品种权诉讼的判决结果构成了两家企业事后许可博弈的保留效用，而事后许可博弈的结果又构成了两家企业事前许可博弈的保留效用。二是对讨价还价剩余的分配方法，这里假定双方具有对等的谈判能力从而均分讨价还价剩余，即分成比率为$1/2$。

如果两家企业事后进行品种权许可，其威胁点分别为$\pi^c(x)-c_1$和$\pi^c(y)-c_2$。如果不进行事后许可，派生品种就不能在市场上销售，这时原始品种权人具有封锁能力，阻碍后续创新。如果进行事后许可，其联合收益会增加$\pi(x+y)-\pi(x)$，这就是讨价还价剩余。由于两家企业势均力敌，即具有对称的讨价还价能力，所以两家企业平分该利润增量，则预期收益分别为$\frac{1}{2}[\pi(x+y)+\pi(x)]-c_1$和$\frac{1}{2}[\pi(x+y)-\pi(x)]-c_2$。若$\frac{1}{2}\pi(x+y)>c_2$，那么$\pi(x)-c_1+\frac{1}{2}\pi(x+y)$、$\frac{1}{2}\pi(x+y)$就是两家企业事前许可合同支付，这是因为事前讨价还价不会增加任何利润。

如果育种者2的投资成本很大，以至于$\frac{1}{2}\pi(x+y)<c_2$，预料到事后许可费用太高不足以获利，则签订事前许可合同获得讨价还价剩余，这时的约定许可费用比事后许可费用低，两企业的威胁点是$\pi(x)-c_1$和0。

从模型中可以得到三个重要结论：

首先，原始品种权人具有封锁力量，可能使派生品种无法进入市场。只要原始品种在保护期内，对派生品种繁殖材料的生产、销售行为不仅要得到派生品种的品种权许可，还要取得原始品种的品种权许可，否则将构成侵权。后续创新者了解到高额的许可使用费可能使其套牢（hold up），除非创新价值和成本差距较大，否则不会进行投资。这样，为避免被原始品种权人套牢，后续创新者选择提高品种创新程度，自己培育新的原始品种。当然，事前许可能够解决这一问题，只要 $\frac{1}{2}\pi(x+y)>c_2$，后续创新者就会进行投资。

其次，与直觉相反，研究免责能够使原始品种权人获利。如果育种者 2 能在没有许可的情况下开发新品种，但却因实质派生品种保护而不能将其商业化，这时原始品种权人的谈判能力增强，因为讨价还价可以在后续创新投资已经成为沉没成本时进行，而不存在研发豁免情况下，原始品种权人总是事前进行讨价还价，可能被后续创新者"敲竹杠"，而处于不利的谈判地位。

最后，原始品种权人不可能获得全部创新净利润，利润分配对创新企业的相对成本并不敏感。这里假设先期创新者与后续创新者平分讨价还价剩余，如果足够大，原始品种权人提供的许可条款将更为宽松，但若其自身成本很高，原始品种权人就不可能获得较大的利润。对于后续创新者，利润分配不取决于成本，因为其投资在品种权许可后已经成为沉没成本。

优良品种被广泛应用于品种改良，价值越大的原始品种，遗传贡献周期越长，对进一步的研究开发或地方品种改良具有重要作用。虽然育种者可以申请植物新品种权保护杂交种的亲本，但植物新品种权申请数量增加支付更多的费用，并且由于缺乏新颖性，杂交种亲本通常被拒绝授权。于是，对于那些利用价值巨大的原始品种或杂交种亲本，育种者不会申请品种权或专利权保护，不对外许可使用，而是将其作为商业秘密，采取极其严格的保密措施防止被别人非法窃取，其他企业无法通过正常渠道获得这类原始品种或亲本，封锁重要亲本（种质资源）的获取。如果原始品种所有权集中在少数权利人手中，限制派生品种将增加进一步育种研发的成本与创新成果的不确定性，令后续创新者望而却步，影响创新成果技术扩散，可能放缓农业生产发展进程。

在 UPOV91 文本模式下，如果派生品种是在原始品种基础上的实质改进，植物新品种保护审批部门授予植物新品种保护证书，在品种权诉讼时法院应该判决其对原始品种构成侵权，使得原始品种权人可以通过许可获得后续创新收益的分享。目前，我国尚未建立实质性派生品种保护机制，但因未经亲本植物新品种权人许可生产授权品种繁殖材料而引发的民事诉讼案件不断涌现。2014 年 8 月至 2018 年 6 月，郑 58 的品种权人金博士公司以侵害植物新品种权为由对德农种业及河南省农业科学院向法院提起民事诉讼，德农种业未取得金博士公司许可将亲本"郑58"用于繁育"郑单958"玉米杂交种，一审判决德农种业赔偿4950万元及因制止侵权行为所支付的合理开支2万元，河南省农科院承担连带责任；德农种业不服一审判决提起上诉，二审判决维持一审判决第一项，即德农种业赔偿金博士公司4952万元。万向德农于2018年6月12日发布公告表示，将依法向最高人民法院申请再审，维护公司合法权益。

在累积育种创新链上，派生品种制度对原始品种创新具有双重影响：一方面，实质性派生品种制度使原始品种权人拥有后续创新价值剩余的索取权，提高了原始品种权人的谈判能力，从而激励突破性品种创新，但原始育种能力较弱的育种者（国家）将处于被动地位。另一方面，派生品种的育种者对培育品种的任何商业化利用（生产、销售、进出口等）都受到原始品种权利人的限制，产生双重边际（double marginalization）效应，侵权诉讼风险加剧，品种权实施成本增加，阻碍后续创新。虽然原始品种权人获得的创新收益份额增加，但由于育种创新的总体水平降低，蛋糕变小，原始品种权人的获益不一定增加。在植物新品种保护制度实践中，"实质派生品种"的概念还需进一步明晰，鉴定标准还需要从法律和生物学角度进一步界定，为植物新品种保护制度设计留下很大的发挥空间。

三、植物新品种保护代际创新收益的合理分配方法

假定新品种创新是累积的，一个先期创新可以诱发多个后续创新，如转基因技术和多种农作物品种，或一个原始品种和多个派生品种。先期创新者通过努力，成功培育了一个新品种，为了获得更多的利润，在已有创新基础上原始品种权人希望能够继续开发，以获得更高价值的创新成果，但由于其拥有的资源有限，或者因为进行后续创新必须付出较高成本，在下一阶段中，先导创新者希望自己以盟主的身份同其他育种者结成优势互补、资源共享的动态联盟。下面就先期创新者与潜在合作伙伴在累积创新中结成动态联盟及其收益分配进行分析。

1. 夏普利值分配方法

夏普利值（Shapley Value）法是由Shapley（1953）提出的用于分析多人合作博弈的一种数学方法，其根本要义在于公平分配收益，博弈各方所得应与自己的贡献相等。夏普利值法可以用一个简单的"吃饼分金币"寓言故事说明。假设A和B一同郊游，各自带来3块饼、5块饼，路遇C与A和B共进午餐，三人分食8块饼（每人分得份额相等），C拿出8枚金币答谢A和B。A和B应如何分配这8枚金币呢？两人平分或按"出资"数量分配都是不合理的，公平的分配方法应按A和B所带饼的数量扣除各自食用份额后的比例进行分配，A得到1枚

金币，B 得到 7 枚。

假设植物品种创新价值链上有 n 个品种权人组成一个虚拟的植物新品种权联盟，联盟中创新收益分配可以看成 n 人合作博弈问题，由夏普利值法，满足夏普利公理的对称性（参与人因合作而分配得到的利益与他所赋予的记号无关）、团体有效性（成员对于联盟没有做出贡献就不能获得收益）和可加性（局中人同时进行两项合作时，总分配是两项的和），得到的联盟成员的收益分配策略定义如下：

$$\phi_i(v) = \sum_{S \subset N} \frac{(n - |s|)! \, (|s| - 1)!}{n!} [v(s) - v(s/i)] \quad (i = 1, 2, \cdots, n)$$

$$(7.4)$$

其中，$\phi_i(v)(i \in N)$ 表示在合作 N 下成员 i 分配所得的收益，S 是集合 N 的非空子集（$S \subset N$），$|s|$ 是 S 中的元素个数，n 为集合 N 中的元素个数，令 $w(|s|) = \frac{(n - |s|)! \, (|s| - 1)!}{n!}$，可看成是加权因子。$v(s)$ 为子集 S 的收益，$v(s/i)$ 是子集 S 中除去成员 i 后可取得的收益。

夏普利值分配策略假设成员的创新能力是同质的，考虑了成员对联盟所做贡献大小，是一种相对公平的分配方法，但在累积创新下，联盟成员的利益分配还要考虑先期创新者的重要贡献，因而需要对该利益分配模型进行修正，使其更加合理有效。

2. 累积创新许可收益分配夏普利值法的改进

假设先期创新者作为联盟的发起人（盟主）与潜在后续创新者之间的博弈时序如下：第一阶段，盟主获得技术机会，付出创新成本 c_1，获得新品种的概率为 p_1，实现的价值为 v_1。第二阶段，盟主观察到具有价值 v_2 的后续创新，但考虑到自身能力需要选择合作伙伴创建品种权联盟。假设盟主具有完全谈判能力，在合作方愿意结盟的情况下制定其在联盟中的利润分配比例 K，后续创新者利用了盟主的先期创新作为投入品分配给盟主 Kv_2。第三阶段，联盟中盟主和联盟成员分别付出创新成本 c_2^A、c_2^B，总投入 $c_2 = c_2^A + c_2^B$，后续创新成功的概率为 p_2，实现创新价值。假设创新实现的概率指数分布形式如下：

$$p_i(c_i) = 1 - e^{-\lambda_i c_i} (i = 1.2 \quad \lambda_i > 0)$$

$$(7.5)$$

由于假定参数 $\lambda_i > 0$，可知 $\partial p_1(c_1)/\partial c_1 = \lambda_1 e^{-\lambda_1 c_1} > 0$；由 $\partial p_1(c_1)/\partial \lambda_1 = c_1 e^{-\lambda_1 c_1}$，若创新投入 $c_1 > 0$，则 $\partial p_1(c_1)/\partial \lambda_1 > 0$，且 $p_1(c_1 = 0) = 0$。创新投入越大，创新成功的概率越大，所以不妨假设创新投入也代表知识存量，是先期创新者提供的信息产品的数量。令 r 代表盟主的先期创新提供的信息产品与后续创新的关联度，$\lambda_2 = arc_1$（a 为单位系数），则后续创新者的目标函数为：

$$\pi_2(c_2)=p_2(c_2)(1-K)v_2-c_2$$

由一阶条件 $\partial\pi_2/\partial c_2=0$，得：

$$\begin{cases} c_2^*=\dfrac{1}{\lambda_2}\ln[\lambda_2(1-K)v_2] & \text{如果}\ \lambda_2(1-K)v_2>1 \\ c_2^*=0 & \text{如果}\ \lambda_2(1-K)v_2<1 \end{cases}$$

若后续投资 $c_2>0$，则创新实现的概率为 $p_2(c_1,K)=1-\dfrac{1}{\lambda_2(1-K)v_2}$。先期创新是后续创新的基础，若 K 较小，盟主预期收益变小，那么对先期创新投入 c_1 缺乏有效激励，盟主调整 c_1，使得 $p_1(c_1)$ 减小，这时没有先期创新的基础，联盟无从谈起，$p_2(c_2)=0$。由于 $\partial c_2^*/\partial K<0$、$\partial p_2/\partial K<0$，若盟主分成比例过高，联盟成员收益减少，预见到不能在联盟中分得合理收益，企业不会加入联盟，也就不会有后续创新。因而，盟主要确定合适的分成比例 K，既能有合作伙伴的参与，又使得联盟稳定运行，保证自己获得最大分配收益，目标函数和约束条件为：

$$\begin{cases} \max p_2^*Kv_2=\left[1-\dfrac{1}{\lambda_2(1-K)v_2}\right]Kv_2 \\ \text{s. t. }(1-K)\lambda_2v_2>1 \end{cases}$$

其中，p_2^* 是第三阶段联盟的最优结果。

解此线性规划得到最优收益分成比例 $K^*=1-\dfrac{1}{\sqrt{\lambda_2v_2}}$。如果 $\lambda_2v_2\le1$，则 $\lambda_2(1-K)v_2<1$，这时 $c_2^*=0$，后续创新无法实现；若 $\lambda_2v_2>1$，$K^*>0$，则 $\lambda_2(1-K)v_2>1$，企业有结成联盟的动机。

令 L 表示盟主分得的收益，则：

$$\begin{cases} L^*=K^*p_2v_2=(1-\dfrac{1}{\sqrt{\lambda_2v_2}})p_2v_2 & \text{如果}\ \lambda_2v_2>1 \\ L^*=0 & \text{如果}\ \lambda_2v_2<1 \end{cases}$$

基于盟主所得创新价值 L^*，选择先期创新的投入 c_1 使得自身收益最大化，满足：

$$\max\pi_1(c_1)=p_1(c_1)(v_1+L^*)-c_1$$

由 $\partial\pi_1/\partial c_1=0$，得到盟主的最优创新投入 c_1^*。

如果在后续创新中扣除盟主由于先期创新提供信息产品投入而分得的收益外，剩余收益按创新投入比例在联盟中分配，则盟主和成员分别分得：

$$
\begin{cases}
\left(1-\dfrac{1}{\sqrt{\lambda_2 v_2}}\right) v_2 + \dfrac{v_2 c_2^A}{(c_2^A + c_2^B)\sqrt{\lambda_2 v_2}} \\[4mm]
\dfrac{v_2 c_2^B}{(c_2^A + c_2^B)\sqrt{\lambda_2 v_2}}
\end{cases}
$$

3. 算例

在一个累积创新品种权联盟中，盟主先期创新的投入 c_1 为 10，原始创新品种为后续创新提供的信息量的关联度 r 为 0.6，后续创新的价值 v_2 为 30，则 $\lambda_2 = arc_1 = 0.06$，盟主的最优收益分成比例为 $K^* = 1-\dfrac{1}{\sqrt{\lambda_2 v_2}} = 0.255$，盟主因先期创新而获得的收益分成为 $K^* v_2 = 7.65$，后续创新者分得的收益为 $30-K^* v_2 = 22.35$。假定联盟中有盟主 A、盟员 B_1 和盟员 B_2，他们单独、联合利用资源获得收益的情况如表 7.3 所示。

表 7.3　植物新品种权联盟成员成本收益

联盟成员	A	B_1	B_2	A+B_1	A+B_2	B_1+B_2	A+B_1+B_2
成本	5	3	2	8	7	5	10
收益	7	4	3	13	12	8	22.35

根据夏普利值分配方法计算联盟成员的收益，如表 7.4 所示。

表 7.4　原始品种创新者收益分配

S	A	A+B_1	A+B_2	A+B_1+B_2
v(s)	7	13	12	22.35
v(s/A)	0	4	3	8
v(s)−v(s/A)	7	9	9	14.35
|s|	1	2	2	3
w(|s|)	1/3	1/6	1/6	1/3
w(|s|)[v(s)−v(s/A)]	7/3	3/2	3/2	14.35/3
$\phi_A(v)$	10.12			

计算可得盟主收益为 17.77，两个联盟成员分别为 6.62 和 5.61。经过修正的夏普利值分配结果既突出了累积创新中先期创新的重要性，又综合考虑了后续创新者在动态联盟中发挥的作用，说明上述累积创新中许可收益分配方法是合理

的。收益分配机制是派生品种制度对累积育种创新原始品种权人和派生品种权人之间利益平衡的关键，也是植物新品种保护制度与专利制度解决创新激励矛盾最突出的问题，是植物新品种保护制度绩效得到充分发挥的重要保证，只有公平合理的收益分配才能解决植物育种累积创新的跨期外部性，实现种业持续创新。

第八章　研究结论与对策建议

第一节　研究结论

本书系统分析了植物新品种保护制度对种子企业创新行为的作用机理，采用多种研究方法，将种子产业链、种业创新价值链、植物新品种权创造、运用、管理和保护链动态耦合，在国内、国际植物新品种保护新形势下，种业创新主体种子企业植物新品种权创造行为、运用行为、维持行为和保护行为进行了较为全面的经济研究和实证分析。主要研究结论如下：

（1）植物新品种保护制度是种子产业最重要的知识产权制度，其变革与发展充分彰显着育种科技革命、创新者利益博弈的原动力功效。发达国家出于保持种业科技创新技术优势、保障国家经济战略安全的考量，强化知识产权带来的竞争优势和创新收益独占，在全球范围推行植物新品种保护制度，与发展中国家之间在 TRIPS 协议、UPOV 公约文本、CBD 等领域的利益博弈决定未来植物新品种保护制度的变革方向和发展趋势。后 TRIPS 时代，植物新品种保护的国际化须在育种者、种植者等利益相关者之间寻求利益平衡，不但激励技术创新，而且促进技术的扩散和传播。1997 年《植物新品种保护条例》的颁布实施标志着中国"专门"植物新品种保护制度的建立，植物新品种权正式成为中国知识产权体系的重要组成部分。经过 20 多年的运行和完善，以《种子法》《植物新品种保护条例》为核心的植物新品种保护制度体系为中国农业技术创新创造了良好的外部环境，发挥创新激励效应，推动农业育种技术持续创新、农业科技资源优化配置和种子产业高质量发展。

（2）种子产业在制度与科技创新双轮驱动下，通过横向、纵向并购重塑种子市场力量格局。全球种业并购使种业与农化领域深度融合，种子企业增加研发支出以及通过扩大和进入新市场保持竞争力，加速生物技术、信息技术和智能技术集成，农业生产领域的资本、信息和技术快速集聚，种子产业结构集中度不断提高，全球种业为少数跨国种业公司垄断。

中国种业经历市场化、商业化改革，种子企业从无到有，数量猛增后正大幅度减少，但市场集中度较低（CR4 在 10% 左右）。上市种业公司加速投资、兼并重组扩张，种子企业规模相应发展壮大，推动种子企业"育繁推一体化"战略发展。在种子产业链品种创制环节，全国种子企业研发支出占销售收入的比例不足 6%，与孟山都等跨国种业公司存在巨大差距，种子企业根本无法与单个跨国公司竞争。2010 年以来种子行业平均利润率下降到 10% 以下，种子销售净利润虽然波动幅度不大，但企业净资产收益率均呈下滑趋势，种子企业盈利能力减弱且分化明显，以利润占比衡量的种子产业市场集中度并没有相应提高。种子企业新品种研发环节投入不足，严重制约了种子企业自主创新能力提升、种子产业集中度提高，以及种子产业绩效改善。植物新品种保护制度作用于种业技术创新和扩散活动，新品种商业化需要大量的知识积累、资本投入和较高的风险承受能力，与技术创新相适应的植物新品种保护制度帮助创新者以更低成本把握新的盈利机会，在一定时期内独占创新利润，使创新资源向有创新能力和创新意愿的主体集中，提高整个社会生产要素的配置效率。实证分析表明，种子企业植物新品种权申请对粮食产量产生负向影响，植物新品种权授权量对粮食产量增长具有显著正向影响，植物新品种保护对种业经济发展起到强有力的支撑作用。

（3）种子企业植物新品种权创造行为活跃，占比大幅度提高，商业育种创新能力不断增强，逐步成为植物新品种权创造主体。1999~2017 年，国内外 1400 家种子企业申请了 8171 件植物新品种权，授权 3166 件。植物新品种权申请、授权数量统计分析表明，与农科院所等部门相比，种子企业植物新品种权申请起步晚，但增速快（年均增长 23.47%），种子企业对植物新品种保护持有积极态度，与其他育种者合作申请提高了种子企业植物新品种授权的数量和比例，但种子企业植物新品种权授权率为 44.52%，低于总体水平。北京、山东、安徽、天津、吉林等地区的种子企业申请量占地区品种权申请量的比例超过全国平均水平，植物育种商业化水平较高，育种研发能力较强，植物新品种权创造集中在北京金色农华种业科技股份有限公司、山东登海种业股份有限公司、中国种子集团有限公司、湖南隆平种业有限公司等种子企业。

植物新品种保护制度不但影响种子企业育种创新的速度，对育种方向也具有重要调节作用。国内种子企业植物新品种权申请主要分布在大田作物、蔬菜和花卉，结构比例为 8：1：1。随着植物新品种保护程度的提高，种子企业发挥自身技术比较优势，将研发资源投向更能获得创新收益的植物种类，主要包括玉米、水稻、辣椒、黄瓜、蝴蝶兰、菊属等。以植物新品种权衡量的育种创新地区集中度、品种集中度有所提高，但仍较为分散。

2000~2017年，130家外国种子企业在我国申请植物新品种权1169件，授权331件。与国内种子企业相比，外国种子企业植物新品种权申请波动幅度较大，来自荷兰、美国、韩国、日本等国家的跨国种子公司申请、授权量大，植物种类主要集中在花卉、大田作物、果树和蔬菜，结构比例为4:3:3。其中，玉米植物新品种权集中在先锋国际、孟山都、利马格兰、先正达、科沃施等跨国种业巨头手中。

（4）种子企业的植物新品种权运用行为包括植物新品种权合作研发、转让、许可、植物新品种权联盟等形式，企业通常根据实际情况"组合"运用，充分发挥植物新品种权作为企业经济和战略资源的重要作用。从植物新品种权共同申请来看，种子企业与其他机构联合申请植物新品种权，通过共同声誉机制实现种子产业链上下游整合。合作育种创新方式多样，农科院所与种子企业的合作研发活动最为频繁，多为一家农科院所与几家种子企业合作。在科企合作创新关系网络中，种子企业主导的合作育种创新行为相对较少，农科院所在水稻、玉米、普通小麦和棉花等大田作物合作研发中处于绝对主导地位，但合作网络不存在核心点，节点分散导致新品种推广速度慢。

从植物新品种权转让来看，种子企业具有更强的植物新品种权转让倾向，种子企业更多选择将新品种申请权转让给其他主体，转嫁植物新品种申请风险；或向其他育种者购买植物新品种权，以弥补自身创新能力不足。种子企业既是植物新品种申请权、品种权转让方的主体，同时也是申请权、品种权受让方的主体，种子企业之间的植物新品种权转让活动最为活跃。植物种类对植物新品种申请权或品种权转让方式影响较大，种子企业对玉米、水稻、普通小麦、棉属倾向转让申请权，对谷子、高粱等品种倾向转让品种权；蔬菜品种申请权的转让活动比较频繁，但很少进行花卉品种申请权的转让，更愿意转让已经获得授权的花卉品种。

植物新品种权许可博弈分析表明，植物新品种权许可实施可以消除由于新品种技术质量带来的信息不对称问题。当品种创新是显著的、足以将竞争对手挤出市场时，品种权人不会选择许可实施；当种子企业既是品种权人，同时也是种子生产者，其最优许可对象策略是以差别提成率将植物新品种权同时许可给两家企业，形成许可联盟，许可收益效能够抵消竞争产生的租金耗散效应，保持在位厂商的竞争优势地位。

（5）植物新品种保护制度的入门费（申请费、审查费）和年费对育种者品种创新行为具有直接影响。在植物新品种权创新链上，种子企业植物新品种权申请驳回比例为 3.72%，申请撤回比例高达 14.34%，申请权和品种权转让率分别为 2.67%、4.61%，品种权视为放弃的比例为 7.30%，品种权提前终止比例高达 23.58%。植物新品种权维持制度理论模型分析表明，植物新品种权权利人的维持决策决定了植物新品种权的有效保护期限，可以筛选高质量、高价值品种权，显示授权品种的价值信息，引导创新主体提高资源配置效率，平衡私人利益和公共利益。

植物新品种权维持行为实证分析显示，植物新品种权总体平均维持时间较短，仅有 3.72 年，不足法定保护期限的 1/4，植物新品种权 15 年的生存概率仅为 13.09%，大多数的植物新品种权贬值速度快，没能维持到法定保护期届满而提前终止，植物新品种权价值呈偏态分布，价值高的植物新品种权数量非常少。植物新品种权维持时间的影响因素包括品种人类型、审查周期、共同品种权人、培育人数量，其影响程度依次降低。增加植物新品种培育的研发人员投入有助于提高品种权生存概率，相较于独立研发，育种单位之间进行合作不但能够分摊品种权维持成本，而且有助于提高品种权质量。审查周期长，影响各利益相关者的排他权使用期限和品种权运用效益的市场预期，申请人等待实施新品种技术的延迟时间越长，品种权的有效保护期限越短，预期收益减损，进而对品种权申请倾向产生不利影响，可能扭曲植物新品种保护制度激励创新的功能。种子企业对植物新品种权质量有清晰的认识，市场化动机强化了私人部门的维持意愿，植物新品种权维持时间较长。

（6）中国建立了独具特色的植物新品种权行政保护和司法保护相结合的双轨保护机制。植物新品种权行政保护具有主动性、专业性和及时高效的特点，但自我监督导致权力制约不力，行政保护的处理结果不具有终极性，且救济手段单一。植物新品种权司法保护由人民法院依据法定的权限和程序，运用司法裁判权，通过民事诉讼、刑事诉讼和行政诉讼等途径保护植物新品种权利人合法权益的活动，具体中立性、规范性和终局性特点，是植物新品种保护制度的核心机制。登海种业公司登海 9 号及相关植物新品种权纠纷典型案件分析表明，原始品种保护不力，作物育种基础较窄、模仿育种行为盛行是植物新品种权侵权、权属纠纷的根本原因。植物新品种权侵权行为通常比较隐蔽，被控侵权品种是否等同授权品种，鉴定结论的正确与否对法院认定侵权起决定性作用，侵权赔偿认定应考虑到植物新品种的创新价值因素、侵权人主观过错、权利人维权合理开支等因素，使最终得出的赔偿结果合理可信。民事赔偿数额过低，维权成本得不到补偿，没有任何惩罚性赔偿，不足以有效震慑、遏制侵权行为的发生，会严重挫伤植物新品种权保护的积极性。

植物育种具有序惯性、累积性特点，植物新品种保护制度是否保护派生品种的本质问题在于，当原始品种、特性基因、研究工具和派生品种是由不同的创新者进行研究、开发并获得不同的知识产权保护，如何补偿先前创新者的贡献，同时保证后来创新者有足够的投资激励，即如何在不同代际创新者之间进行创新收益分配的问题。派生品种规则加强了对原始品种育种者权利的保护，直接增加种子企业植物新品种权许可费支出，间接改变商业化育种路线，提高突破性品种的研发概率。派生品种规则提高了原始品种权人的谈判能力，产生双重边际效应，使侵权诉讼风险加剧，品种权实施成本增加，阻碍后续创新。因此，在加入 UP-OV91 文本，引入实质性派生品种制度的同时，还需平衡累积育种创新原始品种权人和派生品种权人之间利益冲突，根据先期和后续创新者的贡献，采用公平合理的分配方法对创新收益进行分割，使每一步创新都得到正确激励，构建利益共享的种业创新共同体，确保植物新品种保护制度绩效得到充分发挥。

第二节　对策建议

在经历 20 多年的持续快速发展之后，中国种业已进入一个依靠创新驱动的转型发展新时代，植物新品种知识产权保护是加快促进种业技术、品种创新发展的重要制度基础设施，对种子企业植物新品种权创造、运用、维持和保护行为产生深远影响。综合上述研究结论，在种业科研体制、科研成果权益改革，农业供给侧结构性改革创新的新形势下，加快提升中国种子企业自主创新能力和国际市场竞争力，优化种业格局，还需做好植物新品种保护制度顶层设计。

（1）完善植物新品种保护制度体系。1997 年由国务院颁布的《中华人民共和国植物新品种保护条例》属于行政法规，立法位阶较低，其法律效力远远低于《中华人民共和国专利法》。该条例法条高度概括，虽然经过修订，内容更加简明集中，提高了可操作性，但在临时性保护措施、关于要求优先权的程序性规定、遗传资源惠益分享等方面还有诸多需要完善之处。随着侵犯植物新品种权法律纠纷案件数量增加，涉案金额大幅度提高，种业对植物新品种权司法保护的依赖程度提高，可适时升级《中华人民共和国植物新品种保护条例》的立法位阶，完善《中华人民共和国植物新品种保护条例》与《中华人民共和国植物新品种保护专利法》《中华人民共和国植物新品种保护商标法》《中华人民共和国植物新品种保护合同法》《中华人民共和国植物新品种保护刑法》等其他法律制度的衔接，协调《中华人民共和国植物新品种保护条例实施细则（农业部分）》与《中华人民共和国植物新品种保护条例实施细则（林业部分）》不一致的条款，结合种子产业链、植物育种创新价值链的现实特征，构筑全面、立体的植物新品种保护制度体系，有效提升植物新品种保护的制度绩效。

（2）注重植物新品种权质量提升。种子企业植物新品种权申请、授权数量猛增，过度研发出现"品种井喷"现象，但植物新品种权申请撤回率高，授权率较低，品种权视为放弃比例高，大多数品种权的有效寿命较短，种子企业植物新品种权重数量、轻质量；重创造、轻维持；重事后保护、轻转化利用。中国是第一个，也是唯一一个停止征收植物新品种权费用的国家。在目前情况下，停征植物新品种权申请费、审查费和维持年费虽然可以降低育种者保护成本，但也会使植物新品种权法定保护期限形同虚设，失去低质量植物新品种权过滤、终结机制，毫无价值的植物新品种权无法退出创新市场，有悖于植物新品种保护制度设立的初衷。政府可以参照专利年费制度，针对不同类型品种权人符合一定条件的给予维持年费减免，对国内申请人向国外申请植物新品种保护的机构或个人给予补贴，鼓励具有商业价值的品种权维持。在停征收费的情况下，审批机构应调节植物新品种保护高度、宽度组合，收紧过量植物新品种的特异性授权要求，抑制模仿育种，扩大植物新品种权保护的权利范围，并密切监测和评估植物新品种育种技术和测试技术动态，增设植物新品种权质量管理部门，以提高植物新品种权质量为创新政策导向，发挥植物新品种保护制度高效配置育种创新资源的激励作用。

（3）适时适度提高植物新品种权保护强度。植物育种是特殊的创新活动，具有生物性、序惯性、累积性，既包括种质资源的开发、原始品种的筛选，又包括商业化品种的应用和推广。与之相适应，植物新品种保护应当循序渐进、逐步调整，不能企图在短时间内实现发达国家的知识产权保护模式和强度，应依据我国植物新品种技术自主创新能力水平和提升速度进行逐步调整。第一，顺应种子产业发展需求，完善实质性派生品种保护制度，明确不同植物种（属）品种的DUS测试指南中关于实质性派生品种的阈值（基因点位差异数值），精准鉴定、评价原始品种与派生品种的遗传关系，激励原始品种育种创新；第二，提高植物新品种权审查效率，缩短审查周期，延长植物新品种权的有效寿命；第三，在全国统一立法框架下对不同植物品种区别对待，缩短过度研发品种的法定保护期限，保护期限达到后允许续展延长植物新品种权，实施差异化植物新品种权保护；第四，设立更多专业的知识产权法院，增加知识产权法院的高素质工作人员，建立中国特色植物新品种权案例指导制度，统一司法裁判理念和标准，对植物新品种权侵权诉讼实行举证责任倒置，加大对侵权行为惩罚力度，解决植物新品种权侵权成本低、维权成本高的问题；第五，做好基因作物植物新品种权与专利权保护的协调，完善基因作物监管政策。针对基因编辑技术尽快出台明确的、前瞻性的、不同于转基因生物的监管政策；针对转基因作物商业化，管理机构在充分评估转基因产品安全性和是否具备竞争力的前提下，尽快出台详细的规划、配套条例，发布明确的时间表，激发科研机构和种子企业的研发动力，扫除生物技术育种产业化的障碍，优化种业营商环境，推动生物种业高质量发展。

（4）强化种子企业植物新品种自主创新能力。种子企业植物新品种权集中度低，90%以上的种子企业根本不具备科技创新能力，育繁推一体化种子企业研发投入严重不足，商业化育种体系虽初步形成，但亟待完善。种子企业自主知识产权品种多为派生品种、购入品种，而原始品种、育种资源和研发人员高度集中在科研单位，公共部门的技术溢出有利于种子企业发展，须根据作物不同发展状况，分类实施，稳步推进实质性派生品种保护。政府对种子企业的创新行为具有重要导向作用，应遵循引进技术—消化吸收—自主创新的发展方向，整合种业创新激励政策和产业发展政策。短期内，鼓励植物新品种权转让、许可交易，完善中介服务，规范上市种业公司兼并收购；长期而言，应继续加大育种研发投入，发展种业全产业链创新模式，推动大型种子企业与农科院所联合开展良种培育，深化融合产学研用合作创新，鼓励种子企业参与种质资源鉴定创制与开发利用，并且平衡原始品种与派生品种育种者的利益，公平、合理地分配创新收益，使植物新品种保护制度成为实现创新驱动种业发展的新动能，提升品种质量和供种保障能力，支撑中国种业长期稳定发展。

第三节　研究贡献、不足与展望

本书综合创新经济学、知识产权经济学、农业技术经济理论，以中国植物新品种保护制度实施20年间的植物新品种权数据为基础，利用统计分析、计量回归分析、博弈分析、社会网络分析、案例分析等研究方法，以中国种业企业创新行为为总体研究对象，分析植物新品种保护制度对种子企业植物新品种权创造、运用、维持、保护等育种创新行为激励的动态作用过程、成效及存在的问题，明晰了植物新品种保护制度的微观作用机理，提出中国种业自主创新能力的提升路径与制度优化对策。

本书收集、整理了植物新品种申请、授权、转让、终止等数据，构建授权率、撤回率、维持时间等统计指标，借助数据可视化工具，进行大量翔实、细致的描述性统计分析和比较，使得到的结论更为客观、真实、可信。

在应用价值上，①本书将中国种子产业链、创新价值链、植物新品种保护链动态耦合，完善植物新品种保护制度对转型期发展中国家市场化主体创新行为影响经济效应的实证研究，对其他发展中国家建立、完善植物新品种保护制度具有借鉴价值。②分析结论为市场经济条件下种子企业选择知识产权保护策略提供决策信息；为种子产业结构调整，激励种业技术持续创新，促进种业技术进步提供指南和支持；为政府部门制定种子产业政策，修订植物新品种保护相关法律、法规提供科学依据。

在学术价值上，①本书应用经济学方法解析种业特有的知识产权制度，结合规范分析与实证分析，依据经济增长理论中测算技术进步对经济增长的贡献的方法，采用修正的 C-D 生产函数、向量误差修正模型，分析植物新品种保护制度下品种创新与农业经济增长之间的关系，揭示植物新品种保护制度对农业经济增长的影响，弥补从种业技术创新到农业经济增长之间缺失的制度效应。②归纳植物育种累积创新的类型特征，运用博弈论方法分析派生品种规则对原始品种创新、商业育种创新行为的作用机理，并提出了解决植物育种代际创新外部性的利益分配方案，为中国是否以及何时加入 UPOV91 文本提供决策依据。③构建植物新品种权维持理论模型，借鉴生物学领域的生存分析方法对理论模型进行实证检验，分析植物新品种权维持时间及其影响因素，提出植物新品种权维持制度的作用机制，为植物新品种权质量、最优保护期限的理论和实证研究提供基础。④分析植物新品种权的权利范围、法律状态、侵权赔偿等法律元素的经济性特征，对植物新品种司法保护实践中的热点、难点进行应用研究和个案分析，揭示植物新品种权侵权纠纷的症结所在，实现植物新品种保护法经济学研究的实证化和本土化。

植物新品种保护制度对种业企业创新行为的作用受复杂因素影响，是一个具有动态开放性、地域性的前沿研究领域，本书尝试得出的结论和方法还有待日后实践的进一步验证和拓展。随着生物育种技术变革、种子产业结构调整和植物新品种保护制度的国际化发展，本书在以下方面存在不足，亟待深入探索：

（1）本书对植物新品种维持制度作用机理的分析建立在理性人假设基础上，然而种子企业的品种权维持决策既受经济动因驱动，又受非经济动因影响，植物新品种授权后短期内的维持因素十分复杂。未来研究可以考虑维持决策的策略性动机，将植物新品种权收益变化视为一个随机马尔科夫过程，构建随机收益维持模型，对植物新品种权的维持特征和影响因素进行更详细的刻画。

（2）本书虽然区分了种子企业植物新品种权的不同植物种类、不同地区的创新行为，但仅利用时间序列数据对植物新品种保护制度与经济增长的关系进行了检验。未来研究可利用植物新品种权面板数据，对植物新品种保护制度的经济效应构建空间计量模型，量化分析种子企业植物新品种权的空间分布、空间相关性及技术扩散过程，进一步探讨不同植物种类、不同地区种子企业创新产出对农业经济增长的异质性影响。

（3）随着中国种子企业"走出去"战略的实施，未来种子企业植物新品种权的国际申请、授权量会快速增长，可以对比其他国家植物新品种保护制度和种子产业发展现状，利用 UPOV 育种者权利数据，测定及验证植物新品种保护强度，分析植物新品种权保护与种子企业进出口贸易、FDI 及经济增长的交互作用，检验植物新品种权保护对农业经济增长的门槛效应。

未来植物新品种保护制度和生物育种技术变革必将对种业企业创新行为产生持久且深远的影响，期待学者进一步做出更为深刻的理论分析和坚实的实证探索。

参考文献

［1］曹晓辉，段异兵．基因工程专利维持特征及影响因素分析［J］．科研管理，2012，33（2）：26-32.

［2］陈超，展进涛．转基因技术对我国植物新品种保护制度的挑战［J］．知识产权，2006，16（6）：44-47.

［3］陈超，展进涛，周宁．植物新品种保护制度对我国种业的经济影响［J］．江西农业学报，2007，19（7）：134-137.

［4］陈海秋，韩立岩．专利质量表征及其有效性：中国机械工具类专利案例研究［J］．科研管理，2013，34（5）：93-101.

［5］陈红，杨雄年．现代种业发展战略下强化植物新品种保护的政策措施［J］．知识产权，2017（11）：84-88.

［6］陈会英，周衍平．中国农业技术创新问题研究［J］．农业经济问题，2002，23（8）：22-26.

［7］陈会英，周衍平，赵瑞莹．植物品种权人出让品种权的意愿、动机和行为——基于14个省（市）的问卷调查与深度访谈［J］．中国农村观察，2010（3）：24-36.

［8］陈运雄，郑怡．农业知识产权制度激励农业技术创新的问题与对策［J］．经营管理者，2015（16）：274-275.

［9］褚云霞，陈海荣，邓姗，等．实质性派生品种鉴定方法研究进展［J］．上海农业学报，2017（5）：132-138.

［10］崔野韩，陈如明，李昌健．美国植物新品种保护审查制度［J］．世界农业，2001（9）：36-38.

［11］邓武红．中国农业植物新品种保护制度研究［D］．西北农林科技大学，2008.

［12］董欢．我国玉米种业发展的问题、制约与政策建议［J］．中国科技论坛，2013，1（9）：139-145.

[13] 巩东营，方志军，赵苏娴，等．我国玉米种子生产中的风险预测与防范 [J]．山东农业科学，2011（10）：117-119.

[14] 佟屏亚．简述 1949 年以来中国种子产业发展历程 [J]．古今农业，2009（1）：41-50.

[15] 高洁，周衍平．Shapley 值在植物品种权价值链利益分配中的应用 [J]．运筹与管理，2012，21（2）：168-172.

[16] 郝建．我国农业植物新品种保护研究 [D]．山东农业大学，2018.

[17] 侯仰坤．论依赖性派生品种的含义和基本特征 [J]．知识产权，2018（7）：33-47.

[18] 胡芬．植物新品种权立法保护研究 [D]．中南林业科技大学，2018.

[19] 胡凯．UPOV 公约下我国植物新品种保护制度分析 [J]．中国科技论坛，2013（9）：91-96.

[20] 胡凯．种业企业植物品种权申请状况分析 [J]．商业研究，2014，56（2）：162-169.

[21] 胡瑞法，黄季焜，项诚．中国种子产业的发展、存在问题和政策建议 [J]．中国科技论坛，2010（12）：123-128.

[22] 胡瑞法，黄颉，Carl Pray，等．中国植物新品种保护制度的经济影响研究 [J]．中国软科学，2006（1）：49-56.

[23] 胡瑞法，孙艺夺．农业技术推广体系的困境摆脱与策应 [J]．改革，2018（2）.

[24] 黄季焜．六十年中国农业的发展和三十年改革奇迹——制度创新、技术进步和市场改革 [J]．农业技术经济，2010（1）：4-18.

[25] 黄颉，胡瑞法，Carl Pray，等．中国植物新品种保护申请及其决定因素 [J]．中国农村经济，2005（5）：47-53.

[26] 黄武，林祥明．植物新品种保护对育种者研发行为影响的实证研究 [J]．中国农村经济，2007（4）：69-74.

[27] 季柯辛，乔娟．中国动植物良种繁育体系发展研究评述 [J]．科技与经济，2016，29（4）：51-55.

[28] 江喜林，董亮．植物品种权保护对生物育种行业的影响研究 [J]．科技管理研究，2017，37（8）：163-168.

[29] 蒋和平，孙炜琳．我国农业植物新品种保护的现状与对策 [J]．农业科技管理，2001（6）：12-18.

[30] 靖飞，李成贵．跨国种子企业与中国种业上市公司的比较与启示 [J]．中国农村经济，2011（2）：52-59.

［31］康志河，吴凤兰，唐瑞勤．植物新品种保护制度对中国种子产业的影响及对策［J］．种业导刊，2008（9）：8-11.

［32］孔祥智，高强，钟真．新世纪以来的中国农业发展现状与政策转型［J］．经济动态与评论，2016（1）：107-119.

［33］李道国，谭涛．植物新品种保护制度对发展中国家育种者创新行为的作用研究［J］．世界农业，2006（8）：4-7.

［34］李菊丹．论UPOV1991对中国植物新品种保护的影响及对策［J］．河北法学，2015（12）：98-112.

［35］李菊丹．国际植物新品种保护制度的变革发展与我国应对［J］．知识产权，2020（1）：59-71.

［36］李明，陈向东，宋爽．基于专利存续期的中国专利质量演变研究［J］．科学学与科学技术管理，2016，37（9）：26-36.

［37］李万君，李艳军．典型国家种子产业链模式比较分析及启示［J］．中国科技论坛，2011（6）：131-137.

［38］李晓辉，李新海，张世煌．植物新品种保护与DUS测试技术［J］．中国农业科学，2003，36（11）：1419-1422.

［39］刘辉，曾福生，许慧．植物新品种权制度对农业技术创新主体投入行为影响的实证分析［J］．科学学与科学技术管理，2010，31（2）：77-81.

［40］刘丽军，宋敏．中国农业专利的质量：基于不同申请时期、申请主体和技术领域的比较［J］．中国农业科学，2012，45（17）：3617-3623.

［41］刘旭霞，宋芳．我国需要依赖性派生品种制度吗？——以我国种业发展为基点［J］．知识产权，2012（6）：52-57.

［42］刘圣民．论农业知识产权现状及对策［J］．科学管理研究，1995（1）：38-40.

［43］刘鑫．植物新品种保护对我国玉米种子产业的影响［D］．中国农业科学院，2011.

［44］刘雪凤，高兴．中国风能技术发明专利维持时间影响因素研究［J］．科研管理，2015，36（10）：139-145.

［45］林祥明．植物新品种保护制度对我国种业发展的影响研究［D］．中国农业科学院，2006.

［46］卢新，刘平，刘明强．对UPOV公约91文本的分析与思考［J］．知识产权，2010，20（1）：93-96.

［47］吕波，郑少锋，唐力．植物新品种保护格局下中国玉米种子市场结构研究［J］．农业技术经济，2013（10）：92-99.

［48］吕波，郑少锋．中国种业比较优势及"走出去"对策研究［J］．农业经济问题，2014（4）：80-85.

［49］吕方军．农业植物新品种权保护问题研究［D］．山东农业大学，2014.

［50］吕祥熙．林业植物新品种保护制度研究［D］．南京林业大学，2011.

［51］吕小明，马文慧．我国农作物种子企业兼并重组基本情况和特点［J］．中国种业，2018（2）：17-19.

［52］乔永忠．专利维持年费机制研究［J］．科学学研究，2011，29（10）：1490-1494.

［53］乔永忠，沈俊．不同国家授权的电学技术领域国内外专利维持时间研究［J］．情报杂志，2015（8）：48-53.

［54］任静．授权植物品种综合质量与价值评估研究［D］．中国农业科学院，2015.

［55］任静，宋敏．基于威布尔生存分布和高斯模型的品种权寿命预测研究——以杂交水稻品种为例［J］．中国农学通报，2016，31（4）：995-1001.

［56］任静，宋敏．基于逻辑回归的植物新品种权质量评估研究——以杂交水稻品种权为例［J］．中国农业科技导报，2016，18（1）：209-216.

［57］任声策，尤建新．中国专利生存期：基于中国在美专利数据的实证［J］．管理工程学报，2012，26（4）：77-83.

［58］宋爽．中国专利维持时间影响因素研究——基于专利质量的考量［J］．图书情报工作，2013（7）：96-100.

［59］孙炜琳，蒋和平．农业植物新品种保护的基本现状与对策措施［J］．知识产权，2004，14（2）：18-21.

［60］孙炜琳，王瑞波．农业植物新品种保护面临的瓶颈及原因探析——基于参与主体的角度［J］．农业经济问题，2008（12）：19-25.

［61］唐力，陈超，庄道元．中国原始品种遗传资源与水稻生产的实证研究——基于实质性派生品种制度视角［J］．资源科学，2012，34（4）：740-748.

［62］汪宝卿，赵海军，张伟，等．先玉335对山东省种业发展的启示［J］．中国种业，2012（1）：1-4.

［63］王春平，张万松，陈翠云，等．中国种子生产程序的革新及种子质量标准新体系的构建［J］．中国农业科学，2005，38（1）：163-170.

［64］王卫中．中国种业整合研究［D］．中国农业科学院，2005.

［65］王立浩，方智远，杜永臣，等．我国蔬菜种业发展战略研究［J］．中国工程科学，2016，18（1）：123-136.

［66］王立平．我国植物新品种保护制度实施效应及影响因素研究［D］．中国农业科学院，2009.

［67］王立平．中国植物新品种保护制度实施效应及影响因素研究［M］．北京：中国农业科学技术出版社，2010.

［68］王倩．我国植物新品种权的司法保护问题研究［D］．安徽财经大学，2017.

［69］王缨，陈建民，曾玉荣．我国植物新品种保护对育种科研的影响及对策［J］．福建农业学报，2015（4）：411-416.

［70］王宇，沈文星．知识产权保护对作物转基因技术创新模式的影响及政策建议［J］．生物学杂志，2019，209（3）：96-99.

［71］王志本．从UPOV1991文本与1978文本比较看国际植物新品种保护的发展趋向［J］．中国种业，2003（2）：1-4.

［72］吴汉东．中国知识产权制度评价与立法建议［M］．北京：知识产权出版社，2008：210.

［73］吴立增，刘伟平，黄秀娟，等．植物新品种保护对品种权人的经济效益影响分析［J］．农业技术经济，2005（3）：54-60.

［74］徐志刚，余金湘，章丹．实质性派生品种制度对作物育种科技创新的影响研究［J］．中国软科学，2021，363（3）：31-42.

［75］杨光．外资进入我国农业的新动向及对策建议［J］．经济纵横，2015（6）：70-74.

［76］杨旭红，饶智宏．申请数量较少属种分布不均——对农业部已受理的花卉（木本除外）植物新品种权申请的分析［J］．中国花卉园艺，2004（15）：6-7.

［77］喻亚平．后TRIPS时代植物新品种保护的中国路径［J］．中国科技论坛，2012（3）：130-135.

［78］袁玉娟．农作物商业化育种合作的契约模式选择及效率研究［D］．山东农业大学，2016.

［79］展进涛，陈超．转基因技术对我国植物新品种保护制度的挑战［J］．知识产权，2006，16（6）：44-47.

［80］张彩霞．植物品种权许可实施问题研究［D］．山东农业大学，2011.

［81］张彩霞，陈会英．植物品种权许可实施合同选择分析［J］．农业科研经济管理，2013（3）：21-26.

［82］张超，周衍平．基于创新情境下的植物新品种保护问题及对策研究［J］．山东科技大学学报（社会科学版），2016，18（2）：73-79.

［83］张初贤，卢新．植物新品种保护制度的消极影响及其应对策略［J］．江苏农业科学，2007（6）：354-356.

［84］张蕾，陈超，展进涛．农户农业技术信息的获取渠道与需求状况分析——基于13个粮食主产省份411个县的抽样调查［J］．农业经济问题，2009，31（11）：78-84.

［85］张万松，陈翠云，王淑俭，等．农作物四级种子生产程序及其应用模式［J］．中国农业科学，1997，30（2）：27-33.

［86］张扬勇，方智远，刘泽洲，等．中国蔬菜育成品种概况［J］．中国蔬菜，2013（23）：1-4.

［87］郑贵忠，刘金兰．基于生存分析的专利有效模型研究［J］．科学学研究，2010，28（11）：1677-1682.

［88］钟真，孔祥智．我国蔬菜种业发展进程的政府与企业功用：鲁省个案［J］．改革，2012（6）：103-111.

［89］周宏，陈超．植物新品种保护制度对农业技术创新的影响［J］．南京农业大学学报（社会科学版），2004，4（1）：13-17.

［90］周衍平，赵雅婷，陈会英．植物品种权实施行为与实施绩效——基于植物品种权实施能力中介效应和环境不确定性调节效应的分析［J］．中国农村经济，2021，441（9）：110-126.

［91］朱雪忠，乔永忠，万小丽．基于维持时间的发明专利质量实证研究——以中国国家知识产权局1994年授权的发明专利为例［J］．管理世界，2009（1）：174-175.

［92］Aghion P. , Howitt P. , Howitt P. W. , Brant – Collett M. & García – Peñalosa C. Endogenous growth theory［M］. MIT Press, 1998.

［93］Alston J. M. , Venner R. J. The effects of the US Plant Variety Protection Act on wheat genetic improvement［J］. Research Policy, 2002, 31（4）：527-542.

［94］Arrow K. Economic welfare and the allocation of resources for invention［A］//Rowley C. K. The rate and direction of inventive activity: Economic and social factors. Princeton University Press, 1962.

［95］Arthur W. B. Increasing returns and path dependence in the economy［M］. University of Michigan Press, 1994.

［96］Barton J. H. The international breeder's rights system and crop plant innovation［J］. Science, 1982, 216（4550）：1071-1075.

［97］Baudry M. , Dumont B. Patent renewals as options: Improving the mechanism for weeding out lousy patents［J］. Review of Industrial Organization, 2006, 28

(1)：41-62.

　　[98] Bessen J. The value of US patents by owner and patent characteristics [J] . Research Policy, 2008, 37 (5)：932-945.

　　[99] Brandl B. , Glenna L. L. Intellectual property and agricultural science and innovation in Germany and the United States [J] . Science, Technology & Human Values, 2006, 42 (4)：622-656.

　　[100] Brown W. H. Trends in patent renewals at the United States Patent and Trademark Office [J] . World Patent Information, 1995, 17 (4)：225-234.

　　[101] Campi, M. The effect of intellectual property rights on agricultural productivity [J] . Agricultural Economics, 2017, 48 (3)：327-339.

　　[102] Campi M. , Nuvolari A. Intellectual property protection in plant varieties：A worldwide index (1961-2011) [J] . Research Policy, 2015, 44 (4)：951-964.

　　[103] Chen C. CiteSpace Ⅱ：Detecting and visualizing emerging trends and transient patterns in scientific literature [J] . Journal of the American Society for Information Science and Technology, 2006, 57 (3)：359-377.

　　[104] Cook R. C. The administration of the plant patent law from the breeder's point of view [J] . J. Pat. Off. Soc'y, 1933 (15)：275.

　　[105] Donnenwirth J. , Grace J. , Smith S. Intellectual property rights, patents, plant variety protection and contracts：A perspective from the private sector [J] . IP Strategy Today, 2004 (9)：19-34.

　　[106] Dutfield G. The role of the international union for the protection of new varieties of green [A] // J. R. , Scotchmer S. On the division of profit in sequential innovation. The RAND Journal of Economics, 1995：20-33.

　　[107] Fernandez-Cornejo, J. The seed industry in US agriculture：An exploration of data and information on crop seed markets, regulation, industry structure, and research and development (No. 33671) [R]. United States Department of Agriculture, Economic Research Service, 2004.

　　[108] Janis M. D. , Kesan J. P. US plant variety protection：Sound and fury [J] . Hous. L. Rev. , 2002 (39)：727.

　　[109] Jördens R. Progress of plant variety protection based on the International Convention for the Protection of New Varieties of Plants (UPOV Convention) [J] . World Patent Information, 2005, 27 (3)：232-243.

　　[110] Heller M. A. , Eisenberg R. S. Can patents deter innovation? The anticom-

mons in biomedical research [J] . Science, 1998, 280 (5364): 698-701.

[111] Hernández - García, R. D. , Güemes - Castorena D. & Ponce - Jaramillo I. E. A real option based model for the valuation of patent protected technological innovation projects [J] . World Patent Information, 2018 (53): 24-38.

[112] Howard P. H. Visualizing consolidation in the global seed industry: 1996-2008 [J] . Sustainability, 2009, 1 (4): 1266-1287.

[113] Kesan Jay P. , Janis Mark David. U. S. plant variety protection: Sound and fury...? [J] . Houston Law Review, 2002 (39): 727-778.

[114] Knudson M. K. , Pray C. E. Plant variety protection, private funding, and public sector research priorities [J] . American Journal of Agricultural Economics, 1991, 73 (3): 882-886.

[115] Kranjac M. , Sikimić U. , Vujaković M. & Molnar I. Cross border protection of the clusters' intellectual property in the agricultural sector [J] . Agricultural Economics/Zemedelska Ekonomika, 2015, 61 (1) .

[116] Koo B. , Pardey P. G. , Qian K. & Zhang Y. The economics of generating and maintaining plant variety rights in China [R] . Intl Food Policy Res Inst, 2003.

[117] Lanjouw J. O. , Pakes A. , Putnam J. How to count patents and value intellectual property: The uses of patent renewal and application data [J] . The Journal of Industrial Economics, 1998, 46 (4): 405-432.

[118] Lesser W. An economic approach to identifying an "effective sui generis system" for plant variety protection under trips [J] . Agribusiness: An International Journal, 2000, 16 (1): 96-114.

[119] Liu L. J. , Cao C. & Song M. China's agricultural patents: How has their value changed amid recent patent boom? [J] . Technological Forecasting and Social Change, 2014 (88): 106-121.

[120] Mathew Basil B. Conflicts and divergent perspectives to protect traditional knowledge and indigenous people [J] . International Research Journal of Social Sciences, 2013, 2 (11) .

[121] McAfee K. Selling nature to save it? Biodiversity and green developmentalism [J] . Environment and Planning D: Society and Space, 1999, 17 (2): 133-154.

[122] Moschini G. Biotech—Who wins? Economic benefits and costs of biotechnology innovations in agriculture [J] . The Estey Centre Journal of International Law and Trade Policy, 2001, 2 (1): 93.

[123] Moschini G. , Yerokhin O. The economic incentive to innovate in plants: Patents and plant breeders' rights [J] . Agricultural Biotechnology and Intellectual Property: Seeds of Change, 2007: 190-203.

[124] Naseem A. , Oehmke J. F. & Schimmelpfennig D. Does plant variety intellectual property protection improve farm productivity? Evidence from cotton varieties [J] . Agbioforum, 2005.

[125] Nelson R. R. , Winter S. G. The Schumpeterian tradeoff revisited [J] . The American Economic Review, 1982, 72 (1): 114-132.

[126] Pakes A. , Schankerman M. The rate of obsolescence of patents, research gestation lags, and the private rate of return to research resources [A] // Edited by Zvi Griliches. R&D, patents, and productivity. University of Chicago Press, 1984.

[127] Pardey P. , Koo B. , Drew J. , Horwich J. & Nottenburg C. The evolving landscape of plant varietal rights in the United States, 1930-2008 [J] . Nature Biotechnology, 2013, 31 (1): 25.

[128] Rangnekar D. R&D appropriability and planned obsolescence: Empirical evidence from wheat breeding in the UK (1960-1995) [J] . Industrial and Corporate Change, 2002, 11 (5): 1011-1029.

[129] Romer P. M. The origins of endogenous growth [J] . Journal of Economic Perspectives, 1994, 8 (1): 3-22.

[130] Schankerman M. , Pakes A. Estimates of the value of patent rights in European countries during the post-1950 period [J] . The Economic Journal, 1986, 96 (384): 1052-1076.

[131] Schankerman M. How valuable is patent protection? Estimates by technology field [J] . The RAND Journal of Economics, 1998: 77-107.

[132] Schmid A. A. Biotechnology, plant variety protection, and changing property institutions in agriculture [J] . North Central Journal of Agricultural Economics, 1985: 129-138.

[133] Schimmelpfennig D. E. , Pray C. E. & Brennan M. F. The impact of seed industry concentration on innovation: A study of US biotech market leaders [J] . Agricultural Economics, 2004, 30 (2): 157-167.

[134] Scotchmer S. On the optimality of the patent renewal system [J] . The RAND Journal of Economics, 1999: 181-196.

[135] Shapley L. S. A value for n-person games [J] . Contributions to the Theory of Games, 1953, 2 (28): 307-317.

［136］Shapiro C. Navigating the patent thicket: Cross licenses, patent pools, and standard setting ［J］. Innovation Policy and the Economy, 2000 (1): 119-150.

［137］Solow R. M. Technical change and the aggregate production function ［J］. The Review of Economics and Statistics, 1957, 39 (3): 312-320.

［138］Srinivasan C. Modelling economic returns to plant variety protection in the UK ［J］. Bio-based and Applied Economics, 2012, 1 (2): 151-174.

［139］Tripp R., et al. Plant variety protection in developing countries: A report from the field ［J］. Food Policy, 2007, 32 (3): 354-371.

［140］Trommetter M. Flexibility in the implementation of intellectual property rights in agricultural biotechnology ［J］. European Journal of Law and Economics, 2010, 30 (3): 223-245.

［141］Venkatesh P., Pal S. Impact of plant variety protection on indian seed industry ［J］. Agricultural Economics Research Review, 2014, 27 (1).

［142］Zhang G., Lv X. & Zhou J. Private value of patent right and patent infringement: An empirical study based on patent renewal data of China ［J］. China Economic Review, 2014 (28): 37-54.

［143］Zhou M., Sheldon I., Eum J. The role of intellectual property rights in seed technology transfer through trade: Evidence from US field crop seed exports ［J］. Agricultural Economics, 2018, 49 (4): 423-434.